When is
Discrimination
Wrong?

차별이란
무엇인가

차별이란 무엇인가
차별은 언제 나쁘고 언제 그렇지 않은가

초판 1쇄 발행 2016년 3월 30일 \ **초판 2쇄 발행** 2017년 5월 25일
지은이 데버러 헬먼 \ **옮긴이** 김대근 \ **펴낸이** 이영선 \ **편집 이사** 강영선 \ **주간** 김선정
편집장 김문정 \ **편집** 임경훈 김종훈 하선정 유선 \ **디자인** 김회량 정경아
마케팅 김일신 이호석 김연수 \ **관리** 박정래 손미경 김동욱

펴낸곳 서해문집 \ **출판등록** 1989년 3월 16일(제406-2005-000047호)
주소 경기도 파주시 광인사길 217(파주출판도시) \ **전화** (031)955-7470 \ **팩스** (031)955-7469
홈페이지 www.booksea.co.kr \ **이메일** shmj21@hanmail.net

ISBN 978-89-7483-786-0 93300
값 17,000원

이 도서의 국립중앙도서관 출판시도서목록(CIP)은 e-CIP 홈페이지(http://www.nl.go.kr/ecip)에서
이용하실 수 있습니다.(CIP제어번호: CIP2016007820)

When is
Discrimination
Wrong?

차별이란
무엇인가

데버러 헬먼 지음
김대근 옮김

차별은 언제 나쁘고
언제 그렇지 않은가

서해문집

옮긴이의 말

필자는 기존의 글에서 정의와 평등의 관계를 다음과 같이 설명한 바 있다.[1]

'사상체계의 제1덕목을 진리라고 한다면 정의는 사회제도의 제1덕목'이라는 롤스John Rawls의 주장처럼, 정의는 사회제도에서 가장 핵심적인 이념임에 틀림없다. 정의 개념에 대한 역사적 전개 과정에서 나타난 바와 같이 정의의 가장 좁은 의미는 '각자에게 그의 것을jedem das Seine' '각자에게 같은 것을jedem das Gleiche'이라고 하는 평등의 명령이다.[2] 특히 평등은 '같은 것은 같게, 다른 것은 다르게' 취급하는 것을 말한다. 만약 어떤 대상들이 본질적으로 같다면 그 취급 또한 같아야 하고, 어떤 대상들이 본질적인 차이를 갖는다면 다르게 취급해야 한다는 원리인 것이다. 따라서 본질적으로 같은 대상을 다르게 취급하면 불평등하기 때문에 정의롭지 않다는 평가를 받아야 할 것이고, 또한 본질적으로 다른 대상을 일률적으로 같이 취급하더라고 다른 대상에 대한 응분의 보상과 처벌이 주어지지 않았다는 점에서 정의롭지 않은 것이다.[3] 물론 여기에서도 대상들 사이에서 어떤 경우를 같다고 인식해야 하고 또 어떤 경우를 다르게 취급해야 할지에 대한 논의는 별개의 것이다. 이러한 점에서 '같은 것은 같게, 다른 것은 다르게'라는 평등의 개념은 지극히 형식적인 것일 수밖에 없다. 따라서 평등은 정의의 형식이라고 할 수 있다.[4]

평등을 최소한의 정의justice, 정의의 형식 개념으로 이해하는 필자에게 정의의 실질적 내용이나 개념에 대한 이론화 작업은 오래 고민이자 숙제였다. 특히 '대상들 사이에서 어떤 경우를 같다고 인식해야 하고 또 어떤 경우를 다르게 취급해야 할지에 대한 논의'는 정의의 실질적 내용으로서 혹은 평등의 구체적인 실천원리로서 해명되어야 할 부분이었다.

이러한 고민의 과정에서 아마티야 센Amartya Sen의 저서를 읽게 되었다. 센의 논리에서 필자가 흥미로웠던 지점은 두 가지다. 하나는 정의가 선험적인 추상적 이념이 아닌 구체적인 현실의 문제임을 분명하게 인식하게 해주는 것이었다. 즉, 롤스의 정의론에서 시도하는 것처럼 정의로운 제도를 기획하는 것이 아니라,[5] 현실적으로 발생하는 다양한 사회나 제도를 고찰하고, 존재하는 부정의를 제거하는 방식이 보다 정의의 본질에 가깝다는 것이다. 또 하나는 평등의 문제를 어떻게 바라봐야 할 것인가이다. 통상 우리에게 익숙한 질문은 '평등이란 무엇인가What is equality' 내지는 '왜 평등해야 하는가Why Equality'일 것이다. 기존의 정의와 평등에 대한 논의들은 대개 개념의 역사와 다양한 의미를 파악하고, 그에 따른 사회제도를 기획하거나 도출하는 것이 일반적이다. 그러나 센은 '왜 평등이 중요한가'라는 문제의식보다는 '무엇에 대한 평등인가Equality of What'라는 문제의식이 정의론의 구조를 이해하는 데 더 적절하다고 주장한다. 사실 사람들의 상태를 비교·평가하는 데 있어서 소득뿐만 아니라 효용, 권리, 자유, 삶의 질, 후생, 자원 등이 그러한 기준들로 종종 거론된다. 가령 롤스는 평등한 자유와 기본재의 평등한 분배를, 드워킨은 동등한 대우와 자원의 평등을, 네이글은 경제적 평등을, 노직은 권리의 동등성을 강조하면서 특정 영역에 대한 평등을 추구하는 것이다. "실제로 좀 더 중요한 공간의 평등이 다른 공간에서 조건부로 불평등을 요구하는 데 기여하는 것으로 여겨질 수도 있"는 것이다.[6] 또한 한 공간에서의 평등이 다른 공간에서의 불평등과 공존한다는 사실이야 말로 '인간의 다양성human diversity'을 잘 드러낸다.[7]

센에 대한 이해를 통해 얻게 된 문제의식은 현실의 부정의는 과연 무엇이고, 더 나아가 현실의 부정의는 왜 발생하고 어떤 형태로 존재하는 가였다. 바로 여기서 발상을 전환할 필요가 있다. 정의의 문제를 평등에 대한 이론이 아닌 차별discrimination에 대한 쟁점과 이론으로 고민의 방향을 바꾸는 것이다. 필자가 이 책을 읽게 된 계기는 바로 그러한 문제의식과 고민이 계기가 되었다.

주지하다시피 우리가 사는 세상에서 구별 내지 차별은 불가피하다. 국가는 모든 사람에게 선거권을 부여하거나 운전 자격을 허락하지 않는다. 또한 모든 사람이 원하는 대학에 입학하거나 원하는 직장에서 일할 수 있는 것도 아니다. 경우에 따라서는 버스나 지하철 같은 대중교통에서 좌석을 차지하는 것, 학교 출석부의 이름 순서, 심지어 화장실에서 남녀의 분리 같은 소소한 부분에서까지 구별과 선택의 문제가 발생한다. 즉, 제도와 정책에서부터 관행과 일상의 사소한 부분에까지 구별 짓기의 문제가 발생하는 것이다. 그렇다면 언제 그러한 구별 짓기가 부당한 차별일까?

이 책의 저자는 이른바 '차별퍼즐discrimination puzzle'이라고 부를 수 있는 다양한 상황과 맥락에서 언제 부당한 차별이 발생하는지를 꼼꼼하게 살피고 이론화한다. 저자는 모든 사람이 도덕적으로 동등한 가치를 지닌 존재라는 도덕원칙에서 출발하여 차별퍼즐이 제기하는 문제의 답을 찾는다. 즉, 사람의 동등한 도덕적 가치를 침해하는 것이 부당한 차별이라는 것이다. 때문에 부당한 구별, 즉 차별은 사람을 구별하는 행위를 통해서 누군가를 비하할 때 발생한다고 한다. 이러한 결론을 위해서 이 책은 저자의 핵심주장을 상세하게 논증하는 Ⅰ부와 기존의 이론을 반박하는 Ⅱ부로 구성되어 있다.

먼저 Ⅰ부에서는 언제 구별 짓기가 도덕적으로 부당한 것인지를 상세하게 다룬다. 1장에서는 특정한 구별이 비하를 의미할 때 사람을 도덕적으로 동등한 존재로 대우하지 않는 부당한 차별이 된다고 주장한다. 과거에 부당한 대우를 받아왔거나 현재 낮은 지위에 있는 집단을 특징짓는 특성—저자는 이러한 특성을 HSDhistory of mistreatment or current social disadvantage라고 부른다— 을 근거로 구분하는 것은 다른 특성들에 기초해 구분하는 것과는 도덕적으로 다르다는 점을 논증하면서 차별받는 대상의 (과거) 역사와 (현재의) 사회적 지위라는 맥락과 의미를 강조한다. 이처럼 HSD 특성을 기초로 하는 구별 짓기는 비하가 될 가능성이 높아진다.

2장에서는 타인을 온전한 인간으로 대하지 않거나 동등한 도덕적 가치를 지닌 존재로 대하지 않는 비하demeaning의 의미에 천착한다. 저자

에 따르면 비하는 사람을 깎아내리고 가치를 떨어뜨리고 격하하는 것이
다. 때문에 비하가 가능하려면 행위자가 상대의 동등한 인간성을 무시
하는 '표시' 행위가 있어야 하고, 행위자가 그런 표현을 통해 상대를 경
시할 수 있는 '지위(혹은 권력)'가 있어야 한다. 결국 사람이 가지거나 가
지지 않은 속성에 따라 사람을 구별하는 행위는, 그 영향을 받는 사람이
도덕적으로 동등한 존재가 아니라는 것이 표시되고, 해당 행위의 주체
가 타인을 깎아내릴 만큼 충분한 권력이나 지위를 가진 경우 비하에 해
당함을 알 수 있다.

3장에서는 특정 상황에서 특정한 구별을 짓는 것이 비하인지 여부를
판단하는 '방법', 그리고 특정한 구별이 비하인지에 대해 사람들 사이
에 의견이 다를 수 있다는 사실에 주목한다. 즉, 특정한 분류가 비하인
지 아닌지 여부를 어떻게 판단하며, 특정한 분류가 비하인지를 놓고 사
람들 사이에 의견이 일치하지 않을 가능성이 있는데, 이를 어떻게 봐야
할지를 검토하는 것이다. 저자는 특정 맥락에서의 분류가 비하를 나타
내는지의 여부를 결정하기 위해서는 발화發話가 명령인지 단순한 요청
인지의 여부를 판단하는 것과 본질적으로 유사한 해석적 판단이 필요함
을 전제로 화자(의 신분), 맥락, 그리고 사용된 단어라는 세 가지 차원의
것들이 화법과 행동의 해석에 영향을 미칠 수 있음을 보여준다. 이처럼
특정 행위와 관행이 비하를 하는 것인지 여부에 관해 사람들 사이에 의
견의 불일치가 있는 경우 완화된 객관성을 통해 '보일 수 있는' 이상적
인 인식조건들을 구체화함으로서 다룰 수 있다.

II부는 차별의 원인을 설명하려는 기존의 세 가지 논의―가치, 합리
성, 의도에 따라 구별 짓기를 정당화하려는―를 상세하게 검토하면서,

그러한 이론들이 차별의 부당함을 설득력 있게 제시하지 못하고 있음을 논증한다.

4장에서는 사람을 평등하게 대하기 위해서 기량과 재능과 같은 가치merit를 근거로 구별을 지어야 한다는 주장을 논박한다. 가치에 따른 보상을 정당화하려는 설명에 대해서 그러한 설명이 근거가 박약할 뿐만 아니라 허용되는 차별과 허용되지 않는 차별을 구분하는 데 실패하고 있음을 다양한 사례를 통해 보여준다. 어떤 사람 X에게 특정한 가치 m이 있다고 해서 보상desert를 받아야 하는 자격entitlement이 반드시 도출되는 것은 아니며, 특정한 가치에 근거한 어떤 선택이 비하를 나타내지 않는다면 충분히 허용될 수 있는 것이다.

5장에서는 분류의 정확성 내지 합리성이라는 것이 차별에 따른 도덕성의 문제를 설명해내지 못함을 보여주면서, 더 나아가 부정확한 분류 기준 사용은 비효율적이고 어리석은 행동이지만 도덕적으로 잘못된 것은 아니라는 주장을 편다. 이에 따르면 사람을 도덕적으로 동등한 존재로 대하려면 반드시 사람을 구별하는 합당한 이유가 있어야 하는 것은 아님을 알 수 있다. 심지어 자의성arbitrariness에 따른 구별이 그 자체로 도덕적 부당함이 있는 것은 아니다(그렇다고 국가와 같은 제도들이 자신들이 영향을 미치거나 지배하는 사람들을 자의적으로 대해도 좋다는 말은 아니다).

6장에서는 구별 짓기를 하는 주체의 의도 같은 내면의 주관적인 것이 부당한 차별을 설명해내지 못하고 있음을 보여준다. 저자는 행위 주체의 의도가 문제가 되는 정책이나 관행이 무엇인지를 결정하지는 않으며, 특정한 맥락에서 구별이 부당한가를 결정하지도 않는다고 주장한다. 왜냐하면 사람들을 구별 짓는 것은 종종 행위자가 어느 정도의 재량을 지닌 맥락에서 발생하기 때문이다. 부당한 차별이 의도적으로 혹은 해악을 입히려는 동기로 채택되었다면 도덕적인 비난을 받을 수는 있겠으나, 의도나 해악이 없더라도— 예컨대 어떤 편견에 의한 것일지라도—부당한 차별이 될 수 있는 것이다.

이러한 논리와 구성을 통해 이 책은 '언제 부당한 차별이 법적으로 금지되어야 하는가'의 연구를 위한 도덕적 토대 마련을 궁극적인 목적으로 한다. 비하를 일으키는 특정 구별이 도덕적으로 부당하다는 것을 밝힌 뒤에, 우리는 어떤 부당한 차별이 법적으로 금지되어야 하고, 비록 부당해도 그대로 두는 편이 나은 구별은 어떤 것인가라는 질문할 수 있을 것이다.

이 책의 문제의식과 방법, 그리고 핵심테제들은 오늘날 우리 사회에서 필요로 하는 정의와 평등을 구체적으로 도입하는 데 매우 유용할뿐더러 실천적인 원칙으로 자리매김할 수 있다. 특히 헌법재판소나 국가인권위원회의 결정에 있어서도 상당히 의미 있는 역할을 기대할 수 있을 것으로 확신한다. 헌법재판소가 평등권 내지 평등원칙의 침해 기준을 설정하거나 평등심사 기준을 마련하는 일, 또는 국가인권위원회가 인권 침해 여부를 결정하는 일 등에 구체적인 판단 기준과 논거로 활용할 수 있기 때문이다. 아무쪼록 이 책이 우리 사회의 척박한 정의와 평등의 담론에 단비와 같은 역할을 하면서 실천 이성의 구체적인 준거로서 정립되기를 바란다.

이 책이 나올 수 있도록 도움을 주신 모든 분들에게 감사를 드린다.

거칠고 투박한 원고를 완성도 있게 만들어주신 서해문집의 여러분들, 함께 이 책을 읽어가면서 좋은 지적과 토론을 해준 여러 학생들에게 감사의 인사를 드리고 싶다. 마지막으로 어리숙한 필자를 법철학의 세계로 인도해 주신 고려대학교 법학전문대학원의 이상돈 교수님, 아들이 정의와 평등의 문제에 관심을 갖도록 배려해주시고 이끌어주신 김재남, 김공자 두 분에게 미처 말씀드리지 못한 고마움을 전해드린다.

부모님 러스티 헬먼과 샘 헬먼에게.
언제나 나를 격려해주고
항상 내가 이해할 때까지 말을 주고받으며 설명해주셨던
더없이 자상한 부모였다.

그리고 남편 데릭 브라운에게.
더없이 너그러웠고 늘 지지와 격려를 아끼지 않았다.
그 밖에도 그가 내게 준 다른 모든 것들에 감사하며.

차례

차별퍼즐

어떤 법에 따르면 흑인 승객은 버스의 뒷좌석에, 백인 승객은 앞좌석에 앉아야 한다.

학교 교장이 이름이 알파벳 A에서 M으로 시작하는 학생은 강당 왼쪽에 앉고, N에서 Z로 시작하는 학생은 오른쪽에 앉도록 한다.

카지노 고용주가 여성 종업원은 반드시 화장을 해야 하고, 남성 종업원은 화장을 해서는 안 된다고 규정한다.

여성 고객이 대다수인 어느 양로원에서 고객의 목욕과 화장실 출입을 도와줄 남성 간호조무사 고용을 거부한다.

어느 지역신문 개인광고란에 '여성 구함'이라는 제목으로 다음과 같은 광고가 실린다. "장기 교제 혹은 결혼을 목적으로 30에서 40살 사이의 미혼 여성 찾음. 여성스러운 분 원함. 화장하고 옷 잘 입는 날씬한 분 선호."

생물학적으로 남성이지만 여성처럼 옷을 입고 생활하는 종업원이 고용주에게 남녀공용 화장실을 몇 군데 지정해주거나 아니면 자기가 여자 화장실을 쓰도록 허락해달라고 요구한다. 고용주는 종업원의 요청을 거절하고 남자 화장실을 이용하라고 지시한다. 종업원은 고용주의 지시를 거부했고 결국 해고된다.

미국 식품의약국FDA에서 아프리카계 미국인 심부전증 환자에게만 투여하는 약을 승인한다.

어느 공립학교의 '영재교육 프로그램' 및 학생을 자체적으로 선발하는 어느 사립학교에서는 어린이의 지능지수IQ 검사 결과에 따라 유치원 입학생을 선발한다.

이란의 어느 대학은 학생과 교직원 선발기준으로 소속 정당을 활용한다.

어느 기업은 특정 지역 출신 구직자를 우대한다.

항공사에서는 조종사 채용조건을 62살 이하로 제한한다.

어떤 주에서는 16살 미만의 사람에게 운전면허를 내주지 않는다.

회사에서 20살에서 40살 사이 여성은 고용하지 않으려 한다.

　위 사례들은 모두 인종, 이름의 첫 글자, 성性, 외모, 능력, 나이 또는 기타 속성에 근거하여 사람들 사이에 구분을 짓고 있다. 우리는 이러한 법, 정책, 관행들 가운데 어떤 것은 도덕적으로 부당하고, 어떤 것은 무해하고, 어떤 것은 성격이 불분명하다고 직관적으로 판단한다. 이 책의 목적은 사람들 사이에 그런 구분을 짓는 행위가 어떤 때는 허용되고 어떤 때는 허용되지 않는지를 꼼꼼히 따져보는 것이다. 달리 말하자면 이 책의 목적은 차별에 대한 일반론을 제시하는 것이다.

차별discrimination이라는 단어는 언제부터인가 부정적인 어감을 가지게 되었다. 어떤 행위를 '차별'이라고 부르면 이를 비판하고 그것이 틀렸다고 주장하는 셈이 된다. 하지만 당연히 차별이라는 단어는 긍정적인 의미로도 쓰인다. 예술, 와인, 문학 등에서 'discriminating'이라는 단어는 뛰어난 안목을 지녔다는 일종의 찬사로 쓰인다. 자기 분야를 빈틈없고 능수능란하게 다루는 사람을 그렇게 표현하는 일도 종종 있다. 투자에서 판단력이 아주 뛰어난 펀드 매니저를 'discriminating'이라는 단어를 써서 묘사하는 것도 같은 맥락이다. 하지만 전체적으로 보면 차별이라는 단어는 부정적인 의미를 연상시키는 경우가 압도적으로 많아서 긍정적인 쓰임은 미미하게 느껴진다. 이런 긍정적인 의미에 대해 상기시킨다고 해서 부당한 차별이 끼치는 해악을 경시하려는 의도는 결코 아니다. 오히려 나는 차별의 부정적 측면은 물론 긍정적인 측면까지 강조함으로써 어떤 경우에 차별이 부당한지, 특히 부당한 이유에 대해 우리가 제대로 알고 있는지 등에 대한 기존의 확신에 의문을 던지고 성찰해보고자 한다.

이처럼 부정적인 함의와 긍정적인 함의 모두를 가진 뜻으로 사용되는 차별은 도처에 존재하며 필수불가결한 것이기도 하다. 기업이나 학교 정책, 사생활에서는 물론 공공정책과 법률에서도 일상적으로 사람들 사이에 구별이 이루어진다. 미국 모든 주에서 운전자는 특정 연령(흔히 16세)에 도달해야 하며, 운전면허를 받으려면 일정한 시험을 거쳐야 한다고 법으로 규정하고 있다. 이런 법률은 나이와 시험을 통과하는 능력을 기준으로 사람들을 구별, 즉 차별하고 있다. 해당 법률들은 16세 미만이거나 운전면허시험에서 떨어진 사람보다 16세가 넘고 운전면허시험에 합격한 사람을 우대하여 운전을 할 수 있게 허가한다. 고용주와 입학담당관은 성적, 시험 점수를 비롯해 무수히 많은 속성들을 근거로 지원자들 사이에 구별을 짓는다. 때로는 상당히 논란의 여지가 있는 속성들을 구별 근거로 사용하기도 한다. 그런가 하면 차별 자체가 업무의 하나인 회사도 있다. 보험회사는 보험 가입자가 보험 기간에 보험금을 청구할 가능성을 말해주는 속성을 기준으로 사람들 사이에 구분을 짓는다. 예를 들어 건강보험회사와 생명보험회사는 건강 상태를 기준으로 사람들을 구별한다. 과체중에 고혈압이고 흡연을 하는 사람은 표준체중에 정상혈압, 흡연을 하지 않는 사람보다 더 많은 보험료를 지불하는 경향이 있다(그들이 보험 가입이 가능한 사람이라는 전제에서다). 사생활과 가정에서도 차별이 요구된다. 엄마가 두 살배기 딸은 낮잠을 재우려고 아기 침대에 누이고, 네 살짜리는 계속 놀게 놔둔다면 나이를 기준으로 아이들 사이를 구별 짓는 것이다. 두 살 아이의 자유는 제한하면서 네 살 아이의 자유는 제한하지 않기 때문이다.

이런 구별의 상당 부분이 중요하거나 때로는 불가피하다. 위에서 예시한 사례들에서도 모든 사람을 똑같이 대할 수는 있겠지만, 실제로 그렇게 했다가는 적지 않은 대가를 치르게 될 수 있는 것이다. 가장 흔할 수 있는 마지막 예를 통해 구별이 없는 상황을 가정해보자. 엄마가 두 아이를 똑같이 대하려면, 오후에 둘 다 재우거나 둘 다 놀게 해야 한다. 두 살배기 아이가 있는 부모라면 둘 다 재우지 않고 놀게 하는 것은 어리석기 짝이 없는 것이라고 말할 것이다. 네다섯 시가 되면 두 살 아이는 (잠을 자지 못해) 괴로워질 것이고, 아이 가까이에 있는 사람도 덩달아 괴로워질 것이다. 엄마가 두 아이 모두 낮잠을 재우기 위해 누인다고 해도 그다지 바람직하지 않은 여러 가지 상황이 뒤따를 것이다. 아이를 억지로 자게 할 수는 없는 노릇이다. 그러므로 아이를 침대에 뉘어놓는다고 해서 아이가 무조건 잠이 들지는 않는다. 아이는 침실에서 울고 소리지르고 하면서 계속 봐달라고 보챌지도 모른다. 설령 잠이 들 수도 있겠지만 여기에도 문제는 있다. 아이가 (낮잠 때문에) 그날 밤 제 시간에 잠들지 못할지도 모른다. 그렇게 되면 아이는 아이대로 다음 날 피곤할 테고, 부모는 부모대로 밤에 제대로 휴식을 취하지 못해 피곤할 것이다. 순한 아이여서 침대에서 조용히 놀면 그나마 다행이겠지만, 아무튼 내가 보기에는 동생이 낮잠이 필요하다는 이유만으로 언니도 침대에 있어야 한다는 주장은 이치에 맞지 않는다.

사람을 구별하는 법률이나 공공정책의 경우 감수해야 하는 위험 부담이 훨씬 커진다. 운전면허에서 모든 사람을 동등하게 대하는 방법에는 두 가지가 있다. 나이에 상관없이 모든 운전자에게 면허를 일괄 허가하거나 반대로 모든 사람의 운전을 일괄적으로 금지하는 방법이다. 물론 사람들이 이런 방법을 달가워할지는 의문이다. 필요한 지식과 기술을 입증하는 시험 통과 여부와 상관없이 원하는 사람이면 누구에게나 법정에서 변호를 하고 의료행위를 할 수 있는 면허를 내주는 것은 어떨까? 역시 사람들이 달가워할 일이 아니지 싶다.

마지막으로 취직이나 학교 입학처럼 진입이 제한된 영역에서 모든 사람을 똑같이 대우하는 것은 애초에 불가능한 일이다. 원하는 누구든 고용하는 것도, 모두의 입학을 허용하는 것도 불가능하다. 그러므로 일정한 기준에 따라 지원자들을 구별할 수밖에 없다. 그렇다면 이제 문제는 그런 구별 짓기가 언제 도덕적으로 문제가 되고, 언제 그렇지 않은가가 된다.

이 책은 사람들을 다르게 대하는 것이 종종 바람직하고 때로는 필요불가결하다는 사실 때문에 제기될 수 있는 도덕적인 문제들을 다룰 것이다. 법은 지방, 주, 국가 차원에서 다양한 형태의 차별금지 조항으로, 또한 미국에서는 헌법이 보장하는 평등보호Equal Protection 조항에 대한 사법적 해석이라는 형태로, 어떤 경우에 차별이 합법적으로 허용되는지를 결정한다. 그런 의미에서 제정법과 헌법 자체가 어떤 경우에 사람들 사이를 구별을 짓는 것이 도덕적으로 허용되는가에 대한 답이 된다고 볼 수도 있다. 하지만 어떤 경우에 무언가를 법으로 금지해야 하는가를 결정하는 데 영향을 미치는 다른 중요한 쟁점들이 있다. (예를 들면, 타인에게 비열하게 구는 행동처럼) 나름의 이유로, 도덕적으로는 부당하지만 법으로는 금지되지 않는 것들이 있다. 그런가 하면 무면허 운전처럼 법 위반 자체가 잘못이라는 점을 제외하고는 도덕적으로 부당하지 않은데도 법으로 금지되는 것들도 있다. 게다가 미국 헌법이 보장하는 평등보호원칙 자체가 모호하여 해석의 여지가 있기 때문에, 미국에서도 그렇고 다른 나라에서도 법적 논쟁의 상당수가 도덕적인 입장을 포함하고 있다. 그런 이유로 이런 법적 논쟁은 내가 '차별퍼즐discrimination puzzle'이라 부르는 것을 해결하는 중요한 출발점이 된다.

때로는 사람들을 구별할 필요가 있다는 사실 때문에 언제 차별이 도덕적으로 허용되고 언제 그렇지 않은가를 묻지 않을 수 없다. 이는 답하기 쉽지 않은 난문難問이다. 특정 상황에서 특정 속성을 근거로 사람들 사이를 구별 짓는 경우를 보면서 부당하다는 어느 정도 고착된 느낌을 가질 수 있다. 하지만 어떤 이유로 이런 경우들이 부당한지를 다른 부당한 차별과 허용되는 차별에까지 통하게끔 일관되게 설명하기란 생각보다 어렵다.

특정한 속성, 특히 인종과 성별에 따라 구별 짓는 것은 항상 금지된다고 생각할지도 모른다. 만약 그렇다면 미국 식품의약국FDA이 아프리카계 미국인 환자에게만 투여하는 약품을 승인하는 것은 필연적으로 잘못된 행동일까? 남성 혹은 여성 전용 화장실도 명백하게 허용해서는 안 되는 것일까? 이들 관행 각각에 문제가 있을 수는 있겠지만, 어느 것도 인종이나 성별에 따른 차별이라는 이유만으로 허용되지 않은 차별이라고 치부해버릴 수는 없다는 것이 내 생각이다(각각의 관행이 문제가 있는가에 대해서는 뒤에서 다시 논의할 예정이다).

차별퍼즐 풀기가 어려운 또 다른 측면은 다르게 대우하는 것 자체가 문제될 것 같지 않은 그런 상황에서 종종 부당한 차별이 일어난다는 점이다. 넬슨 만델라는 자서전에서 남아프리카공화국의 인종차별 정권은 백인과 유색인종 수감자는 긴 바지를 입도록 한 반면, 흑인 수감자는 반바지를 입도록 했다고 말한다. 남아프리카의 더운 날씨를 생각하면 어쩌면 반바지가 더 편할지도 모른다. 그렇지만 식민지 독립 직후 남아프리카공화국에서 의무적인 반바지 착용은 보통 어린애처럼 취급한다는 것을 의미했기 때문에 흑인 수감자를 모욕하는 상징적인 수단이었다. 다른 한편, 사람을 구별하고 다르게 대하는 것이 누군가의 중요한 혜택이나 기회를 빼앗는다는 의미임에도 불구하고 얼마든지 허용되기도 한다. 고용주가 문서작업을 맡길 사람으로 오타 없이 가장 빠른 속도로 타자를 치는 사람을 뽑는 경우가 그렇다. 이러한 고용정책은 타자 속도와 기술에 따라 구직자를 구별하는 셈이고, 결과적으로 타자 속도가 빠른 집단을 느린 집단보다 선호하게 되어 타자가 느린 사람은 보수가 좋은 일자리를 차지할 기회를 잃게 된다. 그러므로 어떤 개인이나 집단이 좋은 일자리 같은 중요한 무언가에서 배제된다는 사실만으로는 부당한 차별인지, 허용 가능한 차별인지를 판단하는 단초가 되지는 않는다.

두 가지 사례가 워낙 뚜렷한 차이를 보이기 때문에 앞의 경우는 허용되지 않고 뒤의 예는 허용되는 이유를 쉽게 설명할 수 있다고 생각할지도 모르겠다(앞의 경우는 허용되지 않고 뒤의 경우는 허용된다는 결론에는 나도 동의한다). 첫째, 남아프리카공화국 교도소의 죄수복은 흑인 수감자들에게 낙인을 찍고자 강요하는 경향이 있는 반면, 타자 속도와 기술이라는 채용조건은 고용주가 업무의 생산성을 높이려는 무해한 목적에서 나왔다. 둘째, 피부색과 수감자가 어떤 복장을 해야 하는지 여부는 서로 관련성이 없지만, 타자 속도와 정확도는 타자수라는 일자리와 관련성이 있다.[1]

이런 차이점이 도덕적으로 중요할까? 때로는 생산성을 높이려고 가장 유능한 타자수를 뽑는 고용주와 똑같은 의도에서 도덕적으로 문제가 되는 정책들이 나오고 시행된다. 어떤 고용주가 임신으로 휴직할 가능성이 있고, 그로 인해 작업일정에 지장을 주고 기업의 의료비용을 높인다는 이유로 20~40세 사이 가임기 여성 채용을 거부하는 경우를 생각해보자. 해당 고용주가 이런 정책을 선택한 이유는 기업의 생산성 제고 이외에 다른 것은 없었을지 모른다. 그렇다면 이러한 순수한 의도가 해당 정책을 도덕적인 비난으로부터 면제해줄까?

고려 대상이 되는 특성이 '유관한지' 또는 '무관한지' 여부 역시 허용되는 차별과 허용되지 않는 차별을 구별해주지는 못한다. 앞의 예에서 우리가 '유관하다', 즉 '관련성이 있다'라는 단어를 중요한 것과 긍정적으로 연결된다는 의미로만 사용한다면 성별은 관련이 있는 취업자격요건이다. 여기서 성별은 고용주의 생각처럼 작업일정 및 육아비용과 관련되어 있을 가능성이 농후하다. 만약 관련성이 효율성처럼 구별 짓는 속성과 목표가 서로 맞는가라는 적합성 문제일 뿐이고, 그런 관련성이 도덕적으로 중요한 것이라면, 가임기 여성 고용을 거부하는 고용주 사례처럼, 우리의 직관에 따르면 도덕적으로 문제가 있다고 생각되는 많은 관행들이 정당한 것이라고 간주될 것이다.

어쩌면 관련성이라는 개념을 좀 더 다듬을 수도 있을 것이다. 앞서 예로 든 죄수복과 타자수의 경우 타자수는 일자리를 받을 가치merit가 있는 반면, 죄수들은 긴 바지를 받을 가치가 없다는 점에서 차이가 있다. 그렇다면 가치라는 개념이 최소한 일부 차별퍼즐을 해결하는 열쇠를 제공해주지 않을까? 나는 그렇게 생각하지 않는다. 사업장이 있는 지역사회의 고용을 창출할 목적으로 현지 지원자를 우선적으로 채용하는 고용주를 생각해보자. 그것 때문에 현지 주민이 해당 일자리를 가질 가치를 지닌다고 할 수 있을까? 가치라는 개념만으로는 무엇이 부당한 차별인가와 관련된 질문들을 해결해줄 가능성이 거의 없다고 이의를 제기할 수 을 것이다.

나는 모든 사람이 도덕적으로 동등한 가치를 지닌 존재라는 도덕원칙에서 출발하여 차별퍼즐이 제기하는 문제에 답을 찾고자 한다. 그것이 기본적인 도덕원칙이라고 생각하기 때문이다. 또한 나는 이런 기본

원칙에는 두 가지 하위원칙이 있다고 생각한다. 첫째, 사람에게는 우리가 서로를 존중해야 하는 근거가 되는 가치 혹은 천부의 존엄성이 있다. 어떤 경우에 그런 원칙을 위반했다고 봐야 할지는 논란의 여지가 있으며, 이는 여기서 다룰 중요한 쟁점이기도 하다. 나는 기본적으로 사람이 갖는 천부의 가치가 타인이 그를 어떻게 대할 것인가에 대한 도덕적인 한계를 설정한다고 생각한다. 둘째, 모든 사람이 갖는 천부의 존엄성과 가치는 각기 다른 개별 속성에 따라 달라지지 않는다. 남들보다 똑똑하고, 빠르고, 재주가 뛰어나서 사회에 기여하는 사람도 있을 테고, 남보다 다정하고 온화한 사람이 있을 테고 그렇지 못한 사람이 있을 것이다. 그러나 저마다의 이런저런 차이점들은 도덕이라는 관점에서 우리 개개인이 얼마나 중요한가에는 아무런 영향을 미치지 않는다. 개인이 갖는 천부의 가치에는 등급이 없다. 오히려 도덕의 관점에서 보면 모든 사람은 평등하게 중요하며, 따라서 동등한 배려와 존중을 받을 가치가 있다.[2]

내가 이런 기본원칙에서 출발하는 이유는 사람을 구별하는 행위에 따른 우려라는 것이, 그렇게 함으로써 타인을 평등한 가치를 가진 존재로 대하지 않게 될지도 모른다는 도덕적인 고려에서 비롯된다고 보기 때문이다. 차별퍼즐은 사람이 갖거나 갖지 못한 속성에 따라 그들 사이에 구별을 짓는 행위가 어떤 경우에 도덕적으로 허용되는가를 묻는다. 우리가 우려하는 것이 평등한 도덕적 가치라는 원칙을 충실하게 지키려는 의지에서 나온다는 사실을 인식하면서, 해당 질문을 한층 정교하게 다듬어 다음과 같이 물을 수도 있다. 사람들 사이에 구별을 짓는 것이 어떤 경우에 도덕적으로 동등한 가치를 가진 사람으로 대우한다는 원칙을 침해하게 되는가? 바로 이 질문이 이 책에서 다루고자 하는 것이다.

여기서 지금까지의 부당한 차별이 갖는 사회적 성질의 중요성을 강조할 필요가 있다. 사람은 누구나 인종, 나이, 성별, 외모, 능력, 신장, 체중, 목소리, 이름, 종교 같은 다양한 특성을 갖는다. 그저 특성 자체만으로는 차별과 관련해서는 특별한 작용이 없는 중립 상태라고 할 수 있다. 특성과 관련하여 중요한 것은 특정 상황 안에서 그것이 갖는 사회적 의미다. 특정 상황에서 특정 속성에 따라 사람들을 구분 짓는 것은 사회적 의미가 있는 반면, 다른 속성에 따라 구별하는 것은 그렇지 않을 것이기 때문이다. 예를 들어 이름으로 학생들을 구별하는 것은 인종으로 나누는 것과는 상당히 다른 느낌을 준다. 둘 다 좋은 의도 또는 나쁜 의도에서 비롯될 수가 있고, 정당한 목적과 관련된 것일 수도 있고 아닐 수도 있지만, 일단 직관적인 느낌은 많이 다른 것이 사실이다. 더구나 같은 속성에 따라 사람을 구분하는 행위도 상황이 달라지면 다르게 느껴진다. 마셜Marshall 대법관은 이를 두고 "'남성전용men only'이라는 푯말이 법원 문 앞에 있을 때와 화장실 문 앞에 있을 때가 아주 다르게 보인다"고 지적한 바 있다.[3] 알고 보면 남성뿐 아니라 여성도 변호사 업무를 수행할 능력이 있기 때문에 "아주 다르게 보이는" 것이 아니다. 굳이 원한다면 여성도 남성전용 화장실을 이용할 수는 있다. 여성의 소송대리를 금지하는 법률이 여성을 배제하려는 목적에서 시행되거나 여성과 남성에 대한 고정관념에 근거하고 있다는 데에 잘못이 있는 것도 아니다. 여성이 남성전용 화장실을 이용하지 못하게 금하는 것 역시 여성을 배제할 목적으로 시행되었고 남성과 여성에 대한 고정관념에 (그리고 특정 신체 기능과 관련된 사생활 보호에) 근거하고 있다. 법원에서 여성 소송대리 금지는 여성을 비하하는demean 방식으로 남성과 여성을 구별하게 되는 문제가 있는 반면, 남성전용 화장실 이용금지는 그렇지 않다.

1부에서는 타고난 특성에 따라 사람을 구별하는 행위를 통해 영향을 받는 누군가를 비하하게 되는 경우, 그것은 도덕적으로 부당하다는 논지를 전개한다. 1장은 이런 부당한 차별에 대한 설명 논거를 제시한다. 특정한 구별distinction이 비하를 의미하는지의 여부는 그 상황의 맥락과 우리의 문화 속에서 그러한 구별 짓기의 현재적 의미에 의해 결정된다. 말하자면 어떤 구별로 인한 결과나 영향만으로는 해당 구별이 비하인지 여부를 좌우하지는 않는다. 어떤 구별은 그로 인해 영향을 받는 사람이 비하되고 낙인찍히고 피해를 입었다고 생각하는지 여부와 상관없이 다른 이를 비하하는 결과를 가져온다. 따라서 여기서 제시하는 부당한 차별에 대한 설명에서 부당성, 즉 부당한 것인지의 본질은 차별로 인해 입은 손해가 아니라 도덕적인 허용 불가능성에 달려 있는 것이다.

2장은 '비하'가 무엇이며 왜 중요한지에 대해 보다 구체적으로 살펴봄으로써 논의를 전개할 것이다. 이 논의는 비하를 하는 방식으로 사람을 구별하는 행위가 부당한 이유를 검토하는 것으로 시작한다. 비하는 다른 이의 동등한 도덕적 가치를 허용되지 않는 방식으로 대우하는 것이기 때문에, 그것은 애초에 구별에 대한 우리의 도덕적 고려에 내재하는 가치와 직접적으로 연관된 부당함을 가려내는 기준이 된다는 것이 2장의 주장이다. 그 후 '비하'는 다른 이를 깎아내릴 수 있는 힘이나 능력이 있는 방식으로 명예를 훼손시키는 표현이라는 보다 자세한 설명을 할 것이다.

3장은 특정 상황에서 특정한 구별을 짓는 것이 비하인지 여부를 판단하는 '방법', 그리고 특정한 구별이 비하인지에 대해 사람들 사이에 의견이 다를 수 있다는 사실이 여기서 내가 제기하는 이론에 문제가 되는지 여부 같은 중요한 사항들을 살펴본다.

2부에서는 차별퍼즐에 대한 몇 가지 일반적인 설명을 살펴보고 그것들이 궁극적으로는 만족스럽지 못하다는 사실을 논증한다. 4장에서는 가치merit의 개념을 생각해보고 그것으로는 허용되는 차별과 허용되지 않는 차별을 구분하지 못한다는 것을 설명한다. 가치라는 개념이 유용하지 않은 이유는 특정 상황에서 특정 구별이 허용되는가 여부에 관한 토론은 결국 해당 상황에서 가치가 무엇인가에 대한 논쟁으로 대체될 뿐이기 때문이다. 예를 들어 이란의 대학들은 학생과 교수 선발에서 소속 정당을 기준으로 활용한다. 이런 학생과 교수들이 그런 지위를 받을 만한 가치가 있는 것이 아니기 때문에 이런 관행이 부당한 차별이라고 생각할 수도 있다. 하지만 왜 가치가 있지 않은 것인가? 대학 운영자들은 당연히 최고의 학생과 교수는 최고의 도덕적 가치관을 가진 사람이라고 생각하는데, 여기서 최고의 도덕적 가치관이란 규정하기 나름이다. 달리 말해 이런 정책을 비판하는 사람이든 지지하는 사람이든, 그들을 이해하는 최선의 방법은 결국 어떤 대학 상황에서 무엇이 가치를 구성하는지에 대한 주장을 통해서다. 그렇다면 가치라는 개념 자체는 허용되는 차별과 허용되지 않는 차별을 가려내는 데 도움이 되지 않는다.

5장에서는 분류의 정확성이 도덕적인 측면에서 중요하다는 주장을 반박하게 된다. 누가 운전면허에 응시할 능력이 있는가를 결정함에 있어 이를테면 나이를 기준으로 사람을 구별하면, 나이가 실제로 운전능력을 말해주는 좋은 지표인지 여부가 도덕적으로 중요해져야 한다고 생각할 수도 있다. 만약 그렇지 않다면, 그것을 기준으로 사용하는 것이 문제가 될 것이기 때문이다. 나이가 운전능력과 무관한데도 나이를 기준으로 사용한다면 확실히 문제가 되겠지만, 더불어 우리는 그런 문세가 도덕적인 것인지, 아니면 실용적인 문제일 뿐인지를 물어야 한다. 5장에서는 부정확한 분류기준을 사용하는 것은 비효율적이고 어리석은 행동이지만 도덕적으로 잘못된 것은 아니라는 주장을 편다.

마지막으로 6장은 구별을 짓는 사람의 의도가 중요하다는 견해를 반박한다. 먼저 나는 의도가 중요하다는 두 가지 주장을 살펴본다. 첫째, 행위자의 의도가 어떤 행위자가 실제로 특정 특성에 따라서 구별하는지 여부를 결정한다는 주장이다. 둘째, 불순한 의도에서 사람들을 구별하면 행위의 도덕성에 의문이 제기될 수밖에 없다는 주장이다. 여기서 나는 두 주장 모두를 반박하고 차별에 있어서 내면의 생각은 중요하지 않다는 결론을 도출한다.

이 책은 내가 제기하는 부당한 차별 개념이, 최근 도덕철학자들이 사람의 동등한 도덕적 가치에 요구되는 사항을 판단하면서 강조하는 동등한 존중의 중요성과 밀접한 관련이 있음을 다각도로 탐구하면서 끝을 맺는다.

차별은 언제
잘못된 것인가?

I

When is
Discrimination
Wrong?

1장

기본
개념

차별은 그것이 비하가 될 경우에 부당하다. 타인을 비하한다는 것은 타인을 가치보다 낮게 대우한다는 것이다. 이런 의미에서 비하는 본질적으로 상대적인 개념이다. 비하 여부는 맥락과 문화에 따라 달라지게 마련이며, 사람들이 특정한 권리나 어느 정도 최소한의 재화수준을 향유해야 하는 것은 아니다.

우리는 보통 사람이 갖거나 갖지 못한 특성에 따라서 사람을 구별한
다. 이런 관행은 어디에나 존재하며 매우 빈번하게 발생한다. 더욱이 이
런 관행의 다수, 아마도 대부분은 도덕적으로 허용되며 무해하다. 하지
만 일부는 도덕적으로 문제가 되며, 심지어 심각한 문제를 야기하는 경
우도 있다. 이런 차이를 어떻게 설명할까?

차별

'차별discrimination'이란 단어에는 중대한 모호성이 있기 때문에 일부
러 인용 부호를 써서 표시했다. '차별'은 단순히 상황을 '서술하는' 표현
으로 쓰일 수도 있고, '도덕적인 판단이 들어간' 표현으로 쓰일 수도 있
다. 서술적으로 쓰인 '차별하다discriminate'는 특정 특성의 존재 혹은 부
재를 근거로 사람들을 구별한다는 의미일 뿐이다. 예를 들어 자동차를
운전하려면 최소 16살이어야 한다는 요건은 16살 미만인 사람과 16살

이상인 사람을 차별한다. 변호사 활동을 하려면 변호사 시험에 합격해야 한다는 요건은 변호사 시험에 합격한 사람과 그렇지 않은 사람을 차별한다. '차별'이라는 용어가 도덕적인 판단이 들어가서 쓰일 경우에는 '부당하게' 그런 구별을 짓는다는 의미다. 예를 들어 버스나 기차에서 흑인과 백인 승객의 좌석을 분리해야 한다고 규정한 법은 인종을 근거로 사람을 부당하게 차별하는 것이다. 어떤 의미의 차별을 논하는지에 대한 혼란을 피하기 위해서 나는 가급적이면 '차별하다'와 '차별'이라는 단어를 단독으로 쓰지 않을 예정이다. 명확성을 기하기 위해 글의 품위를 떨어뜨리게 될지도 모르지만, 차별의 서술적인 의미를 염두에 두고 있을 때는 특정 법, 정책, 행위가 X라는 특성 또는 유사한 무언가를 근거로 (사람을) '분류한다classifies' '구별을 짓다draws a distinction' '구별한다distinguishes'라고 말할 것이다. 도덕적인 판단이 들어간 차별의 의미를 염두에 두고 있을 때는, 특정한 법, 정책, 행위가 (사람을) '부당하게 차별한다'라고 말하여 도덕적 판단이 분명히 드러나도록 할 것이다.

개념의 출발점

우선 현실에서 있을 법하지 않은 가상의 사례를 통해 이야기를 시작해보자. 누구를 막론하고 이름이 A로 시작하는 후보자는 고용하지 않는 고용주 또는 입학시키지 않는 학교 입학담당관이 있다고 가정해보자. 이를 근거로 애덤스Adams라는 사람이 불합격되었다. 이는 부당한 차별인가? 이번 장에서 내가 전개하려는 주장은 이런 결정에는 아무런 잘못이 없으며, 적어도 사람의 동등한 도덕적 가치라는 원칙을 위반하는 어떤 잘못도 범하지 않았다는 것이다. 그러므로 이름이 A로 시작하기 때문에 애덤스를 불합격시킨 것은 부당한 차별이 아니다.

대조되는 다른 사례를 살펴보자. 어느 고용주 또는 입학담당관이 여성 고용이나 입학을 거부한다고 가정해보자. 이 경우 어떤 차이가 있는가? 성별에 따른 차별이 어떤 사람의 이름 첫 글자에 따른 차별과 확실하게 다른 점은 미국 사회든 다른 사회든 여성을 멸시해온 오랜 역사가 있다는 사실이다. 여성에 대한 부당대우의 극단적인 예를 들자면 여성의 참정권을 박탈하고 재산권 행사를 금지하는 법, 남편에 의한 아내 강간을 강간죄로 인정하지 않는 법 등이 대표적이다. 물론 이외에도 예는 얼마든지 있다. 하지만 이름이 A로 시작하는 사람을 부당하게 대우한 역사적인 사례는 분명 없다. 게다가 여성은 지금도 세계 대부분 지역에서 남성에 비해 사회경제적 지위가 낮지만, 최소한 내가 아는 한 이름이 A로 시작하는 사람이 나머지 25개 알파벳으로 시작하는 사람에 비해 잘살거나 못살지는 않는다. 여성은 지금도 여전히 남성보다 적게 벌고, 빈곤층 비율이 훨씬 높으며, 가정폭력에 취약하다. 여기서 내 목표는 이런 사실을 입증하는 것이 아니다. 이런 사실은 이미 다른 사람들에 의해 충분히 입증되었다고 보며, 거기에 대해서는 논란이 없으리라 생각한다. 오히려 나는 차별과 관련하여 이런 사실들이 중요한 이유를 개관해보고 싶다.

일정한 특성을 가진 사람에 대한 부당한 대우의 역사와 현재 그들의 사회적 지위가 어떠한 차별이 부당한지와 관련성을 갖는다는 점에 대해서는 이론異論의 여지가 거의 없다. 법원, 평론가, 학자들은 이런 점을 전부터 지적해왔다. 여기서 답해야 하는 흥미로운 질문은 과거 역사와 현재의 사회적 지위가 왜, 그리고 구체적으로 어떻게 중요한가이다.

이런 질문에 대한 몇 가지 가능한 대답을 나열하자면 다음과 같다.

1. 평등의 이상ideal은 카스트 제도처럼 사람을 구별하는 상태 자체를 금지한다. 이런 견해에 따르면 성별을 근거로 누군가의 고용 또는 입학을 거부하는 것은 우리 사회의 남성 위주의 서열을 강화하거나 더욱 악화시킬 위험이 있기 때문에 부당하다.

2. 제도적으로 여성에게 불이익을 주는지 여부는 성별에 기초해서 사람을 구별하는 정책을 평가하는 경우에 중요하다. 하나의 집단으로서 여성이 해당 정책이 채택되는 과정에서 전적으로 배제되거나, 해당 과정에서 그들의 이해관계가 무시되는 경향이 있기 때문이다.

3. 특정한 집단으로서 여성을 부당하게 대우한 역사와 현재 여성의 사회적 지위는 그것이 성별을 통해 어떤 여성의 고용이나 입학을 거부하는 특정 행위의 성질을 결정하기 때문에 중요하다. 여성이라고 일자리를 거부당하는 것은 이름이 A로 시작한다는 이유로 거부당하는 것과는 다른 차원에서 여성을 비하하는 것이다.

특정 집단의 과거와 현재의 사회적 지위가 왜, 그리고 어떻게 중요한가에 대한 이론들은 이외에도 많다. 하지만 나는 위에서 제시한 이론에 집중할 예정이다. 1번 이론은 평등보호조항Equal Protection Clause에 대한 오언 피스Owen Fiss의 반계급제도anti-caste에 대한 해석을 개략적으로 설명한 것이고, 2번 이론은 법원이 평등보호조항에 따라 법규들을 검토해야 하는 경우에 대한 존 하트 일리John Hart Ely의 설명을 재구성한 것이다.' 오래전에 나온 이론이지만, 두 학자의 탁월한 설명과 해당 조항에 관한 법실무적 혹은 법론적인 해석이 어떤 경우 사람들 사이에 구별을 짓는 것이 도덕적으로 허용되고 언제 그렇지 않은지에 관한 대중적 논쟁과 학계의 논쟁 모두에서 차지하는 비중을 감안하면, 존 하트 일리와 오언 피스의 설명은 여전히 주목할 만하다고 생각된다. 반면에 3번 주장은 이번 장에서 내가 논증하려는 관점이다.

부당하면서 차별이지만, 부당하지 않은 차별

지금까지 설명을 통해 이름이 A로 시작한다는 이유로 애덤스라는 사람을 고용하지 않거나 입학을 거부하는 경우와 성별 때문에 어떤 여성을 고용하지 않거나 입학을 거부하는 것은 큰 차이가 있다는 데 대부분의 독자가 동의하리라 생각한다. 하지만 독자 여러분은 역사가 차별에 대한 판단에 영향을 미친다는 사실, 말하자면 역사적으로 그런 일이 있었느냐에 따라 특정 차별이 다른 차별보다 더욱 부당해질 수 있다는 사실에 동의한다고 해도, 앞의 예에서 애덤스가 부당한 차별을 당한 것은 아니라는, 다소 직관에 어긋나는 주장에는 동의하기 힘들 수도 있다. 보다 설득력 있는 설명을 위해서 나는 고용주나 입학담당관이 이름이 A로 시작한다는 이유로 애덤스를 거부한 행위에는 당연히 무언가 부당함을 명확히 하고자 한다. 하지만 이름 첫 글자를 이유로 어떤 사람에게 특정 지위를 부여하지 않는 행위가 부당할지 모르지만, 그것은 평등이라는 규범에 위배되는 부당함은 아니며, 따라서 여기서 말하는 '부당한 차별'

이 아니다.

　이름이 A로 시작한다는 이유로 어떤 사람에게 일자리나 입학을 거부하는 것은 전혀 다른 이유에서 부당할 수는 있다. 예를 들어 로스쿨 입학담당관은 입학기준을 결정하는 교직원 위원회에서 명시한 입학기준이 있어서 그것을 따라야 할 것이다. 해당 입학담당관이 이런 정해진 기준에 후보자 이름의 첫 글자라는 조건을 덧붙이거나, 그것으로 정해진 기준을 대체한다면 입학담당관은 부당하게 행동한 것이다. 이런 행위가 잘못인 이유는 입학담당관이 위임받은 권한 외의 행동을 했고, 자신이 위임받은 바를 다하지 않았기 때문이다. 여기서 우리는 이런 이유로 애덤스가 부당하게 차별을 받았다는 결론을 내리지 않고도 입학담당관의 행위를 비난할 수가 있다. 그러므로 이름 첫 글자 때문에 누군가에게 채용이나 입학을 거부하는 데서 문제가 되는 부분은 해당 담당관이 적용해야 하는 기준에 대한 여러 가지 제한, 즉 담당관이 조직에서 자신의 역할을 완수하기 위해 따라야 하는 의무에서 비롯된 여러 가지 제한사항들이 존재한다는 사실인 것이다.

　예를 하나 더 들어보자. 조라Zora라는 대학생이 수강인원이 제한된 영문학 과목에 수강신청을 했다가 탈락했다. 조라는 (같은 대학교 교수인) 아버지가 예전에 영문학 과목 교수와 내연관계였기 때문에 교수가 자신을 탈락시켰다고 생각한다.[2] 이런 경우 조라는 부당한 차별을 받았을까? 영문학 교수는(편의상 맬컴 교수라고 하자) 자신과 내연관계였던 사람과 관련된 학생과 그렇지 않은 학생 사이를 구별 짓는다. 그렇다면 맬컴 교수는 수강신청을 받아주지 않음으로써 후자보다 전자에게 불이익을 준 셈이 된다. 이런 차별은 부당한가? 부당하다면 어떤 근거에서인가?

조라를 수강신청에서 탈락시킨 맬컴 교수의 행위가 부당한 한 가지 이유는 그것이 대학 내부규정 또는 관례에 어긋나기 때문이다. 그런 규정이나 관례는 명시적으로 표명되었을 수도 있고, 대학의 가치와 사명에 암묵적으로 포함되어 있을 수도 있다. 대학 교수들은 당연히 대학의 목표와 가치에 부합하게 재량권을 행사하여 자기 강의에 학생들의 수강을 수락하거나 거부해야 한다. 여기서처럼 영문학 과목이라면 영문학 분야에서 가장 유망한 학생을 뽑아야 할 것이다. 대학의 규정과 가치가 그런 적극적인 기준을 요구하지 않는다 해도, 당연히 맬컴 교수가 적용한 기준은 사용되어서는 안 되는 것이었다. 이런 관점에서 맬컴 교수의 행위는 부당하다. 하지만 이는 어떤 종류의 부당함인가? 맬컴 교수는 자신에게 요구되는 자격이나 대학 교수로서의 역할에 반하는 행동을 하여 대학이 정한 교수의 의무를 위반했다. 우리가 이런 잘못을 대학이 정한 행동규칙을 어긴 것으로 이해한다면, 이는 사무실 전화로 사적인 장거리 통화를 하는 것과 유사한 잘못이다. 우리가 이를 '대학교수의 역할'에 내재된 가치를 어긴 것으로 이해한다면, 이는 표절과 유사한 부당함일 수 있다. 어쩌면 두 가지 잘못이 조금씩 섞였을지도 모른다. 어느 쪽이든 부당하고 동시에 구별한 것이기는 하지만wrongful and discrimination, 이는 여기서 말하는 부당한 차별wrongful discrimination은 아니다. 이유는 부당함의 원인이 사람을 동등한 도덕적 가치를 지닌 존재로 대하지 않은 것과는 관련성은 없기 때문이다. 여기서 부당함의 원인은 다른 기관이었다면 달랐을 수도 있는 대학 내부의 규정이나 가치 위반이다.

그렇다면 다른 기관이었다면 어땠을까? 대학이 수강생 선발 시에 그런 기준 사용을 공식적으로 허가했다면 어땠을까? 그래도 잘못일까? 그렇다면 그 근거는 무엇일까?

또 하나 예를 들어보자. 《테헤란에서 롤리타를 읽다Reading Lolita in Tehran》에서 저자 아자르 나피시Azar Nafisi는 이란혁명 이후 이란 대학들이 학업성취도나 학자로서의 장래성이 아니라 소속 정당을 근거로 학생을 선발하기 시작했다고 말한다.[3] 이것은 부당한 차별일까? 이 경우는 입학담당관이 대학의 공식정책을 위반하지 않았다는 점에서 조라의 경우와 다르다. 그런 의미에서 대학 입학담당관은 자신의 역할을 벗어난 행동을 하지도 않았고 대학 당국이 정한 기준을 어기지도 않았다. 오히려 대학 당국이 학생선발기준을 바꿔 입학담당관들이 반드시 고려해야 하는 기준의 하나로 소속 정당을 포함시켰다. 그러므로 입학담당관들은 (입학담당관으로서) 자신들의 역할에 따르는 의무를 어기는 잘못을 범하지도, 대학에서 채택한 학생선발기준을 무시하는 잘못을 범하지도 않았다. 그런 의미에서 이는 맬컴 교수의 사례와는 다르다. 그렇다면 이들은 맬컴 교수와 다른 어떤 부당한 행동을 했을까? 나피시는 그렇게 생각하는 모양이다. 나피시는 대학에서 소속 정당을 학생선발기준으로 활용하는 데는 크게 잘못된 무언가가 있다고 생각한다. 하지만 정확히 무엇이 잘못일까?

가치와 부당한 차별의 관계를 다루는 4장에서 상세히 설명하겠지만, 나피시의 이의제기는 대학이란 무엇인가에 관한 논쟁을 통해 가장 잘 설명된다. 나피시는 대학을 교육과 학문이라는 가치에 헌신하는 기관으로 보고, 따라서 새로운 선발기준이 이런 가치에 위배된다고 본다. 그렇다면 학생선발기준을 바꾼 이란 대학들의 결정은 부당한 차별인가?

첫째, 주목할 것은 나피시와 대학 당국이 엄밀히 따지자면 새로운 기준이 용인되는지 여부를 놓고 논쟁을 벌이고 있다는 점이다. '대학의 사명을 제대로 이해했을 경우 소속 정당은 대학의 사명과 양립 가능한 학생 선발기준이 될 수 있는가?'가 논쟁의 핵심이다. 둘째, 만약 나피시의 주장이 옳아서 새로운 학생선발기준이 대학의 사명과 양립 불가능하다면, 더욱 나은 자격을 갖춘 지원자를 탈락시킨다는 점에서 분명 잘못이지만 그렇다고 그런 행위가 부당한 차별이 되지는 않는다. 조라의 경우와 마찬가지로 부당함의 원천이 평등이라는 규범 위반이 아니기 때문이다. 오히려 부당함의 원천은 소속 정당이라는 선발기준이 제대로 이해한 대학의 목표와 양립 불가능하다는 데 있다.[4]

마지막으로 유전적 차별의 예를 생각해보자. 이미 알려진 특정한 유전적 변이를 가진 사람은 그렇지 않은 사람에 비해 특정 질병에 걸릴 확률이 높다고 한다. 이런 경우 보험회사들은 질병에 걸릴 가능성이 높은 유전적 변이를 가진 이들의 보험 가입을 거부하거나 그들에게 높은 보험료를 물리도록 허용해야 할까? 어떤 이는 모든 사람이 건강보험에 가입하는 것이야말로 정의라고 생각한다. 그렇다면 유전적 특성에 따라 보험가입 신청자를 구분하는 행위는 평등과는 무관한 이유로 부당하다. 그런 입장을 지지하는 사람에게 유전적 차별은 부당성 면에서 건강보험 제공업체들이 고객을 구별하는 다른 방법들과 차이가 없다. 그렇다면 유전적 변이를 이유로 누군가의 보험 가입을 거부하는 것의 부당성은 평등이라는 규범을 위반한 데서 기인하는 것이 아니라, 정의의 요청을 위반한 데서 기인한다. 따라서 이 또한 부당한 차별이 아니다. 이는 부당하며 (경멸의 의미가 담기지 않은) 차별임에는 분명하지만, 여기서 부당

성은 구별에서 비롯되는 것이 아니라, 오히려 정의가 요청하는 바를 거부한 데서 비롯되는 것이다.[5]

우리가 사람을 구별하고 그 결과로 다르게 대우할 때, 가능한 경우의 수는 다음과 같다. 그런 행동이 (a)허용되는 경우, (b)구별에 대한 우려 밑에 놓인 도덕적 관심과는 무관한 이유로 허용되지 않는 경우, (c)사람의 동등한 도덕적 가치라는 원칙 침해로 허용되지 않는 경우다. 독자 여러분에게 어떤 구별이 어떻게 부당하면서 동시에 부당한 차별이 아닌가를 설명함으로써 나는 이름이 A로 시작한다는 이유로 애덤스를 고용하지 않는 행위가 부당한 차별이 '아니'라는 나의 주장에 여러분이 품었을 의문에 답을 주고자 했다. 관련 기관에서 채택한 기준과 기관의 기준 선택에 지침이 되어야 하는 내부가치 등에 비추어보면, 그런 행동에는 잘못된 점이 있겠지만, 이는 부당한 차별로서의 잘못은 아니다.[6]

내가 출발점으로 삼은 사람의 동등한 도덕적 가치라는 도덕원칙으로 돌아가 이런 관점을 결합시켜보자. 개인마다 고유의 가치가 있다고 한다면 평등이라는 측면과는 무관하게 해당 가치를 침해하거나 부정하는 행위가 있을 수 있다. 만약 X가 Y를 살해하면, X는 Y의 고유한 가치를 존중하지 않은 셈이지만 여기서는 평등이 문제되지는 않는다. 만약 X가 어떤 사람은 살해하고 어떤 사람은 살해하지 않았다면, X는 살해한 사람들의 고유한 가치를 존중하지 않은 것이고, '동시에' 선택적으로 살해했다는 점에서 평등 규범에 위배되는 행위를 했다고 볼 수도 있다.

하지만 살인 자체가 워낙 극단적인 권리 침해 행위이기 때문에 그런 상황에서는 보통 평등이라는 문제에 초점을 맞추지 않는다. 그러나 동등하게 대우받을 권리 외에 다른 권리는 없는 상황이라면 어떠할까? 문제가 되는 가장 중요한 가치가 평등인 그런 상황은 어떤 상황일까? 아파트는 한 채인데 원하는 사람은 여럿인 경우를 생각해보자. 당연히 한 사람만 해당 아파트를 얻을 수 있다. 아파트를 갖지 못한다고 해서 인간으로서 고유한 가치가 침해되지는 않는다. 하지만 백인만 된다든가 하는 식으로 특정한 선택기준에 의해서 개인의 동등한 가치가 침해될 수는 있다. 문제는 재화나 서비스를 제공하는 데 실패하는 것에 있는 것이 아니라 선택기준 그 자체에 있을 때 평등이 문제가 될 수 있는 것이다.

그렇다고 모든 선택기준이 평등 문제를 야기하는 것은 아니다. 때로는 특정 선택기준을 적용하지 않는 행위가 기관 자체의 고유한 특징에서 파생된 규범이나 기준과 상충되기도 한다. 이를테면 앞서 이야기한 조라의 사례에서 해당 대학에는 대학의 운영과 교직원의 행동지침이 되는 규범과 가치가 있다. 대학 자체의 개념, 그리고 거기에 합당한 일종의 기준들이 이런 규범과 가치의 밑바탕이 된다. 사람을 구별하는 데 적용된 선택기준이 기관의 내부기준과 상충하는 경우, 그러한 구별의 부당성은 기관의 목표 및 가치와의 충돌에 있지 사람의 동등한 도덕적 가치에 위배되는 데에 있지 않다.

기관이나 개인의 고유한 목표 및 가치와 상충하는 구별이 심각한 부당성을 야기할 가능성은 있다. 여기서 그걸 고려하지는 않겠지만 그렇다고 그것이 중요하지 않다는 의미는 아니다. 하지만 구별이 내부의 가치나 목적과 상충하는 경우, 기관이나 개인은 이런 가치나 목표를 조정해서 충돌을 없앨 수도 있다. 이런 일관성 요구는 무의미한 공수표가 아니라, 조직이나 개인이 다른 제약이 없다면 스스로 어떤 선택기준을 적용할 것인가를 결정할 수 있다는 점에서 의미가 있다. 만약 사람들이 동등한 도덕적 가치를 지닌다면, 우리는 도덕적으로 그들을 동등하게 대하지 않는 구별 짓기를 해서는 안 된다.

다른 논의로 넘어가기에 앞서 사람들을 구별함에 있어 우려가 될 만한 또 다른 문제점을 살펴보고자 한다. 어떤 대학의 입학담당관이 호감이 가는 구석이 없다는 이유로 지원자를 불합격시킨다고 가정해보자. 여기서는 해당 학교가 실제로 입학전형의 고려 요소로 호감도를 허용하는지, 금지하는지 여부는 따지지 않는다. 만일 학교가 그것을 금지했다면, 그리고 그럼에도 불구하고 교직원이 호감도를 의사결정의 요소로 사용했다면, 그 교직원은 분명히 자신의 역할이나 고용계약서에 명시된 의무를 위반한 것이다. 하지만 여기서는 호감도라는 기준이 공식적으로 허용되었을지라도 그러한 기준이 부당한 차별을 야기하는 기준은 아닌 가라는, 보다 근본적인 문제를 살펴보려고 한다.

사람들은 어떤 근거에서 호감도라는 기준을 반대할까? 우선 호감도는 위에서 언급한 것처럼 대학이 관심을 가져야 하는 자질이 아니라고 생각할 수 있다. 앞서도 지적했듯이 이런 반대는 대학이란 무엇이며, 대학 본연의 위치를 지키는 선에서 채택 가능한 가치는 무엇인가를 판단하는 데 초점을 두는 입장이다. 말하자면 이런 입장은 '대학으로 존재하려면 무엇이 요구되는가? 어떤 선을 지켜야 하는가?'라는 질문에 집중한다. 하지만 호감도 기준을 반대할 다른 근거는 없을까? 호감도라는 기준이 지나치게 주관적이라는 이유로 반대할 이들도 있을 것이다. 지나치게 주관적이라는 말은 정확히 어떤 의미인가? 해당 기준 적용이 개인의 취향에 지나치게 좌우된다는 의미일 것이다. 다수가 참여하는 일에 해당 기준을 적용한다면 결과는 천차만별이 될 수 밖에 없다. 이는 일관성을 중시하는 입장에서는 중대한 문제가 된다. 하지만 일관성을 중시하지 않는 사람에게도 이것이 중대한 문제일까? 여러 입학담당관이 호감도라는 기준을 적용하여 각양각색의 자질을 지닌 지원자들을 선발했을 경우 부딪치는 가장 심한 비판은 선발기준이 자의적이거나 비합리적이라는 정도일 것이다. 이는 중요한 문제다. 많은 이들이 자의성 자체가 도덕적으로 심각한 문제라고 생각하기 때문이다. 실제로 미 연방대법원의 평등보호원칙은 적어도 이론적으로는 구분이 합리적일 것을 요구하며, 따라서 합리성이 도덕적으로 중요하다는 입장을 지지한다.[7] 하지만 내 관점에서는 구분의 비합리성이 사람의 평등한 가치라는 문제, 즉 평등이라는 규범에 위배되는 잘못은 아니다. 자의적인 취급으로 인해 피해를 입을 가능성은 모두에게 '동등하기' 때문이다. 이는 (선거 등을 통해서) 비합리적인 기준을 택한 멍청이들을 몰아내야 하는 이유는 될 수 있지만, 그 이상은 아니다. 하지만 이와 관련해서 상세히 다룰 만한 주장이 하나 있다. 5장에서 이를 다룰 예정이다.

호감도 척도가 지나치게 주관적이라고 비판하는 과정에서 전혀 다른 우려가 제기될 수도 있다. 비호감이라고 간주되는 사람들이 단순히 임의적인 집합을 형성하지 않고 사회적으로 뚜렷한 형체가 있는 집단으로 나뉠지 모른다는 우려다. 역사적으로 부당한 대우를 받아왔거나 현재도 낮은 사회경제적 지위를 차지한 그런 집단이 비호감으로 분류될 수도 있으리라. 예를 들어 소위 '와스프WASP, White Anglo-Saxon Protestant(앵글로색슨계 백인 신교도)'라고 하는 미국 사회 주류 계급 사람들이 판단한다면, 유대인이 비호감이라는 이유로 배제될 수도 있다.[8] 이런 예가 시대착오적이다 싶다면 요즘에 통용될 만한 다른 예를 떠올려도 좋다. 그런 경우에 문제는 호감도 자체가 사람을 배제하는 기준이 되지 말아야 한다가 아니라, 오히려 호감도를 고려한다는 구실로 실제로는 종교나 인종을 근거로 사람들을 구분하고 배제한다는 사실이다. 다시 말해 호감도라는 기준이 평등규범에 어긋난다는 주장을 하려면, 기관의 목표와는 무관해 보이는 이유로 누군가를 배제했다기보다는 배제행위가 실제로는 역사적으로 부당한 대우를 받았던 집단이나 현재 사회적 지위가 낮은 집단을 특징짓는 속성에 기초해 이루어졌다고 해야 한다는 말이다.

그래도 여전히 일부 독자에게는 호감도가 문제가 많은 입학기준으로 생각될 것이다. 사실 많은 사람이 문제가 있다고 생각하기 때문에 나도 이것을 예로 들었으며, 호감도를 입학기준으로 삼는 것은 분명 문제가 있다. 하지만 그것이 문제가 되는 이유는 사람들이 보통 생각하는 것과는 다르다. 첫째, 호감도는 그것이 공식적으로 허용된 정책이 아닐 경우에 문제가 된다. 말하자면 어느 입학담당관이 월권행위를 해서 입학기준으로 호감도를 사용하는 경우에 문제가 되는 것이다. 둘째, 호감도는 자체적인 모호성 때문에 입학담당관들이 은밀하게 종교나 인종 같은 다른 속성을 입학기준으로 삼는 구실을 제공할 가능성이 있어서 문제가 된다. 이런 경우 문제는 호감도가 입학기준이라는 사실이 아니다. 오히려 문제는 호감도를 고려한다는 구실로 입학담당관들이 실제로는 인종이나 민족에 기초해 지원자의 입학을 허용하거나 거부할 수 있다는 사실이다. 호감도 자체는 이상한 기준처럼 보일지 모르지만, 자기가 추구하는 것으로 보다 그럴듯하게 포장해서 보다 매력적인 기준으로 보이게 하기는 쉽다. 예를 들어 어느 대학의 정책에 따르면 입학담당관들은 타인과 협력하여 일하는 능력이 뛰어난 학생을 선발해야 한다고 가정해보

자. 협력하여 일하는 능력은 많은 고용관계에서 유용하며, 일반적으로도 유용한 자질이다. 그런 가치를 장려하겠다는 학교의 결정에는 이의를 제기하기 힘들어 보인다. 여기서 문제는 오히려 그런 능력을 알아볼 객관적인 검사방법이 있는 것도 아니고 누가 타인과 협력을 잘할 것인지를 가려내기가 힘들기 때문에, 이런 선발기준 적용에 필수적인 재량권을 이용하여 담당자들이 의식적이든 무의식적이든 다른 특성들을 적용할 수 있다는 점이다.

과거의 역사와 현재의 사회적 지위: 어떻게 문제가 되는가?

지금까지 우리는 과거에 부당한 대우를 받아왔거나 현재 낮은 지위에 있는 집단을 특징짓는 속성을 근거로 구분하는 것은 다른 특성들에 기초해 구분하는 것과는 도덕적으로 다르게 느껴진다는 점을 입증했다. 여기서 '느껴진다'라는 표현을 쓴 이유는 왜 다른지, 그리고 다르다는 느낌이 타당한지 여부를 아직도 탐색 중이기 때문이다. 설명의 편의를 위해 역사상 부당한 대우를 받았거나 현재 사회적 약자인 집단을 특징짓는 속성을 'HSD'라고 부르기로 하자. '부당한 대우의 역사 또는 현재의 사회적 불이익history of mistreatment or current social disadvantage'이라는 영어 표현의 첫 글자들을 조합한 것이다. HSD 특성에 따른 구별이 사람을 동등한 관심과 존중으로 대해야 한다는 규범에 어긋나는, 도덕적으로 다른 차원의 차별인 이유는 뭘까? HSD 특성이 정말로 어떤 구별이 허용 가능한지 여부를 평가하는 데 영향을 미친다면, 구체적으로 '어떤 영향'이며, '왜' 그런가?

HSD 특성이 차이를 만드는 것처럼 보인다는 사실에서 일부 연구자들은 중요한 것은 집단에 대한 동등한 대우이지 개인에 대한 동등한 대우가 아니라는 주장을 도출해낸다.[9] 따라서 왜 HSD 특성에 따른 구별이 다른지에 대한 유력한 설명에 따르면, 사람을 도덕적으로 동등하게 대해야 한다는 요구에 따라 카스트 같은 사회계급을 만들거나 강화하는 것이 금지된다고 한다. 왜 HSD 특성에 따라 사람을 구별하는 정책을 문제시해야 하는지에 대한 또 다른 익숙한 설명은 그런 집단은 일상적이고 공평하게 정치에 영향을 미칠 능력이 부족하다는 것이다. 예를 들어 흑인이 통상 정치에서 배제된다면, 사람을 구별하는 법과 정책이 흑인에게 불이익을 주는 쪽으로 시행될 가능성이 높다.

이상의 내용은 법원이 "섬처럼 분리되고 고립된 소수"에게 영향을 미치는 법을 언제, 그리고 왜 더욱 면밀히 검토해야 하는가에 대한 존 하트 일리의 설명을 재구성한 것이다. 이 같은 일리의 설명은 법이라는 맥락을 넘어선 영역까지 확장될 수가 있다. 이어서 살펴볼 비례적이지 않은 부담disproportionate burden이라는 용어는 일리의 관점에서 영감을 얻은 것이다.

반反계급제도와 불균형 부담

HSD 특성에 따른 구별은 우리 사회의 카스트 같은 계급적 요소를 강화하거나 더욱 굳히는 역할을 하기 때문에 HSD가 아닌 특성에 따른 차별과는 도덕적으로 한층 다를 수 있다. 예를 들어 이름이 A로 시작하는 사람처럼 사회적 정체성이 없는 집단에 불이익을 주는 법은 그로 인해 지위에 악영향을 받거나 현재의 지위를 강화할 사회집단이 존재하지 않기 때문에 특정한 계급제도를 강화하지 않는다. 어떤 법이나 정책, 관행이 계급제도를 강화하는지 여부를 따지려면, 먼저 대상 집단이 계급제도라는 개념과 관련이 있는 집단인지를 판단해야 한다. 해당 집단이 역사적으로 어떤 대우를 받았는지, 현재 사회적 지위가 어떠한지를 살펴보면 우리가 다루는 사회집단인지 여부가 대부분 결정된다.[10] 논의를 더 진행하기 전에 주의사항이 하나 있다. 지금까지 논의를 보면, 처음에 이름의 첫 글자를 이유로 어떤 사람을 고용하지 않는 경우와 성별을 이유로 고용하지 않는 경우의 차이점을 비교하는 과정에서 특정한 특성에 기초해 규정되는 어느 집단의 역사나 현재의 사회적 지위가 도덕적 차이를 만들어낸다는 가설로 이어졌다. 역사와 사회적 지위가 구체적으로 어떻게, 왜 중요한가는 아직 분명하게 논증되지 않았다. 그렇다고 역사와 현재의 사회적 지위가 어떤 구별의 정당성을 판단하는 결정적 요소라고 말하려는 것은 아니다. 말하자면 HSD 이외의 특성에 따른 구별 또한 부당한 차별이 될 여지는 있다. 두 가지 사례의 비교는 오히려 역사와 사회적 지위의 중요성을 시사한다.

지금 우리는 역사와 사회적 지위가 왜 중요하며 구체적으로 어떻게 중요한가를 알기 위해, 새로운 것은 아니지만 그동안 제대로 탐구되지 않았던 견해를 집중조명하고 있다. 그렇게 하기 위해서 우리는 사람들 사이의 구별 짓기가 어떤 경우에 법적으로 평등보호조항에 위배되는지를 다루는 유력한 설명(엄밀히 말하면 그중 하나는 재구성한 설명이다) 두 가지를 검토하고 있다. 기존의 유력한 설명이 우리가 찾으려는 해답에 어떤 실마리를 주지 않을까 하는 생각에서다. HSD 특성이 중요한 이유와 구체적인 양상에 대한 두 가지 설명 모두 나름의 결함이 있지만, 어느 지점이 틀렸는가를 이해하면 올바른 해답을 찾는 데 도움이 되리라 생각한다.

우선 오언 피스가 주장한 반계급제도 접근에 따르면, 역사 또는 현재의 사회적 지위는 우리가 보호해야 하는 낮은 지위에 처한 집단이 어느 집단인가를 상당 부분 결정해주기 때문에 중요하다. 이런 관점은 여러모로 호소력이 있지만 궁극적으로는 만족스러운 것은 아니다. 이런 관점은 예를 들어 아프리카계 미국인 개개인에게 불이익을 주는 법이 도덕적으로 문제가 되는 이유는 집단으로서 아프리카계 미국인의 사회적 지위 때문이라는 직관을 불러일으킨다. 하지만 그렇게 하는 과정에서 침해의 개별적 속성을 포기하는 대가를 치른다. 어떤 흑인에게 기회를 주지 않는 행위는 해당 행위가 집단으로서 흑인의 상대적 불이익에 일조하기 때문에 부당하다는 주장을 하기 때문이다. 집단의 지위가 중요할지 모르지만, 부당한 행위가 집단뿐 아니라 개인 차원에서도 일어났다고 주장할 수 있는 범위 내에서 집단의 지위가 중요하게 인식되어야 한다. 이에 대해서는 아래에서 설명할 예정이다.[11]

내가 '비례적이지 않은 부담disproportionate burden'이라고 칭하는 두 번째 설명은 어떨까? 다수의 가치 있는 목표를 달성하는 데 사람들 사이에 구별 짓기가 필수라면, 누구든지 그런 구별 짓기에 의해 불이익을 받지 않으려는 저마다의 이해관계가 해당 구별이 행해지는 정치적·사회적 과정에서 동등한 비중으로 고려되기를 바랄 것이다. 어떤 집단이 이런 과정에서 자신들의 이해관계를 반영하는 데 어려움을 겪는다면, 우리는 그러한 분류 혹은 구별의 공정성을 우려하게 된다.[12]

특정 집단에 대한 부당한 대우의 역사가 중요한 이유에 대한 이런 설명은 존 하트 일리의 견해에서 자극을 받아 이를 재구성한 것이다. 하지만 이러한 설명은 이런 특성들을 기초로 하는 구별이 '어떻게' 도덕적으로 문제가 되는지에 관해서 중요한 사항을 포착하는 데는 실패한다. 이런 관점에 따르면 특정 집단의 이해관계를 적절하게 고려하지 않은 선긋기line drawing 자체는 어떤 경우에도 문제가 되지 않는다. 오히려 문제가 되는 것은 지속적인 불이익이다.[13] 개별 정책, 특히 정치적 과정이 수반되는 정책에서는 항상 승자와 패자가 나오기 마련이다. 문제는 (유명한 표현을 쓰자면) "분리되고 고립된 소수"가 자신들이 반복적으로 패자가 되지 않게끔 과정에 개입하는 것이 불가능할 때 생긴다.

여기서 문제는 어떤 개별 정책의 부당성이 선행 정책들에 의해 좌우된다는 사실이다. 특권층인 백인 여성이 여성이라는 이유로 어떤 일자리 혹은 기회를 박탈당한 사례를 생각해보자. 만약 지금까지 해당 백인 여성이 성별에 따른 선긋기로 그다지 불이익을 받지 않았으며, 그녀에게 영향을 미친 구별을 짓는 과정에서 여성의 이해관계가 고려되었다면, 이런 특정한 사안에 대해 위의 설명은 어떻게 말할까? 이 구별은 잘못된 것인가? 만약 부당하다면 이유는 무엇인가? 혹자는 여기서 여성은 성별을 근거로 하여 불이익을 받지 않을 권리가 있는데, 그건 단지 일반적으로 대부분의 정책과 법이 구별 짓는 과정에서 여성의 이해관계가 충분히 고려되지 않았기 때문이라고 말할 수도 있을 것이다. 만일 그렇다면 여성에게 영향을 미치는 성차별은 오직 부수적으로 부당할 뿐이다. 그러므로 거기엔 무언가 결여되어 있다.

부당한 차별이 갖는 부당함의 개별적인 성격을 포기하는 이런 유의 설명을 직접적으로 수용하는 이들도 있다. 예를 들어 글렌 라우리Glenn Loury는 자신이 옹호하는 '인종 평등주의'는 "분명하게 집단의 지위에 초점을 맞춘다"고 주장한다. 라우리의 관점에 따르면 집단의 지위에 초점을 맞추면 "자유주의적 개인주의 계율"을 거부하게 되는데, 그가 말하는 "자유주의적 개인주의 계율"은 "사회 자원의 분배정의를 오직 개인의 행복이라는 관점에서만 비판적으로 평가하고, 정체성에 기초한 집단의 경제나 사회적 지위에는 독립적인 무게를 두지 않는 사상적 경향"이다.[14] 나는 라우리의 탁월한 저서에 상당 부분 공감하지만 그의 접근법이 잘못된 이분법을 초래한다고 생각한다. 어떤 '집단'에 대한 역사적 대우 혹은 취급과 사회적 지위가 현재 정책 평가에서 중요하며, 동시에 그것이 해당 정책이 '개인'을 부당하게 취급하는지 여부를 결정하는 데도 중요하다는 입장을 견지하는 것도 가능하다. 말하자면 반드시 집단 아니면 개인 식으로 나눌 필요는 없다는 것이다. 부당한 대우를 받는 것은 개인이라는 직관과 집단의 지위가 중요하다는 주장을 조화롭게 설명하려면, 집단의 지위가 개인에 대한 취급 방식을 결정하는 데도 중요하다는 사실을 설명할 수 있어야 한다.

집단에 대한 부당한 대우의 역사가 부당한 차별 평가에서 중요하다는 직관을 이해할 수 있는 다른 방법은 집단의 역사나 현재의 지위가 실제로 사람들이 그런 구별을 짓는 과정에서 하는 행위에 영향을 미친다는 사실에 주목하는 것이다. 어떤 특성을 근거로 구별을 짓는 '행위'는 단지 사람들을 둘 이상의 집단으로 나누고 이런 구별에 따라 다른 대우를 하는 것만은 아니다. 그런 행위가 때로는 그런 사람들 가운데 일부를 비하하기도 한다. 하지만 항상 그런 것은 아니다. 이름이 A로 시작하는 구직자를 고용하지 않은 고용주가 그런 집단의 사람들을 비하하는 것은 아니다. 고용주가 작정하고 A로 시작하는 구직자를 고용하지 않을 수는 있다. 어쩌면 고용주는 상당 기간 동안 그런 경험이 있기 때문에 이름이 A로 시작하는 사람은 멍청하다고 생각할지 모른다. 그래도 비하는, 이어서 설명할 내용처럼 어느 정도 관습적인 행위이며, 따라서 앞의 사례에서 고용주의 행위는 이름이 A로 시작하는 사람들을 비하하는 것은 아니다. 비하할 의도가 향하는 대상이 없었기 때문이다.

사회적 사실로서의 차별

어느 집단의 역사와 현재의 사회적 지위는 특정한 특성에 기반한 구별행위에 영향을 미친다. 어떤 개인이나 기관이 특정 상황에서 특정한 특성에 기반해서 사람들을 분리하는 경우, 행위자는 그로 인해 영향을 받는 일부를 구별할 뿐만 아니라 그들 가운데 일부를 비하하게 될 수 있다. 그렇다면 이런 식의 구별은 부당하다.

왜 그러한가? 의미meaning는 세 가지 원천에서 나온다. 말하는 사람의 의도, 듣는 사람의 인식 또는 이해, 해당 '발화'[15] 시점의 맥락이다. 언어철학자들은 각각의 상대적 중요성을 놓고 논쟁을 벌인다. 이에 더하여 의미론semantics(개별 단어와 문장구조가 통상적으로 갖는 의미)와 소위 '화용론話用, pragmatics(상황과 사용)'의 상대적 중요성에 초점을 맞춘 부가적인 논쟁도 있다. 화용론을 중시하는 어느 철학자는 상황의 중요성을 보여줄 목적으로 다음의 예를 든다. "요리할 줄 알아요?"라는 질문에 남자가 "나 프랑스 사람이야"라고 대답한다. "나 프랑스 사람이야"라고 하면 통상은 말하는 사람이 프랑스 국적이라는 의미지만, 이런 상황에서는 말하는 사람, 즉 자신(르카나티)이 요리를 잘한다는 의미다.[16] 여기서 문장이 뜻하는 바는 개별 단어나 실제 문장 자체의 의미와는 무관해 보인다. 르카나티처럼 화용론 입장에서 실제 상황과 사용이 의미를 결정하는 핵심요인이라 생각하든, 이런 경우는 일반적인 언어 사용에서 예외일 뿐이라고 생각하든(어느 쪽이냐를 놓고 여기서 논쟁을 벌일 생각은 없다) 한 가지는 확실하다. 적어도 때로는 단어가 일반적인 의미와 그것이 쓰이는 문장구조와는 무관하거나 이를 넘어서는 의미를 가진다는 점이다. 위의 대화 상황에서 "나 프랑스 사람이야"라는 말은 르카나티가 훌륭한 요리사임을 뜻한다. 이 경우만큼은 르카나티의 말이 틀림없이 옳다.

법이나 정책이 특성에 따라 사람들을 분류할 때도 마찬가지다. 항상 그런 것은 아니지만 때로는 맥락과 문화 때문에 어떤 구별은 다른 구별이 갖지 않는 의미를 띠게 된다. 그렇다면 (어느 정도는 문화와 맥락에 따라 달라지면서 더 복잡하게 되는) 이런 의미가 행위의 도덕적 의미를 전체적으로 어떻게 평가해야 하는가에서 중요할 수밖에 없다. 다음 예를 보자. 어느 학교 교장이 "흑인 학생은 강당 왼쪽에 앉고 백인 학생들은 강당 오른쪽에 앉아라"라는 지시를 내렸다고 하자. 폴 브레스트Paul Brest가 처음 제안하고 나중에 존 하트 일리가 논했듯이,[17] 이 예에서 교장은 그렇게 해서 얻어지는 미적인 효과가 좋아서 그런 좌석 배치를 지시했다고 하자. 이런 부자연스러운 예를 드는 이유는 부당한 차별에 있어서 부당함을 이해하기 위해서 의도를 기준으로 하는 것이 어떤 문제점이 있는 가를 밝히기 위해서다. 교장이 내린 지시의 의미가 교장의 의도와 그가 사용한 개별 단어의 의미에 의존할 뿐만 아니라, 그런 발언이 나온 맥락과 문화에도 의존한다는 사실을 인정하면, 이런 전형적인 예가 갖는 문제점이 해소되고 이에 대한 우리의 직관적 판단도 상당 부분 설명된다. 교장의 지시를 우리는 어떻게 이해해야 할까? 우선은 그것이 '지시'라는 점에 유의해야 한다. 더구나 교장의 지시는 학생과 다른 교사들에게 영향을 주어 어떤 행동을 하게 만든다. 이것만큼은 논란의 여지가 없다.

게다가 아마도 가장 두드러지는 부분은 교장이 흑인 학생들을 비하하게 된다는 점일 것이다. 어떻게 그런지를 따져 보기 위해서 더 극단적인 경우를 상정해보자. 교장이 "흑인 학생은 버스 뒷자리에 앉고 백인 학생은 앞자리에 앉아라"라고 지시했다고 가정해보자. 버스나 기차의 좌석을 인종에 따라 분리하는 것은 미국 문화에서는 통상 우열이 있다는 의미로 이해되며, 따라서 이런 분류에 따른 취급은 강당의 왼쪽과 오른쪽으로 분리하는 문제보다 상징성이 더욱 두드러진다. 흑인 학생은 버스 뒷자리에 앉으라는 지시 역시 어떤 영향을 미치게 된다. 교장의 지시는 학생들에게 낙인찍히는 느낌을 불러올 가능성이 높다. 하지만 내가 여기서 강조하고 싶은 것은 그런 지시가 그들을 비하하게 된다는 사실이다. 흑인 학생이 버스 뒷자리에 앉도록 지시하면서 교장은 흑인 학생을 비하하게 된다.[18] 이 구별은 중요한 시사점을 갖는다.

어떤 구별이 흑인 학생들을 비하한다는 주장과 낙인찍는다는 주장은 혼동하기 쉽다. 낙인stigma은 중요한 개념이지만 모호한 의미로 쓰일 때가 많다고 보기 때문에 여기서 나는 이런 개념을 피할 생각이다. 낙인찍는다는 주장이 때로는 구별로 인한 결과를 뜻하고, 어떤 때는 분류하는 과정에서 하는 행위, 즉 비하를 뜻한다. 분류로 인한 결과는 거기서 영향을 받는 사람들이 겪는 심리적 또는 사회적 피해를 말한다. 유명한 '브라운 대 교육위원회Brown v. Board of Education' 사건에서 담당 변호사는 미국 공립학교에서 아프리카계 미국인들을 분리하는 행위가 "공동체 안에서 자신들의 지위에 대한 열등감을 조장하여 아이들의 마음과 정신에 평생 돌이키기 힘든 상처를 줄 수 있다"고 주장했는데,[19] 이는 정신적 위해(or 피해)로서 낙인 개념의 전형적인 사례다. 더구나 학자들은 그동안 집단에게 사회적 낙인을 찍을 수 있음을 강조해왔다. 예를 들면 글렌 라우리는 어빙 고프먼Erving Goffman의 주장을 발전시켜 흑인이 사회적으로 낙인찍힌 인종 집단이라고 주장했는데, 이를 통해서 그는 "인종이라는 상징에 함축된 의미 때문에 관찰자가 그들을 자신과 공통된 인간성을 소유한 개인으로 보는 능력이 저하된다"고 말했다.[20] 정신적 피해로서 낙인 개념과 사회적 피해로서 낙인 개념 모두 구별로 인한 결과를 강조하고 있다.[21]

내가 강조하고 싶은 것은 이와 다르다. 나는 (심리적이든 사회적이든) 구별이 불러오는 결과를 강조하기보다는 피해를 입은 사람이나 집단이 비하당하고 낙인찍히고 모욕을 느끼느냐 여부와 상관없이 그런 표현 자체로 구별행위가 부당할 때도 있다고 생각한다. '낙인'이라는 용어가 비하나 모욕을 주려는 의도를 가지고 낙인을 찍는다는 의미로 사용될 수도 있지만, 행위의 결과에 주목하여 사용되는 경우가 더욱 일반적이기 때문에, 여기서 '낙인'이라는 단어를 사용하면 설명에 도움이 되기보다 혼란을 가중시키리라고 생각된다.

이런 나의 관점을 달리 이야기하면 다음과 같다. 구별의 결과에 주목하는 접근은 그로 인해 야기되는 '해악harm'에 초점을 맞추는 반면, 구별 과정에서 행위 자체에 주목하는 접근은 해당 행위가 부당한지 여부에 초점을 맞춘다. 때로 구별은 구별 과정의 행위 자체 때문에 부당하며, 이런 부당성은 그로 인해 생길지 모르는 손해로 환원되지 않는다는 것이 내 생각이다.

맥락과 문화는 특정 구별을 비하하는 것으로 만든다

사람들을 구별하는 행위가 거기서 영향을 받는 누군가를 비하하는지 여부는 그 행위가 일어나는 사회적 맥락에 따라 결정된다. 우리 문화에서 아프리카계 미국인에게 버스 뒷자리에 앉으라고 지시하는 것은 통상 비하하는 행위로 해석된다. 하지만 이는 버스 뒷자리에 무엇인가 문제가 있어서가 아니다. 오히려 십대들은 버스 뒷자리에 앉으려고 안달이다. 하지만 흑인에게 버스 뒷자리로 가라고 명령하는 것은 전혀 다른 문제가 된다. 뒷자리로 가라는 명령을 받는 대상이 하필이면 흑인이라는 사실, 그리고 대중교통을 비롯해서 우리 사회 여러 영역에서 행해진 인종분리의 역사 때문이다. 더구나 흑인에게 뒷자리로 가라고 명령한다는 사실도 차이를 만드는 중요한 요소다. 예를 들어 요청이 아니라 명령하는 행위는 상대를 비하할 가능성이 더욱 큰 것이다.

미국에서 버스 앞자리와 뒷자리를 놓고 벌어지는 구별과 유사한 구별이 다른 나라에도 고유한 역사에 따라 다양하게 존재한다. 넬슨 만델라가 로벤 섬 감옥에 수감되어 있을 무렵, 백인과 다른 유색인종 수감자들은 긴 바지를 입는 반면 흑인 수감자들은 반바지를 입어야 했다.[22] 식민지에서 독립한 직후 남아프리카공화국에서 반바지 착용은 전통적으로 어린애 취급한다는 뜻이었기 때문에 이런 정책은 흑인 수감자를 비하하는 것이었다. 또한 이런 분류가 (비하가 더 잘 일어날 수 있는 권력의 행사인) 명령이라는 맥락에서 발생했다는 점에 주목할 필요가 있다.

보통 강당의 좌측은 우측에 비해 열등한 자리라고 생각되지 않지만,[23] 비하 발생 소지가 다분한 인종분리 색채를 희석시키거나 약화시킬 만한 사정이 전혀 없는 상태에서는 인종에 따른 구별만으로도 비하의 위험은 존재한다. 인종에 따른 분리는 우리 문화, 특히 인종분리 명령에서 사회적으로 또는 관습적으로 이해되는 특정한 의미를 지니기 때문이다. 이런 의미가 상황의 다른 측면에 의해 상쇄될 가능성도 없지는 않을 것이지만 상쇄되지 않는다면 여전히 문제가 된다. 예를 들어 공공장소에서 흑인과 백인의 분리를 규정한 짐 크로우 법Jim Crow Law이 통용되던 시대를 가르치는 고등학교 교사가 인종분리가 어떤 느낌인지 보여줄 목적으로 여러 인종으로 구성된 학생들을 인종에 따라 나누어 앉으라고 지시했다고 가정해보자. 이런 경우 인종분리가 학생들에게 인종차별에 대해 교육하는 맥락에서 일어났다는 사실 때문에 의미가 달라진다. 또한 이런 경우 교사의 지시는 무조건 따라야 하는 명령이라기보다 단순한 요청일 가능성이 높다. 아마도 교사는 너무 거북하게 느끼는 학생은 참여하지 않아도 된다고 할 것이고, 이런 태도가 교사의 행동이 갖는 의미를 더욱 달라지게 만든다.

사람을 분리하는 어떤 행위가 누군가를 비하하여 부당한 차별이 되는지 여부가 사회적 맥락과 문화에 따라 결정되는 방식은 두 가지 측면에서 진행된다는 사실을 주목하자. 첫째, 가장 중요한 것으로 다음과 같은 측면이 있다. 분류에 적용된 특성이 비하를 나타낼 가능성이 있는지 여부는 과거 그런 특성이 분리된 집단에게 어떻게 적용되었는지, 그리고 그런 특성에 의해 규정되는 집단의 현재 상대적인 사회적 지위에 의해 주로 결정된다. 그런 의미에서 인종을 기준으로 하는 차별은 이름 첫글자를 기초로 하는 차별과는 다르다. 둘째, 어떤 특성에 따라 사람들을 구별하는 경우, 우리는 구별된 각각의 집단을 다르게 대우한다. 때로는 다른 대우가 고용, 건강보험 적용, 교육처럼 어느 문화에서나 똑같이 좋거나 나쁜 것일 수 있다. 하지만 버스 뒷자리 이용, 반바지 착용 등처럼 해당 사회의 문화적 의미 때문에 대우의 차이가 발생하기도 한다. 이런 경우에는 부차적으로 관습적 차별이 일어난다고 볼 수도 있다.

논의를 계속 진행하기 전에 한 가지 주의할 점이 있다. HSD 특성을 기초로 하는 구별 짓기는 그런 구분이 갖는 사회적 의미 때문에 비하가 될 '가능성'이 더욱 높다는 점이다. 앞에서 설명한 것처럼 HSD 특성에 따른 모든 구별이 비하가 되지는 않으며, 상황의 다른 측면들도 비하여부에 영향을 미친다. 나아가 HSD가 아닌 특성에 따른 구별이 비하를 가져올 수도 있다. 하지만 그런 경우가 성립하려면 더욱 많은 상황요인들이 갖춰져야 한다.

지금까지의 주장을 요약해보자. 사람을 분류하는 것, 즉 특정한 특성에 따라 사람들 사이를 구별 짓는 행위에서는 알고 보면 몇 가지 일이 한꺼번에 진행되는 셈이다. 첫째, 분류는 구별하고 분리하고 나누는 행위다. 둘째, 분류행위는 보통 어떤 결과를 낳는다. 분류를 통해 나눈 집단 또는 개인에게는 각기 다른 대우가 주어지고, 때로는 영향을 받는 사람들 중에 일부가 부정적인 낙인이 찍혔다고 느끼기도 한다. 셋째, 분류를 하면서 때로 우리는 영향을 받는 사람들 중에 일부를 비하하게 된다. 가장 중요한 것은 분류의 세 번째 측면이며, 이것이 어떤 행위가 부당한 차별인지 아닌지를 결정한다.

분류행위가 비하인지 아닌지 여부는 특정 맥락에서 특정한 구별을 짓는 사회적 또는 관습적 의미에 따라 좌우된다. 이처럼 맥락과 문화는 행위의 의미 결정에서 중요한 역할을 한다. 때로는 분류하는 행위가 비하를 가져오며, 그럴 경우 이런 비하행위는 도덕적 허용 가능성과 직결된다.

왜 비하인가?

사람을 다르게 대우함으로써 모든 사람이 동등한 도덕적 가치를 지녔다는 이념에 저촉될 위험이 있기 때문에 차별퍼즐은 도덕적인 우려를 불러일으킨다. 그렇다고 모든 사람을 똑같이 대우하기란 불가능하다. 법, 정책, 관행 등은 여러 가지 근거로 사람들을 구별하도록 만든다. 사람들 사이에 구별이 불가피하다는 사실 때문에 다른 대우가 도덕적으로 허용되는 때는 언제고, 허용되지 않는 때는 언제인가라는 도덕적 의문이 생기게 된다. 구별 때문에 사람을 도덕적으로 동등한 존재로 대우하지 못하는 경우는 언제일까?

비하란 사람의 동등한 도덕적 가치를 부정하는 식으로 누군가를 대하는 것이며, 그러므로 애초에 차별에 대한 우리의 우려 기저에 깔려 있는 가치에 직접적으로 결부된 부당함을 분간해낸다. 비하는 타인을 모욕할 뿐 아니라 깎아내리고 상처 입히며 폄하하는 것을 포함한다. 말하자면 이는 타인을 하찮은 존재로 취급하는 것이다. 흥미롭게도 일부 학자는 비하가 차별과 관련되었을 뿐만 아니라 보다 넓은 일반적인 의미에서도 도덕적 부당함의 핵심이라고 주장한다. 예를 들어 진 햄프턴Jean Hampton은 도덕적 부당함의 정의를 (단순한 위해와 구별하여) 다음과 같이 주장한다. "(책임 있는 행위자로 행동하면서) 상대를 객관적으로 비하하는 방식으로 대우한다면, 그리고 오로지 그럴 때만 사람은 타인을 부당하게 대우하는 것이다."[24] 이런 도덕적 부당함의 개념은 내가 어떤 경우에 차별이 부당한가를 설명하면서 제시한 것과 같은 통찰에서 나온다. 아무튼 사람들은 여러 방법으로 서로에게 피해를 끼친다. 도덕적으로 부당한 피해와 그렇지 않은 피해를 구별하기 위해서 (신체 보전이나 재산권 행사 같은) 권리에 관한 이론을 내세울 수 있다. 아니면 비하를 하는 위해는 부당하고, 그렇지 않은 위해는 도덕적 부당함과는 무관하다고 주장할 수도 있다. 여기서 비하라는 개념은 타인에게 피해를 끼치는 행위가 사람의 동등한 도덕적 가치라는 기본원칙에 위배되게 타인을 대우하는 것인지를 밝히는 데 유용하다.

햄프턴의 도덕적 부당함 설명에 공감하기는 하지만 여기서는 그에 대한 찬반 입장을 밝히지는 않을 것이다. 여기서 내가 햄프턴의 주상을 언급한 이유는 독자 여러분에게 비하가 도덕적 개념으로서 보편적인 호소력을 지녔음을 보여주기 위해서다. 나아가 나는 비하가 허용되는 차별과 허용되지 않는 차별을 나누는 핵심 도덕개념이라는 (햄프턴에 비해) 온건한 주장이야말로 정말 타당하다고 생각한다. 첫 번째 이유는 차별에 대한 일차적인 우려가 사람들을 다르게 대함으로써 그들을 동등한 도덕적 가치를 지닌 존재로 대우하지 못하는 것은 아닌가 하는 데서 비롯된다고 보기 때문이다. 둘째, 차별대우는 차별이 일어나지 않았다면 다른 이들에게 주어졌을 '권리'(신체의 보전이나 재산권 행사 등)를 정의 내릴 방법이 전혀 없는 다양한 맥락에서 발생한다. 오히려 고용주나 입학담당관은 일정한 한계 안에서 누구를 고용할지, 또는 입학시킬지를 결정할 어떤 기준이든 마음대로 적용할 수가 있다. 여기서 우리가 개괄하고자 하는 것은 바로 이러한 한계를 확인하는 일이다.

비하demeaning는 경시輕視, subordination와는 다른 말이다. 비하가 경시로 이어질 수는 있지만, 그것은 어디까지나 반복적인 비하행위로 일어날 수 있는 하나의 결과일 뿐이며, 경우에 따라서는 그런 일이 일어나지 않을 수도 있다. 그러므로 구체적인 사례에서 어떤 사람이 (사람을 구별하는) 특정한 정책 때문에 비하당하는 경우, 반드시 그가 자신이 비하당한다고 느껴야 도덕적인 문제제기가 가능한 것은 아니다. 비하가 부당한 이유는 사람은 누구나 동등한 도덕적 가치를 지녔다는 사실이 우리가 사람을 그렇게 대해야 함을 요구하기 때문이다. 서로를 하찮은 존재로 대하는 것이 설령 아무런 피해를 야기하지 않더라도 그렇게 대해서는 안 된다. 햄프턴은 비하와 격하degradation 사이에도 유사한 구분을 한다. 어떤 사람이 ("객관적으로 비하한다"는 정의대로) 타인을 부당하게 대하는 경우, 부당한 대우를 받는 사람은 자신의 지위가 폄하된다고 느낄 수도 있고 그렇지 않을 수도 있다. 만약 느끼지 못한다면 그는 "부당한 행위의 결과로 자신이 '문자 그대로 어떤 격하도 당하지 않았다'고 인식하는 셈이다. 상대의 부당한 행위에도 불구하고 스스로가 지니는지고의 가치는 변함이 없다고 생각하는 것이다. 하지만 그럼에도 자신의 가치에 비해 턱없이 낮은 대우를 감내해야 했다는 의미에서 그는 여전히 '비하당한' 것이다. 그렇기 때문에 비하한 것과 일반적인 의미에서 가치가 폄하된 데에는 엄연한 차이가 있다."[25]

비하행위가 부당하다고 해서 비하가 절대로 불가하다고 말하는 것은 아니다. 도덕적인 옳고 그름을 논하는 다른 주장들에서처럼 특정한 상황에서 사람은 더욱 심각한 부당함 또는 훨씬 심각한 해악을 피할 목적으로 타인을 비하할 수 있다. 하지만 여기서 목표는 어떤 경우에 차별이 부당한가를 분석하는 것이지, 어떤 경우에 이러한 차별의 부당함이 다른 요소들에 의해 상쇄되는지를 밝히려는 것이 아니다.

비하하는 것만으로 충분할까?

나는 지금까지 비하는 특히 타인을 동등한 도덕적 가치를 지닌 존재로 대해야 한다는 요구에 어긋난다고 주장했다. 비하는 누군가를 정당한 가치보다 낮게 대우하고, 그런 과정에서 상당한 영향력을 행사하는 것이다. 어떤 행동이 비하가 되려면 어떤 요건이 갖춰져야 하는지에 대해서는 2장에서 상세히 다룰 예정이다. 하지만 비하 이외에도 타인의 동등한 도덕적 가치를 침해하는 행위가 있지 않을까 하는 의문을 품어 볼 수 있다. 그러한 행위로 확실한 것은 살인을 들 수 있다(살인은 사람의 동등한 도덕적 가치보다는 인간의 고유한 가치를 침해한다고 말하는 편이 더 자연스럽기는 하겠지만). 그렇다면 비하는 부당한 차별의 한 종류일 뿐이며 다른 것들이 있을지 모른다는 의미가 된다. 이 책에서 집중적으로 다루는 질문은 사람들 사이에 구별을 짓는 행위가 어떤 경우에 그들의 동등한 도덕적 가치를 존중하지 않는가이다.

내가 이번 장에서 주장하는 답은 구별이 비하가 되는 경우에 사람을 도덕적으로 동등한 존재로 대우하지 않는 부당한 차별이 된다는 것이다. 이런 답은 비하가 되지 않는 구별이라도 경우에 따라서는 사람을 도덕적으로 동등한 존재로 대우하지 않는 부당함을 야기할 가능성을 배제하지는 않는다. 이런 가능성을 단정적으로 거부하지는 않지만, 한편으로 나는 4, 5, 6장에서 비하하지 않는 구별이지만 영향을 받는 사람을 도덕적으로 동등한 존재로 대우하지 않는 부당함을 범할 수 있다는 몇몇 유력해 보이는 주장을 논박한다. 4장에서는 사람을 동등하게 대하기 위해서 가치를 근거로 구별을 지어야 한다는 주장을 논박한다. 5장에서는 사람을 동등하게 대하기 위해서는 구별이 합리적이어야 한다는 주장을 논박한다. 이상 두 가지 주장을 종합하면 사람을 도덕적으로 동등한 존재로 대하려면 반드시 사람을 구별하는 합당한 이유가 있어야 하는 것은 '아님을 암시한다'(내가 여기서 '암시한다'고 표현한 이유는 두 가지 주장이 가능한 모든 다른 의견들을 포괄하지는 않지만, 다른 주장들 또한 동등한 대우에 필수조건이 아니라는 사실을 간접적으로 시사하기 때문이다). 사람을 구별하면서도 도덕적으로 동등한 존재로 대우하려면 비하가 수반되는 구별행위를 삼가야 한다. 이는 엄격함이 덜한 요구조건이다. 차별행위가 정당성을 갖출 필요는 없고, 그저 비하를 삼가기만 하면 되기 때문이다. 사람, 목표, 기관의 다양성을 존중하려면 이러한 보다 온건한 접근법이 타당하다. 사람을 구별해도 좋은 허용 가능한 이유들을 정한 목록 같은 것은 있을 법하지 않다. 오히려 그렇게 구별하면 안 되는 명확한 하나의 이유가 존재한다. 차별이 비하가 되면 그것은 부당하다. 차별이 비하가 되지 않는 한은 복잡하고 다양한 목표와 가치들이 꽃을 피우도록 내버려두어야 한다.

개인 차원의 부당함

부당한 차별에 대한 이런 설명은 집단의 역사와 현재의 사회적 지위가 중요한 이유를 설명해준다. 이번 장을 시작하면서 나는 이름이 A로 시작한다는 이유로 누군가를 고용하지 않는 경우와 흑인이나 여자라는 이유로 고용하지 않는 경우를 비교하면서, HSD 특성에 따라 사람을 구별하는 행위가 특히 문제된다고 주장했다. 이어서 나는 그것이 문제가 되는 이유를 물은 뒤에 부당한 차별이 개인 차원에서도 부당하다는 직관적 통찰을 간과하지 않으면서 HSD 특성의 중요성을 설명할 이론을 전개하려고 애썼다. 여기서 제시한 설명은 이들 두 가지 요구조건을 모두 만족시킨다. 역사(과거) 현재의 사회적 지위는 특정한 특성을 근거로 구별을 짓는 법, 정책, 관행의 사회적 의미를 결정하는 데 일조하기 때문에 중요하다.

이제 이름의 첫 글자에 따른 차별과 인종이나 성별에 따른 차별이라는 원래의 비교로 돌아가보자. 학교 교장이 이름이 A에서 M으로 시작하는 학생은 강당 왼쪽에 앉고, N에서 Z로 시작하는 학생은 강당 오른쪽에 앉으라고 요구한 경우 교장은 이들을 비하한 것인가? 교장은 분명 요청 또는 지시를 내렸지만 학생들을 비하하지는 않았다. 사람을 이름 첫 글자에 따라서 분리하는 것은 우리 문화에서 아무런 사회적 의미가 없기 때문에 교장의 행위는 요청 혹은 명령이지만 비하는 아니다. 교장의 요구가 비하가 아닌 이유는 그런 요청 또는 명령이 우리 문화에서 이렇다 할 숨은 의미가 없기 때문이다. 이는 우리 문화에 대한 일반적인 해석에 따른 판단이다. 물론 해당 학교에서는 이름이 A에서 M으로 시작하는 학생들을 푸대접해온 역사가 있어서 교장의 명령이 사회적 의미를 갖게 되고 따라서 비하의 가능성은 있다. 하지만 이런 가능성은 교장이 학생들을 구분하는 과정에서 그들을 비하하려면 어떤 요건이 필요한가를 오히려 부각시킬 뿐이다.

여기서 내가 제시한 설명은 평등에 관한 논쟁이 빠지기 쉬운 또 하나의 중요한 함정을 피하고 있다. 일부 영향력 있는 학자들은 평등이란 공허한 개념이라고 주장한다. 평등은 그저 사람들이 마땅히 받아야 하는 대우를 받도록 요구하는 것일 뿐, 속을 들여다보면 실질적인 알맹이가 없다는 주장이다.[26] 예를 들어 단과대학이나 종합대학에 지원하는 경우 지원자는 학업성적에 따라 평가받을 자격이 있다고 해보자. 그런데 이런 원칙을 어겼을 경우, 문제가 되는 것은 평등원칙 위반이 아니라 올바른 기준으로 학업성적을 적용해야 한다는 원칙을 어겼다는 점이다. 이런 관점에 따르면 평등이라는 개념은 실제로 아무런 역할도 하지 않는다. 내가 제시한 부당한 차별이라는 설명은 이런 함정을 피하고, 실증적 인권positive human right이라는 논쟁적인 개념을 내세우지 않고도 평등이라는 개념에 실질적인 힘을 실어준다.

차별은 그것이 비하가 될 경우에 부당하다. 타인을 비하한다는 것은 타인을 가치보다 낮게 대우한다는 것이다. 이런 의미에서 비하는 본질적으로 상대적인 개념이다. 비하 여부는 맥락과 문화에 따라 달라지게 마련이며, 사람들이 특정한 권리나 어느 정도 최소한의 재화수준을 향유해야 하는 것은 아니다. 오히려 필요한 것은 법, 정책, 관행이 일부 사람들을 다른 사람들에 비해 낮은 가치로 대우하는 구별을 짓지 않는 것이며, 구체적으로 어떤 법, 정책, 관행이 이런 문제를 야기하는지는 해당 사회의 문화에 따라 해석할 일이다. 그러므로 이런 설명은 평등을 특정한 재화나 권리에 대한 자격으로 환원시키지도 않고, 내용 없는 공허한 입질, 즉 주장으로 만들어버리지도 않는다.

나는 지금까지 사람을 구별하고 그들을 다르게 대우함으로써, 결과적으로 영향을 받는 사람 중에 누구라도 비하하는 경우에는 그런 구별이 도덕적으로 부당하다는 견해를 제시했다. 이런 설명이 설득력을 가지려면, 해결해야 하는 중요한 문제들이 있다. 이어지는 두 장에서는 여기서 제시한 기본개념을 정교하게 다듬는 작업을 한다. 우선 2장에서는 비하가 무엇인가를 심층적으로 탐구할 생각이다. 이어서 3장에서는 특정한 분류가 비하인지 아닌지 여부를 어떻게 판단하며, 특정한 분류가 비하인지를 놓고 사람들 사이에 의견이 일치하지 않을 가능성이 있는데, 이를 어떻게 봐야 할지를 다룰 것이다. II부에서는 어떤 경우에 차별이 부당한가라는 문제를 다룬 다른 주장들을 살펴볼 예정이다. 4장에서는 특정 분류가 어떤 경우에 사람을 평등하게 대하지 않는지를 판단하는 데 가치merit라는 개념이 유용하다는 주장을 반박한다. 5장에서는 구별은 적어도 합리적이어야 한다는 보다 온건한 주장을 살펴본다. 마지막으로 6장에서는 구별을 짓는 사람의 의도가 중요하다는 관점을 검토하고 반박한다.

2장

비하와
부당한
차별

비하하는 행위는 상대를 깎아내리는 행위다. 비하한다는 것은 타인에 비해 많은 권력을 가지고, 타인이 관심과 존중을 받을 만한 가치가 적은 존재라는 표시를 하는 것이다. 비하는 표시행위와 권력이 결합된 것이기 때문에, 비하가 일어나기 쉬운 그런 상황들이 있다.

2000년 하라스Harrah's(네바다 주의 리노를 비롯하여 여러 곳에서 카지노를 운영하는 회사)는 여성 종업원에게는 화장을 의무화하고, 반대로 남성 종업원에게는 화장을 금지하는 "최상의 자신Personal Best'이라는 지침을 마련했다. 해당 지침은 음료를 담당하는 여성 종업원은 "(파우더, 블러셔, 마스카라 등의) 색조 화장은 어울리는 색으로 단정히 해야 하며 입술 화장도 항상 해야 한다"고 구체적으로 규정했다. 반면에 남성 종업원에 대해서는 "눈과 얼굴 화장을 금지한다"고 명시했다.[1]

'페젤 대 마조닉 홈 오브 델라웨어Fesel v. Masonic Home of Delaware, Inc.' 사건에서 법원은 주로 여성 노인에게 서비스를 제공하는 양로원이 간호조무사로 여성만 고용하는 정책을 지속해도 된다고 판결했다. 간호조무사들은 "의복 착용, 목욕, 화장실 수발, 성인용 기저귀 교체, 소변관 관리" 등을 포함하여 양로원 입주자들을 직접적으로 돌보는 업무를 맡는다. 성격이 그렇다 보니 고객의 상당수가 남성 간호조무사가 시중을 드는 것에 동의하지 않았다.[2]

어느 지역신문 개인광고란에 '여성 구함'이라는 제목으로 다음과 같은 광고가 실린다. "장기 교제 혹은 결혼을 목적으로 30에서 40살 사이의 미혼여성 구함. 여성스러운 분 원함. 화장 하고 옷 잘 입는 날씬한 분 선호."

이번 장과 다음 장에서는 비하하는 방식으로 사람들 사이에 구별을 짓는 것은 부당하다는 견해에서 핵심이 되는 두 가지 쟁점을 다룰 것이다. 이 장에서는 비하란 정확히 어떤 것인지, 개념을 살펴본다. 3장에서는 특정한 분류가 비하인지 아닌지를 판단하는 방법과 특정한 분류가 비하인지 여부에 관한 사람들 사이의 의견불일치가 내가 제기하는 이론에 어떤 영향을 미치는지를 검토한다.

비하란 무엇인가?

비하란 타인을 온전한 인간으로 대하지 않거나 동등한 도덕적 가치를 지닌 존재로 대하지 않는다는 의미다. 그러므로 비하는 어느 정도는 표시행위다. 말하자면 타인이 관심이나 존경을 받을 가치가 떨어진다고 표현하는 행위다. 덧붙여 타인을 그런 식으로 대우한다 함은 그런 행동이 일정한 효력을 지닌다는 의미다. 보통은 행위자가 타인을 비하할 정도의 일정한 권력 또는 지위를 지녀야 한다. 하지만 여기서 이런 권력 또는 지위 요건과 행동의 실제 결과 또는 효과를 혼동하지 않도록 유의할 필요가 있다. 어느 고용주가 어떤 일자리를 얻으려면 여성은 남성보다 두 배로 유능해야 한다고 요구함으로써 여성을 비하했는데도 문제의 여성은 비하당했다거나 낙인찍혔다고 느끼지 않을 수도 있다.[3] 이런 경우, 행위의 실제 결과가 행위의 속성을 결정하지 않는 것이다. 예를 들어 자신을 목사라고 소개한 사람이 결혼식을 주재하여 신부와 신랑이 자신들의 결혼이 성사되었다고 믿게 할 수는 있지만, 법에서 정하는 결혼식 주재자의 지위 또는 권한이 없다면 실제로 신랑·신부의 결혼은 효력이 없다.

비하는 사람을 깎아내리고 가치를 떨어뜨리고 격하하는 것이다. 그러므로 비하가 가능하려면 행위자가 상대의 동등한 인간성을 무시하는 표시를 하는 것뿐만 아니라, 행위자가 그런 표현을 통해 상대를 경시하는 것이 가능한 지위에 있어야 한다.

예를 들어 내가 동료나 상사에게 침을 뱉는다면 침을 뱉는 행위의 의미에 관한 우리 문화의 관습을 감안할 때, 나는 분명 무례한 행동을 한 셈이다. 하지만 내가 나의 동료나 상사를 비하했다고 하기는 어렵다. 침을 뱉는 나의 행동은 상대를 '깎아내리지' 않는다. (특수한 환경을 제외하고는) 나의 행동은 상대를 깎아내릴 만한 힘이 부족하기 때문에 나는 상대를 비하한 것이 아니다. 그렇다고 상대가 자신의 지위나 품위가 떨어졌다고 느끼지 않는다는 의미는 아니다. 상대가 혹여 그렇게 느끼지 않았더라도, 그는 아마 모욕당한 기분이고 화가 났을 것이다. 오히려 내가 침을 뱉은 것이 상대를 비하하지 않은 이유는, 상대적인 지위를 봤을 때 내 행동이 비하할 만한 힘이 결여되어 있을 가능성이 높기 때문이다. 이 상황을 내가 길가에 누워 있는 노숙자에게 침을 뱉은 상황과 대조해보자. 이때 나는 그를 비하한 것이다. 침을 뱉음으로써 나는 그를 깎아내렸다. 이렇게 침을 뱉는 행위는 (a)침을 뱉는 깃은 무례를 표시하는 전통적인 방법이고, (b)나와 노숙자 사이에 상대적인 지위의 불균형이 있어서 나의 무례한 표현이 그를 깎아내리게끔 만들기 때문에 비하의 요

건이 성립된다.[4]

이처럼 비하에는 관행적인 측면과 그렇지 않은 측면, 또는 사회적 차원과 권력관계라는 차원이 있다. 결국 어떤 행위가 타인의 동등한 인간성을 부인하는 표시인가를 결정하는 것은 공통의 역사와 문화, 관습, 사회적인 인식이다. 또한 이런 감정의 표현을 상대에 대한 비하로 만들어주는 요소가 바로 말하는 사람의 권력 또는 지위다.

또 다른 예를 생각해보자. 어떤 엄마가 아이에게 "멍청한 녀석, 너는 뭐 하나 잘하는 것이 없구나"라고 말했다고 가정해보자. 이런 경우에 엄마는 아이에 대한 무례를 표시했고 동시에 아이를 비하했다. 이런 경우와 아이의 학교 친구가 아이한테 같은 말을 하는 경우를 비교해보자. 그런 경우 학교 친구는 아이를 모욕하고 존중하지 않는다는 표시를 했지만 비하하지는 않았다. 학생들 사이에 불평등한 지위나 위계질서가 있다면 이야기가 달라지겠지만. 물론 두 가지 상황 모두 사람들 사이에 구별을 짓는, 즉 지금까지 내가 사용한 의미에서 차별의 예는 아니다. 그렇지만 이들 예는 비하의 중요한 특징을 설명하는 데는 유용하다. 여기서 내가 제기하는 관점에 따르면, 사람이 지녔거나 지니지 않은 특성을 근거로 사람을 구별하는 행위가 비하행위에 해당하면 부당하다고 할 수 있으므로, 비하가 무엇인가를 밝히는 것은 매우 중요하다. 그러므로 보행자가 노숙자를 향해 침을 뱉은 행위도, 엄마가 아이를 야단치는 행위도 사람을 차별하는 예는 아니지만, 어떤 행위가 비하행위가 되려면 어떤 요건이 필요한가를 명확히 하는 데는 도움이 된다.

비하는 존중을 표시하지 않는 무례와 연관되고 그런 의미에서 관행에 의존한다. 흔히 존중을 표시하는 전통적인 방법들이 있다. 남의 방에 들어갈 때는 모자를 벗고, 만찬 주최자에게 감사편지를 쓰고, 대화를 할 때는 상대방의 눈을 들여다보는 것 등이 대표적이다. 사실 관행을 존중하는 것이 바로 예절이다.[5] 이것처럼 정식화되고 뚜렷이 규정되지는 않았지만, 마찬가지로 존중을 표시하지 않는, 말하자면 무례를 표시하는 관행들도 존재한다. 상대방을 향해 가운뎃손가락을 들어 보인다든지, 침을 뱉는다든지, 대화를 하면서 상대를 보지 않고 엉뚱한 방향을 본다든지 하는 등등이다. 비하는 어느 정도는 (그것이 상대의 동등한 인간성을 존중하지 않는다는 표시이기 때문에 특히 강력한 방식으로) 무례를 표시하는 것이며, 그런 만큼 특정한 문화에서 무례를 표현하는 관행에 따른다.

하지만 위의 예들이 보여주듯이 무례한 행동이라고 해서 모두 비하가 되는 것은 아니다. 첫째, 비하는 상대방의 동등한 도덕적 가치를 존중하지 않는다는 표시, 즉 특별히 강한 무례의 표시를 요구한다. 둘째, 대부분의 경우에 말하는 사람이 비하당하는 사람보다 높은 지위를 가지고 있어야 비하가 성립한다. 단순히 모욕하는 것이 아니라 비하 행위에는 일정 정도의 권력이 필요하다. 이것이 맞다면, 부당한 차별을 비하하는 방식으로 사람을 차별하는 것으로 정의하는 주장은 상당히 흥미로운 함의들을 지니게 된다.

예를 들어 내가 1년 동안 떠나 있는 사이 집을 세놓을 생각이라고 가정해보자. 가구가 딸린 채로 집을 세놓을 예정이다. 가구, 카펫, 식기 등은 물론 책, 꽃병, 그림, 기타 개인 소지품까지 두고 떠나려는 것이다. 자산보호 차원에서 나는 집을 독신자, 특히 젊은이들은 피하고 가족에게 세놓기로 했다. 갓 대학을 졸업한 20대 남성들한테는 절대로 세를 놓지 않을 생각이다. 이런 방침은 성별, 연령, 가족 여부 등에 따라 장래의 세입자들을 구별한다. 이는 부당하게 차별하는 것인가? 나는 그렇지 않다고 생각한다. 일단 나와 세입자 사이에는 권력 면에서 차이가 없다. 세놓기를 거절하는 나의 행동은 분명 대놓고 말은 안 해도 '이런 사람은 우리 집을 쓰레기장으로 만들 거야'라는 함의를 담고 있어서 모욕행위로 해석되고, 집을 구하는 사람들은 마음에 드는 집을 빌리지 못할 가능성이 있지만, 그래도 내 행동은 몇 가지 이유에서 그들을 비하한 것이라 할 수 없다. 첫째, 우리 집 말고도 예비 세입자가 빌릴 수 있는 수많은 아파트와 주택이 있다. 둘째, 특정한 사람에게는 개인물품을 맡기지 않겠다는 생각은 전문 임대업자가 빈 아파트 임대를 거부하는 경우와는 차이가 있다. 셋째, 대학을 갓 졸업한 젊은 남성은 파티를 좋아하고 집 안 물품들을 제대로 건사하지 않으리라는 암시가 그들의 동등한 도덕적 가치에 영향을 주지는 않는다. 그들이 우리 문화에서 경시되어온 집단이 아니라는 점도 이런 주장에 힘을 실어준다. 마지막으로 전문 임대업자가 아니라 일시적인 임대주로서 내 지위를 감안하면 이런 상황에서 나는 특별한 권력을 가지고 있는 것도 아니다.

그렇기는 하지만 젊은 독신 남성에게 집을 세놓지 않겠다는 태도가 부당한 차별이 아니라는 이런 견해가 주택임대 시에 연령, 성별, 가족 여부에 따른 차별을 금지하는 법이 틀린 것이라는 의미는 아니다. 오히려 반대다. 법은 보편적이어야 한다. 주택임대 시에 연령, 성별, 가족 여부에 따른 차별의 많은 (어쩌면 대부분의) 경우가 실제로 상대를 비하하는 임대 거부를 수반할 가능성이 높기 때문에, 주택임대 시에 이런 것들을 근거로 차별행위를 금지하는 일반적인 법은 도덕적으로 정당하다.

앰넌 라이크먼Amnon Reichman은 전문직 종사자는 잠재 고객에게 서비스를 제공해야 하기 때문에, 관습법상으로 전문직 종사자는 인종과 성별 같은 특성에 근거하여 고객을 구별하는 것이 금지된다고 지적한다.[6] 그렇다면 이런 규범은 전문직 종사자들 스스로에게 적용되는 것이다. 하지만 이런 금지는 비하를 일으킬 때의 구별 짓기가 부당하다는 더욱 일반적인 주장의 하나의 예시라고 볼 수 있다. 대장장이가 어느 고객의 말에 편자를 달아주는 일을 거부했다면 이런 행동은 고객을 비하할 가능성이 다분하다. 그런 전문직 종사자의 서비스 거부는 일반인의 서비스 거부와는 의미가 다르기 때문이다. 일반적으로 전문직 종사자는 비용을 지불하는 모든 사람에게 서비스를 제공하며, 우리 문화에서는 전문가가 일정한 권력이나 지위를 차지하고 있기 때문이다.

맥락과 관행

그러므로 비하가 성립하려면 (1)상대의 인간성에 대한 불평등의 표시가 있어야 하고, (2)말하는 사람이 자신의 의사표시로 상대를 깎아내릴 수 있는 지위를 갖고 있어야 한다. 특정한 행위가 이처럼 심각한 무례를 표시하는 것인지 여부는 결정적으로 맥락과 관행에 달려 있다. 따라서 특정 사회의 고유한 역사와 전통이 핵심역할을 하게 된다.

맥락과 관행은 어떤 행위의 의미를 결정하는 데 중요한 역할을 한다. 예를 들어 관행에 따라 어떤 단어가 곧바로 행동이 되는 경우가 종종 있다.[7] 브리지 게임에서 더블double이라고 말하면 '실제로' 배팅을 두 배로 한다는 뜻이다. 결혼식을 주재하는 사제가 "이제 두 사람은 부부가 되었음을 선언합니다"라고 하면, 두 사람의 결혼이 성사된다. 심판이 야구경기에서 "아웃!"이라고 외치면 선수가 아웃되었으니 밖으로 나가라는 요구가 된다. 이런 단어들이 말하는 대로 뭔가가 일어나게 하는 힘을 가지는 이유가 뭘까? 그것은 바로 브리지 게임, 야구, 결혼이라는 법제도를 지배하는 관행 때문이다. 여기서 중요한 것은 단순히 단어의 의미가 아니라, 브리지 게임과 야구 경기가 진행되는 방식, 우리 문화에서 결혼하려면 무엇이 필요한지에 대한 넓은 의미의 사회적 관행이 먼저다. 이상의 예에서 사회적 관행이 해당 행위들을 가능하게 만드는 방식을 이해하기는 어렵지 않다. 이런 사례를 규정짓고 만들어낸 고도로 양식화되고 정형화된 사회관행이 결정적인 역할을 하기 때문이다.

다음으로 이보다 복잡하지만 논란의 여지는 없는 예를 생각해보자. 바로 약속이라는 행위다.[8] 내가 "X를 하기로 약속할게"라고 말한다면, 나는 어떤 선언을 했을 뿐만 아니라 동시에 어떤 행동도 한 셈이다. (이런 의무를 면제해줄 어떤 일이 일어나지 않는 한) 나는 X를 하는 일에 스스로를 구속하는 셈이다. 약속 행위는 어떤 사람이 무언가를 말함으로써 어떻게 도덕적 지평을 바꿀 수 있는가를 보여주기 때문에 아주 중요한 예다. 약속을 하는 사람promiser은 약속을 하기 전까지는 없었던 의무를 지게 된다.[9] 약속행위가 이루어지는 방식은 관행에 따르지만 브리지 게임이나 결혼식처럼 고도로 공식화되고 양식화되어 있지는 않기 때문에도 중요한 예다. 무언가를 하겠다고 스스로를 구속하는 데는 여러 가지 방식이 있다. "X를 하기로 약속할게"라고 직설적으로 말할 수도 있지만 반드시 그럴 필요는 없다. 친구가 자칫 회복이 불가능할지 모르는 위험한 수술을 받기 직전이라고 가정해보자. 친구가 만약 자기가 죽으면 자기 아이들을 돌봐줄 것인지를 진지하게 묻는다. 나는 "물론이지"라고 대답하면서 친구의 손을 꼭 쥔다. 여기서 나는 의문의 여지없이 내가 약속을 했다고 생각한다. 물론 어떤 사람이 약속을 했는지 여부를 판단하기 어려워서 사람들 사이에 의견이 분분한 상황도 적지 않을 것이다. 그렇지만 (상대적으로 규칙이 느슨하고 명확하게 규정하기는 힘들지만) 사람이 약속을 하는 방법에 대한 여러 관행이 있기 때문에 약속을 하는 행위가 가능하다.

약속의 사례가 보여주듯이, 약속행위와 여타 구두행위를 가능하게 하는 관행은 인식이 가능할 정도로 충분히 명확해야 하지만, 그렇다고 고도로 양식화되거나 정형화될 필요는 없다. 더구나 그것들은 끊임없이 변할 수 있다. 결과적으로 T_1 시점에 말한 단어가 T_2 시점에 말한 같은 단어와는 다른 의미를 가질 수 있다. 책임을 인정하는 경우를 생각해보자. 예전에는 보통 "내가 책임을 지겠다"고 직설적으로 말하는 경우가 있고, "내가 떠안겠다the buck stops here"라고 하여 관습적으로 책임을 진다는 의미로 이해되는 관용적 표현을 써서 책임을 인정하는 경우가 있었다. 적어도 내가 '생각하기에는' 그랬다. 이런 말이 책임을 인정하는 의미로 이해되는 일반적인 경우에는 그런 발언이 곧 책임을 인정하는 것이었다. 그런 책임 인정은 말하는 사람이 책임 인정 이전까지는 없었던 도덕적 의무를 진다는 의미였다. 그런 의무가 정확히 무엇인지는 당연히 말하는 사람이 어떤 책임을 인정하느냐에 달려 있지만, 그것은 책임을 지면서 딸려오는 의무들의 일부일 뿐이다.

그동안 구두로 책임을 인정하는 행위가 진실성 없이 사용되는 경우가 너무 많아서 책임 인정의 방법으로서 (완전히는 아니라도 상당히) 입지가 약화되어왔다. 명시적인 책임 인정 행위에 필요한 실천이 수반되지 않은 경우가 빈발하다 보니 거기서 두 가지 결과가 나타났다. 첫째, "내가 X에 대해 책임을 지겠다"라고 말하는 행위가 책임을 인정하는 방식이 되지 못하는 경우다. 때문에 그렇게 말하고도 마음만 먹으면 언제든지 무효화시킬 수가 있다. 결과적으로 이제 그렇게 하겠다고 말하는 것만으로는 책임을 질 수가 없다. 그래서 책임을 지려면 자리에서 물러나는 등의 다른 방법이 필요하다. 둘째, "내가 책임을 지겠다"라고 말하는 행위가 예전에 가졌던 도덕적인 효과가 없다. 이제는 사람들이 "내가 떠안겠다"고 말을 하고도 이를 뒷받침할 만한 도덕적으로 유의미한 행동을 하지 않는다. 이렇듯 말을 통해 책임을 지는 데는 한계가 있고, 명시적인 책임 인정에 따르는 도덕적 의무도 줄었다. 이런 결과는 사실 동전의 양면처럼 밀접히 관련되어 있지만 각각 강조할 가치가 있다.

약속행위는 고도로 정형화되지 않은 사회적 관습이 어떻게 말로 이루어지는 행위의 성격을 결정하는지를 보여준다. 책임 인정 사례는 이런 관행이 변화하는 모습을 보여준다. 관행은 변화를 통해서 말의 힘을 약화시키면서 해체될 수도 있고 더욱 발전할 수도 있다. 물론 관행의 해체든 발전이든 상당히 느린 속도로 진행된다. 어떤 관행이 발전 중이거나 변화 중인 경우 특정 발언이 특정한 효력을 지니는지 여부가 명확하지 않을 수도 있다(어쩌면 관행이란 항상 그런 상태인지도 모른다). 책임을 진다고 말하는 행위의 현주소가 바로 이런 상태일지도 모른다. 도덕적으로 유의미한 행동이 아닐지라도, 그렇다고 완전히 무의미하다고 볼 수도 없는 그런 상태 말이다.

그렇다면 분류와 관련된 사회적 관행은 어떤가? 분류는 때로 분류된 사람들을 비하한다. 그것은 과거에 이런 특성들이 사용된 방식 때문이다. 이런 과정을 통해 어떤 특성에 문화적 의미가 덧붙여진다. 그런 특성으로는 인종과 성별이 대표적이지만 그 밖의 다른 특성들도 있다. 그렇다면 이런 특성에 따라 사람을 분류하는 법, 정책, 관행 등도 비하의 위험을 안고 있다. 그러므로 인종에 기반해서 사람을 구별하는 것은 단지 인종을 근거로 사람을 나누는 데에 머물지 않는다(이런 구분은 특정 상황에서 합리적일 수도 있고, 비합리적일 수도 있으며, 좋은 의도에서 비롯되기도 하고 나쁜 의도에서 비롯될 수도 있다). 인종을 근거로 사람을 구별하는 행위는 단순히 (피부색, 머릿결 같은) 특정한 외모의 차이에 따른 분류를 적용하는 것이 아니다. 이런 특성을 근거로 하는 분류는 사회적 의미, 즉 매우 경멸적인 다른 특성들과의 결합을 수반하게 된다. 글렌 라우리가 설명한 것처럼 "인종이라는 상징에 씌워진 사회적 의미들은 아주 뿌리 깊고 끈질기며 놀라울 정도로 실제적인 결과로 이어진다. 이런 결과는 인종에 기초한 생물학적인 과정에서 기인하는 것이 아니라, 인종에 기초한 의미, 말하자면 통상의 사회적 의미에서 기인한 것들로, 속담에 나오는 진짜 산보다도 '제거하기가' 힘들다."[10]

물론 다른 특성들을 인종과 성별을 기초로 하는 분류 적용과 관련하여, 그것이 갖는 사회적 의미가 무엇인가를 명확히 상술하기는 쉽지 않다. 우리 문화에서 약속을 하는 무수히 많은 방법을 명확하게 설명하기도 역시 쉽지 않다. 그래도 최소한 약속행위는 "약속할게"라는 말로 명시적으로 약속하는 것이 가능하다. 비하도 마찬가지다. "나는 너를 비하한다 demean you"고 말함으로써 누군가를 비하할 수도 있지만, 우리 문화에는 대놓고 말하는 것만큼이나 분명한 비하의 방법들이 여럿 있다. (연극이나 다큐멘터리가 아니라 현실에서) 흑인에게 버스 뒷자리에 앉으라고 명령하는 것도 그런 사례 중 하나다. 이는 사회적 관행에 의해 흑인을 비하하는 분명한 예로 고착되었다. "약속할게"라고 말하는 것이 약속행위인 것만큼이나 자명한 비하의 사례로, 아프리카계 미국인에게 버스 뒷자리에 앉아야 한다고 규정한 법, 특히 그들이 학교를 어디로 가고, 어디서 물을 마시고… 등등을 규정하는 거미줄처럼 얽힌 규제들 속에 내재된 법들이 전형적인 비하의 사례라면, 이런 예를 다른 관행이 비하가 되는지 여부에 대한 답을 찾는 지침으로 사용할 수가 있다.

그러므로 어떤 특정한 구별이 비하인지 아닌지에 대한 검토는 다음 세 가지 질문에 따라 진행된다. 그런 구별이 영향을 받는 개인이나 집단의 도덕적 가치가 동등하지 않다는 표시를 하는가? 구별을 짓는 개인이나 기관이 해당 상황에서 우월한 힘이나 지위를 가진 사람인가? 문제가 되는 구별이 "유색인종을 포함해서 누군가에게 열등의 징표를 달아주는" 전형적인 비하와 얼마나 유사한가?" 우리 문화에서 비하가 어떤 개인이나 집단에게 "열등의 징표"를 달아주는 것이라면 전형적인 예인 인종차별적인 법을 검토하는 것이 우리의 탐구에 유용하리라고 생각된다.

여기서 내가 언급하는 실천이며 사회적 인식이 정말로 관행일까? 브리지 게임이나 야구 경기 규칙에 비하면 분명히 정형화되고 양식화된 정도가 훨씬 덜한데도 나는 이런 실천이나 인식을 관행으로 언급해왔다. 내 관점에서는 약속행위, 책임 인정, (지금까지 논의한 예들을 사용한) 비하 방식은 주로 관행에 따라 결정된다. 때로는 관행이 게임에서처럼 고도로 정형화되지만 반드시 그래야 하는 것은 아니다. 고도로 정형화되고 양식화된 경우가 아니라도 맥락에 의해 발언의 의미가 명확하게 결정되는 경우라면, 여기서 중요하게 생각하는 관행이라고 볼 수 있다.

그렇다고 특정 맥락에서 분류의 의미가 무엇인지를 판단하는 것이 항상 쉽다는 뜻은 아니다. 오히려 특정 맥락에서 어떤 분류가 누군가를 비하하는지를 판단하는 데는 복잡한 해석상의 판단이 필요하다. 해당 맥락과 관련된 많은 요소들이 판단에 영향을 미칠 것이다. 게다가 문제가 되는 문화적 맥락이 때로는 지역적 특성에 크게 좌우될 수도 있다. 특정한 특성을 적용하여 사람을 구별하는 것이 국가 전체로 보면 문제가 되지 않지만 특정 지역에서는 문제가 될 수 있다는 의미다. 이에 대해서는 마지막 장에서 중요하게 설명할 것이다. HSD 특성에 기초해 구별을 짓는 것이 다른 특성에 따른 구별보다 비하를 일으킬 가능성이 높지만 이는 어디까지나 경험칙일 뿐이다. HSD 특성에 기초하지 않더라도 사람을 구별하는 방식이 비하를 일으킬 수가 있고, 반대로 HSD 특성에 기초해 구별했더라도 비하를 일으키지 않을 가능성도 물론 있다. 주근깨가 있는 사람에게 투표를 금지하는 법은 전자의 예가 되고, 과거 인종분리정책을 가르치는 상황에서 교사가 적절한 설명과 함께 백인 학생들은 교실 앞자리에, 흑인 학생들은 뒷자리에 앉으라고 지시하는 경우는 후자의 예가 될 수 있을 것이다.

생각해볼 몇몇 사례

논의에 현실감과 명확성을 부여하려면 뼈대만 있는 가정에 기초한 상황 이외에 실제 예들을 살펴보는 것이 도움이 될지도 모르겠다. 나는 이번 장의 서두에서 세 가지 예를 제시했는데, 제시된 예들 사이의 유사점과 차이점이 비하 행위가 갖는 표시 차원과 권력 차원 모두를 명확히 보여준다고 생각했기 때문이다.

(고용주의 방침이 야기한 법적 이의제기를 다룬) 첫 번째 예에서 카지노 체인 소유자들은 여성 종업원에게는 화장을 의무화하고 남성 종업원에게는 화장을 금지하는 방침을 정했다. 고용주 쪽에서 '최상의 자신'이라고 명명한 해당 방침은 여성 종업원과 남성 종업원을 구별하고 성별에 따라 다른 외모 규정을 적용한다. 말하자면 남성 종업원과 여성 종업원을 구별하고 다르게 대우한다. 두 번째 예도 역시 문제가 되는 고용주의 정책에 대한 법적인 이의제기에서 나온 것이다. 두 번째 예에서는 주로 여성 노인을 고객으로 하는 양로원에서 남성 간호조무사 고용을 거부했다. 간호조무사의 책임은 화장실 수발, 의복 착용, 목욕 등을 포함하여 양로원 입주자들의 은밀하고 사적인 시중을 들어주는 것이다. 여기서도 고용주의 정책은 남성과 여성을 구별하고 각각을 다르게 대우한다. 하지만 이 경우에는 남성이 해당 일자리에 부적격하다고 간주했다는 점에서 첫 번째 사례보다 대우의 차이가 극명하다. 마지막 예는 실제 사실이 아니라 가상적 상황이다. 어떤 남성이 개인광고를 통해 일정한 나이대의 '여성스러운' 여성을 찾는다는 내용이다. 광고에서는 여성스러움이란 화장을 하고 옷을 잘 입는 것으로 규정된다. 여기서도 역시 남성과 여성 사이에 구별을 짓고(광고는 오직 여성만 찾는다), '여성스럽게' 옷을 입는 여성과 그렇지 않은 여성을 구별한다. 그러므로 세 번째 예는 (남자를 배제하고 성별에 따른 외모 기준을 밝혔다는 점에서) 첫 번째 및 두 번째 예와 유사하지만, 구분을 하는 주체가 고용주가 아니라 데이트 상대

를 찾는 개인이라는 점에서 차이를 보인다. 이런 정책들 중에 어느 사례가 비하에 해당될까? 만약 그렇다면 이유는 무엇일까?

사람이 가지거나 가지지 않은 속성에 따라 사람을 구별하는 행위는, 구별 짓고 차별적인 대우가 그 영향을 받는 사람이 도덕적으로 동등한 존재가 아니라는 표시를 하고, 해당 정책이나 관행을 채택한 개인 또는 기관이 그런 행위가 타인을 깎아내릴 만큼 충분한 권력이나 지위를 가진 경우 비하에 해당한다. 논의 중인 사례들에 이런 정의를 적용해보도록 하자. 첫 번째 카지노 사례를 보자.

우선 첫 번째 문제는 여성 종업원만 화장을 하도록 의무화하는 성별에 따른 외모 단장 기준이 여성을 폄하하는지, 즉 여성에 대한 심각한 무례를 표시하는지 여부다. 그렇다는 상당히 설득력 있는 근거들을 댈 수가 있다. 여성 종업원에게 화장을 의무화하는 규정은 여성에게만 화장을 허용하는 정책과는 구별되어야 한다. 이런 규정은 여성의 신체는 타인을 위해 꾸며져야 하고, 타인에 의해 향유되는 대상이라는 생각을 전달한다. 여성은 화장을 해야 한다는 이런 진부한 외모 규정은 성별에 따라 역할을 나누는 우리 사회 고정관념의 일부다. 더구나 고용주가 여성 종업원에게 고정관념에 맞게 행동하라고 '요청한다'는 사실은 고정관념의 의미를 강화하고 그것이 갖는 힘을 더욱 키울 우려가 있다. 모든 외모 규정은 어떤 식으로든 종업원의 자유를 제한하지만, 그렇다고 모든 외모 규정이 문제인 것은 아니다. 화장을 하라는 규정은 모든 직원이 파란색 바지에 흰색 상의를 입어야 한다는 규정과는 많이 다르다. 그런 규정도 요구조건이기는 하지만 거기에는 특정한 성역할 개념이 포함되어 있지 않기 때문이다. 화장 규정은 성역할 고정관념에 기초한 다른 외모 규정과 비교해서도 정도 면에서 상당히 다르다. 남성은 짧은 머리를 해야 하고 여성은 긴 머리 또는 짧은 머리를 한다는 규정 등이 대표적이다. 우리 문화에서 화장을 해야 한다는 규정은 여성의 육체를 대상으로 보는 특정한 인식과 연관되며 그런 점에서 경멸의 의미가 덜한 두발 규정과는 구분된다.[12]

더구나 이런 성별에 따른 외모 규정을 채택한 사람이 고용주라는 사실이 중요하다. 고용주가 종업원을 대상으로 하는 행위는 종업원이 고용주를 대상으로 하는 행위에 비해 종업원을 비하할 가능성이 높다. 종업원들에 대해 고용주가 갖는 지위가 그의 행동에 힘을 실어주기 때문이다. 결과적으로 이런 규정은 여성을 비하할 가능성이 높고, 따라서 부당하다.[13]

이런 정책을 양로원 간호조무사로 남성 채용을 거부한 사례, 데이트 상대를 찾는 광고와 비교해보자. 데이트 상대를 찾는 광고는 상대로 남성을 거부하고, 화장한 여성을 우대한다. 양로원 규정은 남성 고용을 전적으로 금지한다는 점에서, 얼핏 보면 카지노의 화장 규정보다 더욱 문제가 많아 보인다(그에 비해 카지노의 정책은 남성과 여성에게 다른 외모 단장 요건을 규정했을 뿐이다). 하지만 양로원의 남성 간호조무사 채용 거부는 남성들이 동등한 도덕적 가치를 지닌 존재가 아니라는 표시는 아니다. 양로원이 목욕이나 화장실 수발 같은 지극히 사적인 일에서 동성 간호조무사의 시중을 받았으면 하는 입주자들의 선호를 존중한 선택을 한 데는 당연히 중요한 문화적 의미가 있지만 이는 남성이나 여성을 폄하하는 문화적 의미는 아니다.

이런 선택이 분명 비하라는 주장이 나올 수도 있다. 그런 주장은 다음과 같은 형식이 될 것이다. 양로원의 남성 입주자들은 여성 간호조무사의 시중을 받는 것에 대해 (여성 입주자가 남성 간호조무사에 대해서 갖는) 비슷한 불만을 가지지 않을 것이라는 주장이다(만약 불만이 있다고 해도 같은 강도는 아니리라는 주장이다). 그렇다면 여성 간호조무사만 가능하다는 방침에는 두 가지 중요한 문화적 인식이 융합되어 있다. 한편으로 이는 은밀한 신체 기능을 돕는 일은 동성 간호조무사만 해야 한다는 문화적 관행을 단순히 반영할 뿐일 수도 있다. 다른 한편으로 이렇게 사람을 돌보는 역할이 여성의 역할이며 따라서 (은밀한 사적인 시중에 대한 동성 선호에도 불구하고) 남성 입주자를 돕는 여성 간호조무사는 중요한 문제로 인식되지 않는다는 생각이 포함되어 있을 수도 있다. 반면에 여성 입주자를 돕는 남성 간호조무사는 '중요한 문제로 인식'된다. 어떤 해석이 최선인가는 다음 장에서 논의할 해석적 판단이 필요하지만 여기서는 이런 정책의 문화적 의미가 최소한 화장 의무화 규정보다는 약하다는 정도로 이해하고 넘어가기로 하자.

이제 이상 두 가지 정책을 개인광고와 비교해보자. 여기서 광고 게시인은 데이트 상대로 남성을 거부하고, 화장을 하는 '여성스러운' 여자에 대한 선호를 표시한다. 양로원의 여성 입주자를 돌보는 간호조무사에서의 여성 선호처럼 연애 상대로 여성을 선호하는 것은 남성이나 여성을 폄하하지는 않는다고 봐야 할 것이다. 개인광고에서 화장을 하는 '여성스러운' 여성에 대한 선호는 역시 여성의 육체를 대상으로 보는 중요한 생각을 표시한다. 하지만 상황이 다르므로 전혀 다른 해석이 이루어진다. 우선 개인광고의 경우 남성은 단지 자신의 데이드 상대에 대한 선호를 밝혔을 뿐이다. 그런 상황에서 이는 명령이나 강요보다는 요청에 가깝다고 봐야 한다. 둘째, 우리는 지금 사람을 고용하는 상황이 아니라 데이트 상대를 찾는 상황을 다루고 있다. 이상의 두 가지 요인이 광고를 게시한 남성의 구별행위가 여성을 비하하는지 여부에 결정적으로 영향을 미친다. 내가 보기에 광고를 게시한 남성에게는 여성을 깎아내릴 권력이 없기 때문에 남성의 선호는 여성을 비하하지 않는다. 데이트 상대를 찾는 사람이라는 남성의 지위와 광고 내용은 명령이 아니라 요청에 가깝다는 점 때문이다. 덧붙여 화장한 여성에 대한 선호가 (사람을 고용하는 상황이 아니라) 데이트 상대를 찾는 상황에서 나타났다는 사실 때문에 그것이 표시하는 의미에 대한 해석이 바뀐다.

이상 세 가지 예에 대한 검토는 특정한 맥락에서 구별이 비하인지에 영향을 주는 요소들을 밝히는 데 도움이 된다. 비하는 관행적인 측면과 비관행적인 측면에 의해 결정된다. 어떤 분류 적용이 특정한 맥락에서 개인이나 집단의 동등하지 않은 도덕적 가치를 표시하고, 그렇게 함으로써 해당 개인이나 집단을 깎아내리는 경우에는 비하가 성립된다. 이렇듯 비하가 성립하려면 특정한 표시를 하는 내용을 담은 행위가 있어야 하고, 동시에 행위자가 어느 정도 권력을 가질 정도의 지위에 있어야 한다.

이상의 사례는 문제가 되는 요인들을 분명히 하고자 제시한 것이지, 이런 관행에 대한 나의 해석이 옳다고 주장하기 위해서 제시한 것은 아니다. 비하를 일으키는 구별은 부당하며, 그런 비하는 상대를 동등한 도덕적 가치를 지닌 존재로 보지 않음을 표시하고, 그렇게 함으로써 상대를 깎아내리는 행위라는 것이 나의 주장이다. 하지만 나는 특정한 분류가 정말로 비하인지를 판단함에 있어서 내가 맥락을 해석하는 남다른 전문성이 있다고 주장하려는 것은 아니다. 논란이 되는 정책일수록 그것이 정말로 비하인지 여부를 놓고 사람들 사이에 의견이 일치하지 않는 경향이 있다. 그런 불일치가 내가 제시하는 부당한 차별이론에서 어떤 의미를 가지는지는 3장에서 다룰 예정이다. 여기서 검토한 예들은 내가 제시하는 이론에 수반되는 분석내용을 독자 여러분에게 보여주기 위한 용도이다.

관행적 의미 대 관행적 행위

내가 여기서 제시하는 이론에 따르면 관행의 역할을 강조할 필요가 있다. 여기서 내가 제시하는 이론은 분류가 비하를 일으키는지 여부를 관행이 결정한다고 주장하지만, 그렇다고 관행적 행위를 무조건 묵인하거나 인정한다는 의미는 아니다. 항상 특정한 방식으로 이루어졌다고 해서 무조건 옳을 수는 없다. 의미란 본질적으로 사회 관행에 영향을 받기 때문에 특정 맥락에서 특정한 구별에 대한 사회의 인식은 그 구별이 비하를 일으키느냐에 따라서 부당한지 여부에 영향을 미치게 된다.

성별에 따라 고용에 차별을 두는 앞의 두 가지 예를 다시 생각해보자. 하나는 여성 종업원은 의무적으로 화장을 해야 하는 반면, 남성 종업원이 화장하는 것을 금지했다. 두 번째 예에서는 고용주가 양로원 간호조무사로 여성만을 고용했다. 두 사례 모두에서 고용주는 고객의 선호를 충족시킨 목적으로 그런 정책을 채택했다고 가정해보자. 그리고 두 사례 모두에서 고객의 선호는 화장과 욕실에서 사생활 보호에 대한 관행적 실천을 반영한다. 그러므로 각각의 경우에 굳어진 관행적 실천이 있다. 성별에 따라 다른 외모 치장 습관과 욕실 수발처럼 은밀한 신체 기능과 관련된 활동을 도와주는 일을 성별에 따라 차별하는 관행적 실천이 그것이다. 그렇다고 내가 제안하는 이론이 어떤 정책이 현재 관행을 반영하는지 여부에만 단순히 초점을 맞추는 것은 아니다. 실천에 따라 굳어진 관행의 의미까지 검토해야 한다. 남성은 아니고 여성만 화장을 하는 관행의 사회적 의미를 이해하는 최선의 방법은 무엇일까? 사람들이 (화장실 사용과 목욕 같은) 은밀한 신체 기능을 도와주는 사람을 성별에 따라 차별한다는 사실을 이해하는 최선의 방법은? 그럴싸한 대답은 남성은 제외하고 여성에게만 화장을 의무화하는 정책은 여성은 남 앞에 내놓기 위해서 치장을 해야 한다는 함의가 있고, 여성의 주요 가치로 성적 매력을 강조하기 때문에 여성을 비하한다는 것이다. 반면에 자신의 신체를 보고 은밀한 기능을 도와주는 사람으로 동성만을 선호하는 관행은 남성이나 여성을 비하하지 않는다. 당연히 거기에도 복잡하고 다면적인 사회적 의미는 있지만 남성이나 여성을 비하하는 그런 의미는 아니다.[14]

여기서 내가 택한 접근법은 어떤 때는 현재의 관행을 존중하는 것이 타당하고 어떤 때는 그렇지 않은 이유를 설명하는 데 유용하다. 로버트 포스트Robert Post는 법원이 때로는 이런 전통적인 관행에 경의를 표하고 때로는 그렇지 않은, 일면 모순되어 보이는 상황을 깊이 연구했다.[15] 예를 들어 포스트는 엄밀히 말해, 이들 사례에 대한 법원의 접근법은 "'페젤 대 마조닉 홈 오브 델라웨어' 사건에서 페젤 양로원 입주자들이 아프리카계 미국인 간호조무사의 보살핌을 거부함으로써 사생활 보호

권리를 주장했다면, 이런 기대는 연방 민권법 제7조에 의해 가차 없이 기각되었을 것이며 이런 기각이 당연하고도 타당하다"[16]는 이유를 설명하지 못한다고 주장한다(1974년에 제정된 연방 민권법 제7장은 고용에 있어서 "인종, 피부색, 출신 국가, 종교, 성별"에 따른 차별을 금한다는 내용을 담고 있다.—옮긴이) (같은 인종인 사람의 접촉만을 선호한다는) 관행이 도덕적으로 중요한 의미가 있다는 사실을 생각하면, 이는 다소 당혹스럽게 느껴진다.[17] (성별과 관련된 사생활 보호와 인종과 관련된 사생활 보호라는) 각 관행의 함의를 살펴보면, 전자는 그렇지 않지만 후자는 상대를 폄하하는 것임을 알 수 있다. 우리 문화에서 다른 인종과의 접촉을 거부하는 고객의 선호는 인종 오염racial contamination에 대한 공포를 표시한다. 그것도 한 방향으로만. 사실 학교, 음수대, 특히 수영장에서의 인종분리를 정확히 이런 식으로 이해할 수 있다. 어떤 유사한 문화적 이해도 성별과 관련된 사생활 보호 관행과 연결되지는 않는다. 이런 관행들 역시 분명 사회적인 의미를 지닌다. 사실 은밀한 사생활과 관련된 영역에서 성별을 나누는 것은 어느 정도 허용된다. 이런 관행은 남성이나 여성을 폄하하지 않기 때문이다.

킴벌리 유래코Kimberly Yuracko는 법원이 일반적으로 고용주가 사생활 보호 목적으로 특정한 성별을 선호하는 고객의 요구를 존중하는 차원에서 남성과 여성 구직자를 차별하는 것은 허락하는 반면, 고용주가 (카지노 사건에서 화장 의무화처럼) 특정한 직업에 성적 특징을 부여하는 식으로 남성과 여성을 다르게 대우하는 것은 허용하지 않는, 이런 유의 사건들에 대해 다른 해석을 내놓는다(내 관점에서는 법원의 판단이 올바르다고 생각된다).[18] 유래코의 관점에서 보면 이런 판례는 완전주의적 고려

perfectionist concern를 언급하지 않고는 설명이 되지 않는다. 예를 들어 유래코에 따르면 법원이 "인간의 존엄과 발전은 자신의 신체와 성을 원치 않는 강제적 노출로부터 보호하는 능력과 관련되어 있다"[19]고 믿기 때문에 신체와 관련된 사생활 보호에 대한 관심을 법으로 보호한다. 법원이 삶에서 좋거나 가치 있는 것에 대한 완전주의적 고려에 의해서 움직였을지도 모른다는 기술적인 면에서는 유래코가 옳을지 모른다. 하지만 이런 완전주의의 근거는 분명 문제가 있다. 그렇다면 법원이 행복한 삶은 신체적 프라이버시는 포함하지만 재화와 서비스 제공 시에 성적 자극은 포함하지 않는다는 이유로 프라이버시를 위한 고객의 선호는 보호하면서 비행기에서 매력적인 젊은 여성의 서빙을 받으려는 고객의 선호는 보호하지 않는 것이 타당한 것인가?

이 책에서 내가 지지하는 접근법은 굳이 행복한 삶이라는 개념을 상정하지 않고도 이들 사건에서 나온 주장을 분석할 수 있는 방법을 제공한다. 이런 접근법은 신체 프라이버시가 가치 있는 삶의 방식에 속하는가를 묻기보다 고용주가 고객의 신체 프라이버시에 대한 선택을 존중하는 것이 남성이나 여성에 대한 폄하 표시인지를 묻는다. 마찬가지로 (유래코가 논의한 사례 중에) 매력적인 여성 승무원이 건네주는 음료를 마시고 싶은 고객의 선호를 존중할지를 결정함에 있어서도 성별을 구별하지 않는 일터가 인간의 발전에 중요한지를 묻기보다 그런 고객의 선호를 존중하는 것이 남성이나 여성을 비하하는지를 물으면, 그렇다는 상당히 설득력 있는 주장이 가능하다. 이런 접근법을 따르면, 정부 규제를 행복한 삶과 인간의 발전이라는 특정한 개념에 의지하여 판단하는 것을 피할 수 있다. 오히려 고용주와 고객의 자유는 비하당하지 않는 대우를 받을 타인의 권리를 존중하기 위하여 제한된다.

비하는 정말로 평등 문제인가?

나는 지금까지 사람은 누구나 도덕적인 측면에서 동등하며 인간 존
엄성을 훼손하는 식으로 사람을 대우하는 것은 도덕적으로 동등한 존
재임을 부정하기 때문에 부당하다고 주장해왔다. 하지만 이를 왜 '평등'
에 근거를 둔 문제라고 생각하는가? 어쩌면 우리는 모든 사람은 존중받
을 고유의 권리를 가졌다고 말해야 하는지도 모른다. 비하적인 대우는
사람을 존중으로 대하지 않으므로 이런 권리를 침해한다. 이런 설명은
평등이라는 문제를 완전히 비켜간다. 그렇다면 피터 웨스튼Peter Westen
이 주장하는 대로 평등이란 '공허한 개념'[20]이거나 아니면 해리 프랑크
푸르트Harry Frankfurt가 주장하는 대로 "아무런 도덕적 힘이 없는" 원칙
인가?[21]

이런 주장을 해리 프랑크푸르트가 제기한 방식에 초점을 맞추어 면
밀히 살펴보도록 하자. 프랑크푸르트의 관점에 따르면 존중과 평등은
별개다. 모든 인간은 존중받을 자격이 있지만 모두가 마땅히 받아야 하
는 존중은 "타인이 보이는 존중, 배려, 관심 또는 타인이 향유하는 권리
와는 근본적으로 무관하다."[22] 개개인이 받아야 할 존중은 타인이 대우
받는 방식과의 비교가 아닌 그(녀)가 누구인지에 의해 정의되는 것이다.
개개인이 마땅히 받아야 하는 존중은 사람이 타인에게 빌는 대우와 비
교되기보다는, 그(녀)가 누구인지에 의해서 규정된다.

프랑크푸르트는 전반적으로, 존중은 사람의 개인적 자질에 비추어 주어져야 한다고 주장하는 것처럼 보인다. "사람을 존중하는 것은 관련성 있게 그들을 구별하는 고려들에 근거한 경우를 제외하고는 그들에게 어떤 이익이나 불이익을 부과하지 못하게 한다."[23] 그럼에도 불구하고 나는 프랑크푸르트가 각각의 개인이 그들의 공동의 인간성에 의해서만이 아니라, '최소한의 존중minimum respect'이라 부를 수도 있을, 일정 수준의 존중을 받을 자격이 있다는 데 동의하리라고 생각한다. 하지만 그는 이런 자격은 '평등'과는 무관하다고 주장할 가능성이 있다. 오히려 개인은 그들이 사람이기 때문에, 최소한의 존중을 받을 자격이 있다는 것이다. 우리는 평등하게 그런 자격이 있지만, 평등이 중요한 가치이기 때문이 아니라 각각의 개인이 그런 자격을 부여받았기 때문이다.[24]

하지만 각각의 개인은 사람이라는 사실 자체에 수반되는 존중을 받을 자격이 있다고 말하는 이런 접근법은 그 자체가 공허하다. 누군가를 개인적 자질과 적합하게 존중하는 것이 무엇을 요구하는지 어떻게 확인할 수 있을까? 오히려 우리 모두가 공동의 인간성을 공유한다는 사실은 우리가 타인과 '같은 가치로' 대우받기를 요구한다. 우리는 누구도 '열등한 인간'으로 취급되지 않는다고 말하고 공동의 인간성이 요구하는 존중으로 타인을 대우해야 한다는 명령을 구체화하게 된다. 달리 말해, 여기에는 본질적으로 비교되는 뭔가가 있다. 비록 각각의 개인이 최소한의 재화나 복지, 다른 무언가를 누릴 자격이 있다고 해도(나는 이런 주장에 대해서는 어떤 의견도 표하지 않는다), 타인과 동등한 가치를 가진 존재로 대우받을 자격이 있다는 것 말고는 각각이 누릴 존중의 정해진 양이 있는 것은 아니다. 그러므로 평등은 기본적인 가치이다.

정말 비하만으로 충분한가?

공적 영역에서나 사적 영역에서나 행위자에 의한 사람들 사이의 구별이 불가피하다는 점을 고려하면, 언제 구별이 허용되고 언제 그렇지 않은가에 대한 이론이 있어야 한다. 내가 1장에서 제안하고 이번 장에서 공들여 다듬고 있는 답은 허용되는 차별에서 부당한 차별을 가려내는 것은 행위의 특성 자체라는 것이다. 구별은 평등과 관련된 관심에서 비롯되는 도덕적인 문제이므로, 부당한 구별이라는 개념을 공식화함에 있어서 해당 가치를 살펴보는 것은 타당하다. 부당한 구별은 사람의 동등한 도덕적 가치라는 규범에 어긋나는 구별이다. 나는 구분 짓기가 비하가 되는 경우에 도덕적으로 부당하다고 주장한다. 하지만 정말 비하만으로 충분한가?

비록 비하적인 구별이 문제가 되고 해롭다고 해도 모든 비하적 구별이 부당한 차별이 되는 것은 아니라고 주장할 수도 있다. 구별이 부당한 차별이 되려면 비하하면서 '동시에' 중요한 이익을 가로막아야 한다고 주장할 수도 있을 것이다.[25] 특정 맥락에서 특정한 방식으로 사람들을 구별하는 것이 영향을 받는 일부를 비하한다고 가정해보자. 비하만으로는 부족하다는 주장은 비하당하는 '자체는' 어떤 사람의 중요한 이익을 방해하지 않는다는 관점에 의존한다. 나는 그런 관점이 옳지 않다고 믿을 충분한 이유가 있다고 생각한다. 사실 비하하는 대우를 피하는 것이 오히려 사람들의 '주된' 관심사가 될 것이다. 아비샤이 마갈리트Avishai Margalit는 다음과 같이 주장한다. "타인의 태도는 (대우를 받는) 당사자와 관련하여 자존감을 가진 존재가 지녀야 하는 인간으로서의 가치라는 개념에 내재되어 있다."[26] 달리 말해, 분명히 주된 이익인 자존감은 비하적인 대우 내지 취급을 피하는 것과 불가분하게 연결되어 있다. 이런 주장을 뒷받침하는 경험적인 증거가 있다. 사람들은 자신이 존중을 받고 있는지, 특히 자신이 타인과 '같은 가치를 지닌 존재로' 대우받고 있는지에 엄청나게 신경을 쓴다.[27] 경제학자 로버트 프랭크Robert Frank는 '상대적인' 지위에 대한 욕구가 개인의 소비습관에 얼마나 많은 영향을 미치는가를 광범위한 자료를 통해서 입증한 바 있다.[28] 만약 상대적 지위가 중요한 이해관계라면,[29] 이는 비하행위가 동등한 가치를 가진 존재로 대우받고자 하는 사람의 이해관계를 침해한다는 의미가 된다.

어떤 비하는 (신경 쓰지 않아도 될 만큼) 도덕적으로 사소한 것이라고 생각할 이유가 있을까? (일반적으로) 모든 비하행위 또는 모든 부당한 차별, 다시 말해 비하하는 구별 짓기가 '법적' 규제가 필요할 만큼 해롭지는 않다고 생각할 타당한 근거는 존재한다. 그러나 이 사실이 부당한 차별을 일부만 법적으로 규제되고 일부는 그렇지 않은 다른 부당행위들로부터 구별해주지는 못한다. 하지만 이런 사실이 부당한 차별을 일부는 법적으로 규제되고, 일부는 그렇지 않을 다른 부당한 행위들과 구별해주지는 않는다. 약속을 깨는 행위는 보통 부당한 것이지만 약속을 어기는 모든 행위에 대한 법적 규제가 정당화되는 것은 아니다. 오직 특정한 약속만이 법적으로 강제할 수가 있다.[30] 타당한 이유 없이 타인의 감정을 상하게 하는 것은 부당하지만 그렇게 감정을 상하게 하는 행동 대부분이 법으로 금지되는 것은 아니다. 그러므로 비하를 일으키는 구별이 부당한 차별요건으로 충분할지 모르지만, 어떤 부당한 차별이 구체적인 법규에 의해서든, 헌법이 보장하는 평등보호에 대한 해석을 통해서든, 법으로 금지되어야 하는가를 밝힐 만큼 충분하지는 않다고 생각할 타당한 이유가 있다. 그런 법적인 주장은 특정한 형태의 비하를 일으키는 차별을 제한하는 비용편익 같은 실질적인 사안에 대한 고려를 요구한다. 이 책의 목적은 언제 부당한 차별이 법적으로 금지되어야 하는가에 관한 연구를 위한 도덕적 토대를 제시하는 데 있다. 비하를 일으키는 특정 구별이 도덕적으로 부당하다는 것을 밝힌 뒤에, 우리는 어떤 부당한 차별이 법적으로 금지되어야 하고, 비록 부당해도 그대로 두는 편이 나은 차별은 어떤 것인가라는 질문을 할 수 있을 것이다.

모든 비하는 부당한가?

비하를 일으키는 차별이 부당한 차별이라는 설명에 대한 가장 그럴듯한 위협은 처벌에 대한 함의에서 비롯된다. 처벌은 비하를 일으키지 않는가? 만약 그렇다면, 처벌이 도덕적으로 부당하거나 적어도 의심스럽다고 생각하지 않는 것인가? 처벌이 도덕적으로 부당하지 않다고 보면(범죄 행위에 대해 적절한 사법적 판단이 내려진 이후 정의로운 형법에 따라 적어도 범죄에 비례하는 처벌이 부과되지 않는 경우, 도덕적으로 부당하지 않다고 보면), 처벌의 정당성은 부당한 차별이라는 정의에 뭔가 문제가 있다는 의미가 되는 것인가?

언제, 그리고 어떤 이유로 처벌이 '진정' 정당화되는가에 대한 논란 많고 복잡한 논쟁을 상대하지 않고는 이런 이익제기에 답하기가 쉽지 않다. 어떤 이는 그런 처벌을 받아 마땅한 경우에 처벌이 정당하다고 주장하고, 다른 이들은 범죄 억지력이 있을 때, 그리고 다른 이들은 범죄자에 대한 재사회화 효과 혹은 도덕적으로 범죄자를 교화시키는 효과가 있을 경우에 정당하다고 주장한다. 비록 처벌이 (그들의 자유를 박탈하는 등의 여러 방법으로) 분명 범죄자에게 위해를 주고 있으며, 현재 우리의 형벌체계가 유죄 판결을 받은 이들을 (예를 들어 감옥 안에서 폭력과 특히 강간 등을 용인함으로써) 비하한다는 비난을 받을 가능성이 있기는 하지만, 몇몇 이론들은 처벌 자체로는 범죄자를 비하하지 않는다고 본다. 예를 들어 진 햄프턴은 처벌이라는 것을 가해자의 자율성을 존중하는 방식으로 가해자에게 행위의 불법적 속성을 알리는 역할로 보는 처벌의 도덕교육 효과 이론을 채택한다. "그것(햄프턴의 이론)은 범인이 원한다면 도덕적 지식을 얻을 수 있도록 도움으로써, 처벌을 받는 사람에게 이익이 되는 방식으로 처벌을 정당화하고자 한다."[31]

형벌은 죄에 대한 정당한 보복을 가하는 데 목적이 있다고 보는 형벌 응보주의應報主義 이론으로 생각할 때도, 처벌은 또한 비하를 일으킬 가능성이 거의 없다. 응보주의에 따르면, 범죄자는 마땅히 자신의 죄에 상응하는 벌을 받아야 한다.[32] 마이클 무어Michael Moore는 특히 범죄자를 처벌하지 '않는 것은' 사실 그의 일반적인 인간성을 부정하는 것일 수도 있다는 입장을 분명히 한다. 무어에 따르면, 우리가 어떤 나쁜 행동에 대해서 스스로 유죄라고 판단하고 처벌을 받아 마땅하다고 본다면, 범죄자가 같은 행동을 했을 경우에도 그렇게 판단해야 한다. 그의 설명을 들어보자. "자신이 그런 일을 저지른다면 유죄이고 처벌을 받아 마땅하다고 인정하면서, 똑같은 유죄 가능성을 가지고 똑같은 잘못을 저지른 사람은 그렇지 않다고 보는 것은 스스로 신과 같은 지위를 가로채는 것이다… (그리고) 잘못을 저지른 사람들과 자신이 일반적인 인간성을 가졌다는 사실을 거부하는 엘리트주의적인 오만이다."[33] 이런 관점에서는 그럴 만한 잘못을 저지른 사람에 대한 처벌은 처벌을 받는 대상을 비하하는 것이 아니라, 오히려 벌을 받는 사람의 도덕적 판단능력에 대한 존중을 표시하는 행위가 된다.

하지만 처벌을 받는 사람에 대한 존중으로 처벌을 설명하고 정당화하는 이론일지라도 한계는 있다. 모든 처벌이 존중을 표시하는 것은 아니며, 그와 관련된 모든 실천도 마찬가지다. 비례적이지 않은 처벌은 부당할 뿐만 아니라 비하를 일으킨다. 테러 용의자를 비롯한 사람들에게 정보를 캐내기 위해서 사용하는 최근의 많은 심문 기법은, 비록 그것이 가장 모욕적인 것은 아니더라도 용의자를 비하할 소지가 다분하다. 마지막으로, 일부는 강력범 전과자를 대하는 방식이 정확히 비하에 해당한다는 이유로 부당하다고 주장한다. 예를 들어 조지 플레처George Fletcher는 이와 관련하여 유죄 판결을 받은 강력범들의 선거권 박탈 관행에 대해서 이렇게 말한다.

(적어도 주 정부 차원에서라도) 인종, 성별, 사생아, 외국인 등의 영역에서 차별을 극복하려는 노력에도 불구하고, 우리는 여전히 강력범에게 낙인을 찍고 그들을 '불가촉천민'처럼 대하려는 요구에 굴복한다. 그들은 미국 사회에서 카스트 체제에도 속하지 못하는 제5계급이다. 이들 불가촉천민 중에서도 최악은 분명 성범죄자인데, 이들은 남은 인생 내내 잠재적인 범죄자 취급을 받는다.[34]

요컨대 일부 이론에 따르면, 처벌이 반드시 처벌받는 사람을 비하하지는 않는다. 하지만 현재의 많은 관습은 아마도 비하를 일으킬 것이다. 아니면, 모든 처벌이 비하를 나타내며,[35] 따라서 적어도 일단은 부당하다고 주장할 수도 있을 것이다. 하지만 (대다수) 범죄자들을 처벌하는 경우에는 공동체 보호 필요성이 이런 부당함보다 우선한다.

캐나다 법에 의해 정의된 '존엄'

흥미롭게도, 〈캐나다 인권자유헌장Canadian Charter of Rights of Free-doms〉은 내가 여기서 주장하는 비하하는 구별에 대한 금지와 강한 유사성을 지닌 존엄에 대한 법적 권리를 규정하고 있다. (평등 조항에 해당하는) 헌장의 15조는 제1항에서 다음과 같이 말하고 있다. "모든 개인은 법 앞에 평등하며 특히 인종, 국적이나 민족, 피부색, 종교, 성별, 연령, 정신적 또는 신체적 장애에 따른 차별 없이 법의 평등한 보호와 평등한 이익을 누릴 권리를 갖는다."[36] 이 헌장은 상당히 최근인 1982년에 채택되었기 때문에, 판례법이 캐나다 대법원이 평등보호와 (부당한) 차별 금지 조항이 요구하는 바를 어떻게 해석하는지에 대해 압축된 시각을 제공한다. 검토를 통해 드러나는 것은 15조가 각 개인의 '존엄dignity'을 보장한다는 것이다.[37] 1995년 (Egan v. A-G Canada) 사건에서,[38] 뢰외 뒤베L'Heureux-Dube 판사는 조항의 효력을 이렇게 해석한다(아래 판결문은 뢰외 뒤베 판사 단독으로 작성한 것이지만, 이성 부부들의 존엄의 권리를 제한함으로써 캐나다 연금법 조항이 헌장 15조에 위배된다는 생각에는 다수가 함께했다).

> 평등은… 그것이 개인적인 차이에 상관없이, 인간으로서 각 개인의 동등
> 한 가치 인정에 대한 헌신을 나타내지 않는다면 아무런 의미가 없다. 평
> 등은 우리 사회가 특정 사람들을 열등한 시민으로 취급하고, 그들을 비하
> 하고, 타당한 이유 없이 그들을 능력이 떨어지는 사람으로 여기거나 그렇
> 지 않으면 근본적인 인간 존엄성을 침해하는 입법상의 구별을 용인하지
> 않는다는 것을 의미한다.[39]

최근에 연방대법원은 Law v. Canada(고용-이민부) 사건에서[40] 15조
의 이런 개념 채택을 확고히 했다. 이아코부치Iacobucci 판사는 헌장 15
조의 목적을 다음과 같이 설명한다(정부가 생존 수당 판단에 연령을 적용하
는 데 대한 이의제기를 기각하는 다수 의견을 대신하는 판결).

> 불이익 강요, 고정관념의 형성, 정치적 또는 사회적 편견 등을 통한 근본
> 적인 인간 존엄성과 자유 침해를 막고, 모든 사람이 인간으로서 평등한
> 발언권을 지니고, 동등하게 관심과 존중, 배려를 받을 자격이 있는 사회
> 를 만들기 위함이다.[41]

이런 인간 존엄성 보장에 대한 실제 해석은 (판례와 학설에서) 변화해
왔다. 특히 내가 보기에는 고정관념과 목적이 지나치게 강조되었다. 그
럼에도 불구하고 이 판견 기록에서 중요한 부분은 문제기 되는 법이나
정책이 그것의 영향을 받는 사람들을 비하하거나 폄하하는지 여부임을

강조한다는 점이다. 법원과 연구자들도 나와 동일한 방식으로 이를 분석하지는 않았지만, 유사성이 분명하며 주목할 만하다. 가장 명확한 것으로는 드니즈 G. 레아움Denise G. Réaume의 다음과 같은 주장이 있다.

그렇다면 제15조 위반사항을 찾기 위해서, 우리는 그들이 특정 방식으로 관계되어 있는 구체적인 이익을 분해함에 있어서, 해당 기준이 인간 존엄을 지닌 동등한 도덕적 지위를 가진 존재로 모든 사람을 존중하는 데 실패한 분배기준을 찾아봐야 했다. 특정한 집단의 구성원이 가치가 덜하고, 사회의 온전한 구성원이 아니라는 함의를 전달하는 법규는 존엄에 위배된다.[42]

마지막으로 캐나다 헌법 아래서 존엄의 개념에 관한 논의가 부각된다. 고슬린 사건Gosselin v. Quebec에서[43] 캐나다 연방대법원은 퀘벡 주의 복지제도가 30살 미만과 30살 이상에게 다른 수준의 복지 혜택을 제공한다는 사실에도 불구하고 해당 제도를 지지했다. 30살 미만인 이들은 (실제 유용성에 대해서는 약간의 의문이 있지만) 직업훈련이나 교육 프로그램에 등록함으로써 자신들의 혜택 수준을 올릴 수가 있었다. 30세 미만에 대한 복지 혜택이 너무 낮았기 때문에, 이 사안에서는 각 개인이 최소수준의 혜택이나 사회복지에 대한 어느 정도의 공평한 몫에 대한 권리가 있다고 요구하며 존엄의 개념이 실질적인 구성 요소를 포함하는지의 여부에 관한 질문이 제기됐다.

이 사안을 둘러싼 논의는 평등에 기반을 둔 사건과 공정성에 기반을 둔 사건들 간의 관계에 대한 질문을 제기한다. 이 책에서 나는 언제 사람들 사이를 구별 짓고 그들을 다르게 대하는 것이 그것에 의해 영향을 받은 이들을 동등한 도덕적 가치로 대하는 데 실패하는지 질문을 하며 평등에 초점을 두고자 한다. 하지만 정부가 일부 시민에게 공정성을 제공하지 못하는 경우, 이는 사람들을 비하할 가능성을 가지고 있지 않은 특성을 사용하여 구별했음에도 불구하고 그들을 비하하는 것일 수 있다.

몇 가지 예를 들어 이 점을 추상적으로 그리고, 이어서 구체적으로 설명하겠다. 정부가 X라는 특성에 따라서 사람들을 구별하고, X라는 특성을 가진 사람들에게는 A라는 혜택을 제공하고, X라는 특성을 갖지 않은 사람들에게는 보다 적은 B라는 혜택을 제공한다고 가정해보자. 이런 맥락에서 X라는 특성의 유무에 따라서 사람을 구별하는 것이 비하를 일으키지 않는다면, 이런 정책은 부당한 차별이 아니다. 해당 정책이 비하인지 아닌지 여부를 판단함에 있어서, 우리는 X라는 특성과 맥락을 살펴보아야 한다. 맥락의 일부는 공정성이 요구하는 바가 무엇인가에 주의를 기울이는 것도 포함된다. 그러므로 정부가 공정성에 근거하여 최소한 A를 모든 사람에게 제공할 의무가 있다면, X라는 속성이 없는 사람들에게 (A보다 적은) B를 제공하는 것은 그들을 비하하는 것이다. 이것은 X라는 속성이 없는 사람들에게 공정성이 요구하는 바를 거부하는 것 자체가 비하라는 사실에 의해서 그렇다.

설명을 위해서 가상의 예와 실제 예를 좀 더 들어 검토해보기로 하자. 정부가 주근깨가 있는 사람에게는 투표권을 주지 않기로 결정했다고 가정하자. 주근깨가 있는 사람을 없는 사람과 다르게 대하는 것은 아무런 부담이 없다. 그러므로 이런 구별은 그것이 자의적이고 어리석기는 하지만 중대한 무언가를 위태롭게 한다는 것을 빼면, 비하를 일으킬 가능성은 낮다. 만약 공정성이 모든 성인이 선거권을 갖기를 요구한다면, 그런 권리를 주근깨가 없는 사람에게 제한하는 것은 부당하며, 따라서 2차적으로 그들을 비하하게 될지도 모른다. 주근깨 있는 사람을 다르게 대하는 이런 예는 그것이 공정성이라는 규범에 어긋나기 때문에, 주근깨 있는 사람들의 동등한 인간성에 대한 경멸을 표시할 수가 있다. 이것은 국가의 행위이므로, 이런 구별이 주근깨가 있는 사람을 비하한다는 좋은 예가 될 수 있다.[44]

비록 그 적용은 훨씬 논란이 많지만, 캐나다 고슬린 사건에 대해서도 비슷한 주장이 가능하다. 어떤 이가 공정성을 근거로 현재 퀘벡 주의 복지 프로그램에 의해 30살 미만 수혜자들에게 제공되는 복지 혜택들이 더 늘어나야 한다고 요구했다고 가정해보자. 만일 그렇다면, 이 프로그램은 공정성에 어긋난다. 하지만 이는 또한 평등의 요구에도 어긋날지 모른다. 해당 복지프로그램은 나이에 따라 대상자를 구별한다. 아마도 그런 구별은 자체로는 비하를 일으키지 않을 것이다. 하지만 젊은 대상자들만 공정성이 요구하는 것을 거부당한다면, 이런 선택적인 거부는 젊은 복지프로그램 대상자들을 비하하는 것일 수 있다.[45] 물론 이 분석의 의미는 퀘벡 복지 프로그램이 공정성에 의해 요구되는 수준에 미치지 않는다는 주장에 의존한다.

이런 관점을 특정한 맥락에서 고려하기

이 장을 마무리하기 전에, 나의 관점의 바탕이 되고 또 나의 관점과 유사한 다른 관점들을 나의 관점과 관련짓는 것이 도움이 될 것이다. 나의 관점에 처음 영감을 준 것은 1960년에 발표된 찰스 블랙Charles Black의 〈분리 판결의 합법성The Lawfulness of the Segregation Decisions〉[46]이라는 유명한 논문이었다. 이 논문에서 블랙은 흑백분리정책이 각각의 인종을 평등하게 서로 다른 신분으로 분리하므로 결과적으로 헌법이 보장하는 평등보호원칙에 위배되지 않았다는 문제 제기에 반하는 브라운 대 교육위원회Brown v Board of Education 판결을 옹호하고 있다. 블랙에게는 흑백분리정책의 비합법성은 분리정책들을 채택하는 행위자들의 의도, 그리고 그러한 법규들로 인한 결과에 있다. 하지만 그가 분리의 "사회적 의미"라고 지칭했던 것에 대한 강조 역시 주목할 만하다. 블랙은 단호하게 다음과 같이 주장한다. "현재의 문제에 직면한 어느 법원이 미국 사회에 관한 명백한 사실 지적을 거부해야 한다고 요구하는 것은, 말하자면 분리의 사회적 의미가 니그로Negro를 벽으로 나누어진 열등한 지위에 두는 것이리라는 사실을, 혹은 그런 대우가 인간에게 상처를 입힌다는 마찬가지로 명백한 다른 사실을 지적하지 말라고 요구하는 것은, 아무렇게나 임시방편으로 만들어진 가장 공평하지 않은 방침일 것이다."[47] 그러므로 블랙에게 분리의 사회적 의미는 왜 그것이 부당한지에 대한 하나의 핵심문제였다.

법과 정책이 언제 평등권을 침해하는가라는 질문에는 추상적으로 답하는 것이 불가능하다는 사실을 블랙이 강조한 것 또한 주목할 만하다. 블랙에 따르면 다른 학자들은 '분리가 차별과 같아져야 하는가?'라는 질문에 집중하는 우愚를 범해서 잘못된 길을 가고 있었다. 블랙은 이는 "흥미로운 질문"이며, "언젠가는 우리의 사회학 방법론이 거기에 충분히 답할 수 있을 것"이라고 말한다. 이것이 사회학자들이 풀어야 하는 문제라는 블랙의 암시는 그가 어떤 특성에 따라서 분리가 행해지는 모든 사회에서, 그러한 분리는 계급적인 의미를 지닌다고 생각한다는 의미다. 아마 맞는 말일 것이다. 추상적인 질문은 어느 정도 흡인력을 갖는다. 하지만 정확한 이유는 1장에서 논의했던 알파벳 순에 의한 분리에서처럼 우리가 문제가 되지 않는 것처럼 보이는 것은 다른 특성들에 따른 '분리'의 고립된 경우들을 상상할 수 있기 때문이다. 여기서 블랙의 요점은 이런 경우들이 다르다는 것이다. 블랙은 이렇게 말한다. "우리의 질문은 20세기 미합중국의 특정한 몇몇 주에서 강요된 분리에 차별(나는 부당한 차별이라 말하겠다)이 본래부터 내재되어 있는지 여부이다."[48] 문제가 되는 구체적이고 문맥상으로 분명한 분리, 즉 분류의 예에 집중하는 것이 올바른 질문이다.[49]

내가 여기서 제기하는 관점은 또한 1980년대에 법학자 찰스 로렌스 Charles Lawrence가 인종차별을 다루면서, 그리고 캐서린 맥키넌 Catherine MacKinnon이 여성을 향한 경시를 다루면서 채택한 관점들과 밀접한 관련이 있는데, 두 학자 모두 찰스 블랙의 견해를 기반으로 관점을 발전시켰다. 로렌스는 나와 마찬가지로 사람들 사이를 구별 짓는 법과 정책의 문화적 의미가 중요하다고 본다.[50] 인종에 의해 영향을 받은 의사결정이 종종 무의식적으로 이루어진다는 사실에 대한 그의 통찰력 있는 강조는 부당한 차별의 부당함을 우리가 이해하는 데 크게 유용하며, 평등보호법에서 문제의 행위자에 의한 의도가 나쁜 것인지에 초점을 맞추는 정책을 거부할 설득력 있는 논거를 제시한다. 하지만 그의 연구는 (존 하트 일리의 연구를 참고하여) 계속해서 문제가 되는 법이나 정책의 채택 과정에서 절차상 흠이 되는 부당한 차별의 부당함을 지적한다. 그는 법과 정책의 문화적 의미는 자체로 중요하기보다는 증거상의 이유로 중요하다고 본다.[51] 로렌스에게 인종과 관련된 문화적 의미는 무의식적인 인종적 편견이 문제가 되는 정책 또는 실천의 채택으로 이어지는 의사결정에 영향을 미치는 증거라는 점에서 중요하다.[52]

캐서린 맥키넌의 페미니즘의 중요한 '지배dominance'라는 개념은 아마 내가 여기서 제시하는 의견과 더욱 가까울 것이다. 맥키넌은 부당한 차별의 문제가 부적당하거나 비합리적인 분류 중 하나라는 개념(내가 5장에서 주장하는)을 인정하지 않는 대신 성차별을 권력과 경시의 문제로 여긴다. 맥키넌은 또한 성의 사회적인 의미를 결정하는 데 문화와 역사의 역할을 강조한다.[53] 맥키넌의 관점은 분류가 비하를 일으킬 때 (여성 또는 다른 이들에 대해) 부당하다는 나의 관점과 유사하게 부당한 차별의 부당성을 여성에 대한 경시와 연결시킨다. 그러나 맥키넌의 연구에는 상당히 모호한 부분이 존재한다. 맥키넌은 자신이 행위의 부당성에서 도덕적 부당성을 찾는지, 행위의 결과에서 도덕적 부당성을 찾는지에 대해서 확실히 밝히지 않기 때문이다.

게다가 맥키넌의 연구는 그가 '차이의 페미니즘difference feminism'이라고 부르는 것에 대한 부인, 또는 어떻게 여성이 남성과 같거나 다른지에 대한 논쟁과 함께 본격화되었다. 이런 출발점은 맥키넌이 분류에 주목하는 것을 거부하는 결과를 초래했는데, 나는 이것이 잘못되었다고 생각한다. 그러나 분류에 대한 집중 탓에 오도되고는 있지만(그런 의미에서 나는 맥키넌과 의견을 같이한다), 그것이 제기하는 도덕적 문제는 여전히 남아 있다. 사람이 가지고 있거나 가지고 있지 않은 특성을 근거로 구별 짓는 것은 도덕적으로 문제가 될 때도 있고 그렇지 않을 때도 있다. 언제 그것이 허용되고, 언제 허용되지 않는가라는 문제, 즉 내가 차별퍼즐이라고 부르는 질문은 심지어 우리가 '차이에 집중하는 페미니즘'을 거부한다고 해도 계속된다.[54]

하지만 이들은 내가 이 책에서 기대고 있는 학자들 가운데 눈에 띄는 일부만을 거론한 것이다. 분명히 다른 학자들도 존재하고, 나는 여기서 그들 가운데 몇몇만을 간략하게 언급하고자 한다. 케네스 카르스트 Kenneth Karst의 '평등한 시민권equal citizenship' 개념 또한 마찬가지로 중요하다. 카르스트에 따르면, 이런 원칙은 "각각의 개인은 추론에 근거하여, 조직화된 사회에 의해 훌륭하고 책임감 있고 참여하는 구성원으로 대우를 받을 자격이 있음"을 요구하며, 또는 "부정적으로 말하자면, 이런 원칙은 조직화된 사회가 개인을 열등하거나 종속적인 계급제도의 구성원 또는 불참자로 대우하는 것을 금한다."[55] 그러므로 나와 마찬가지로 카르스트에게는 개인의 동등한 도덕적 가치라는 핵심원칙이(나는 그의 관점에서 시민권이라는 측면은 생각하지 않는다) 헌법이 요구하는 평등보호와 부당한 차별에 대한 도덕적 금지를 이해하는 핵심이다. 이런 주장은 강한 여운을 남긴다. 하지만 카르스트의 평등한 시민권 개념은 부당한 차별의 부당함에 대한 근거를, 비하를 일으키는 대우보다는 제외되는 사람의 피해에 두고 있다. 카르스트가 짐 크로우 법 같은 흑인차별 정책을 "공식적으로 계획된 격하"라고 강력하게 비난했지만, 그는 "배제의 피해"를 "가장 비참한 박탈"이라고 표현하면서 거기에 초점을 맞춘다.[56]

다른 나라의 연구를 살펴보던 중에 이스라엘 철학자 아비샤이 마갈리트의 연구가 유용하겠다는 생각을 하게 되었다. 이스라엘-팔레스타인 분쟁이 동기가 되어 마갈리트는 '공정한 사회'보다 요구조건이 덜한 '품위 있는 사회'의 윤곽을 그려보려 한다. 마갈리트에 따르면, 품위 있는 사회의 핵심 구성요소는 모욕을 삼가는 것이다. 그가 말하는 모욕의 개념은 내가 여기서 탐구 중인 비하의 개념과 매우 유사하다. 마갈리트에 따르면 "모욕은 누군가가 자신의 자존감에 상처를 입었다고 생각할 확고한 이유가 되는 그런 행동 또는 상태다."[57] 마갈리트는 또한 해당 개인의 주관적인 판단은 결정적이지 않으며, 오히려 중요한 것은 객관적인 이성적 판단이라고 강조한다. "이는 모욕에 대한 심리적인 측면이라기보다는 일종의 규범적 측면이다."[58] 그는 모욕을 일종의 "정신적 학대"로 보았고[59] 따라서 이를 근절해야 한다고 주장한다. 모욕을 근절하기 위한 필요조건은 더 이상의 정당화를 필요로 하지 않는다. 마갈리트에 따르면 "도덕적 행동의 대표적인 예가 학대를 막는 행위이기 때문이다. 그것만으로 정당화는 끝난다."[60]

마지막으로 가장 광범위한 수준에서, 나는 내가 여기서 제안하는 관점이 비도덕적 행동은 비하를 일으키는 행동이라는 진 햄프턴의 관점과 (나중에 결론에서 논의하겠지만) 존중에 초점을 맞추는 평등주의 도덕이론과 일맥상통한다고 생각한다. 법의 이념 실현이라는 차원에서, 나의 관점은 인간 존엄성을 헌법이 보장하는 평등권의 토대로 확립하는 방향으로 나아가는 캐나다 연방대법원의 발전적인 평등의 법학에 동의한다.

결론

차별퍼즐은 우리가 상당히 일상적이고 지속적으로 사람들을 그들의 특성에 따라 구별하고 있고 그것이 불가피하다는 데 존재한다. 훌륭한 의사결정 원칙들이 구별은 합리적인 이유가 있어야 한다고 권고하고, 특정한 제도들의 이상이 해당 맥락에 적합하게 기준들을 제한하겠지만, 이런 관심들은 평등에 대한 고려에 그 토대를 두고 있지는 않다. 어느 제도의 목표가 요구하는 기준이 언제 허용되지 않는 것인지 여부를 우리가 어떻게 알 수 있을까? 사람의 동등한 도덕적 가치라는 신념은 특정한 맥락에서 적용될 선발기준의 종류를 제한한다. 특정한 맥락에서 사람을 구별 짓는 경우, 그로 인해 영향을 받는 사람 중에 누구라도 비하당하게 되면, 이는 부당한 차별이 된다.

비하하는 행위는 상대를 깎아내리는 행위다. 비하한다는 것은 타인에 비해 많은 권력을 가지고, 타인이 관심과 존중을 받을 만한 가치가 적은 존재라는 것을 표시하는 것이다. 비하는 표시행위와 권력이 결합된 것이기 때문에, 비하가 일어나기 쉬운 그런 상황들이 있다. 예를 들어 사적 영역에서의 행위는 국가의 행위에 비해서 비하를 일으킬 가능성이 낮다. 개인적인 행위들은 기관에 의한 행위에 비해서 비하를 일으킬 가능성이 낮다. 국가와 기관은 보통 사적인 개인보다 높은 지위와 권력을 가지고 있기 때문이다. 하지만 이런 말은 어디까지나 경험칙일 뿐이다. 비하행위는 권력이 있는 행동이지만 권력은 다양한 형태를 띨 수 있다.

덧붙여 역사적으로 부당한 대우를 받아온 집단, 또는 현재 사회적으로 낮은 지위를 차지하고 있는 집단을 규정하는 특성들을 근거로 구별하는 것은 다른 특성들을 근거로 하는 것보다 비하를 일으킬 가능성이 높다. 관련 집단의 과거와 현재 지위가 구별 짓기의 의미에 영향을 미치기 때문이다. 그러므로 인종 또는 성별에 따라 사람을 다르게 대하는 것은, 특히 소수인종이나 여성을 그렇게 대하는 것은 이름의 첫 글자나 홍채虹彩 등으로 다르게 대하는 것에 비해 비하를 일으킬 가능성이 높다. 하지만 이것 또한 경험칙일 뿐이지, 절대적인 요건은 아니다. 새로운 특성, 말하자면 과거에는 사람들에게 불이익을 주는 데 적용된 적이 없는 그런 특성에 따라 사람들을 분류하는 것은 그 부정적인 대우가 비하를 일으키는 첫 사례로서 행해질 수도 있다. 만약 우리 정부가 갑자기 이름이 A로 시작하는 모든 사람의 투표 자격과 일할 권리를 박탈한다고 선언한다면, 이런 구별 짓기는 이름이 A로 시작하는 사람들을 비하하게 될 것이다.

이번 장에 나온 이런 예와 다른 논의는 의견불일치에 대해서 어떻게 말해야 하는가라는 의문을 제기한다. 분명히 특정한 분류가 비하를 일으키는지 아닌지 여부를 놓고 의견불일치가 있을 것이다. 이런 의견불일치가 여기서 제시하는 부당한 차별이론에 어떤 의미를 지니는가? 이제 우리는 이 질문을 살펴보게 된다.

3장

해석과
의견
불일치

소수집단 우대정책에 의해 뛰어난 재능을 가진 백인 학생이 입학을 하지 못할 수는 있지만, 이 정책이 백인들을 폄하하지는 않는다. 이 사회적 관행을 가장 잘 이해하는 것에 있어 의견 차이가 있을 수 있겠지만, 이 관행이 백인을 비하한다는 주장은 설득력이 떨어진다.

생물학적으로는 남성이지만 여자처럼 옷을 입고 생활하는 종업원이 자신의 고용주에게 일부 화장실을 남녀공용으로 지정하거나 그 대신에 자신이 여자 화장실을 이용하도록 허용해줄 것을 요청한다. 고용주는 이를 거절하고 남자 화장실을 쓰도록 지시한다. 종업원이 이를 거절하자 고용주는 해당 종업원을 해고한다.[1]

2005년에 미국 식품의약국FDA은 특별히 특정 인종 집단을 대상으로 삼은 의약품을 승인했다. 비딜BiDil이라는 약품은 아프리카계 미국인들의 심부전을 치료하기 위한 사용허가를 받았다. 승인 직후에 (의약품 특허를 갖고 있고 이를 시장에서 거래하는) 니트로메드NitroMed사는 비딜을 분석가들의 예측보다 훨씬 높은 값에 판매할 것이라고 발표했다. 그와 동시에 이 회사는 비딜로 도움을 얻을 수 있으나 의사의 처방전이 필요한 약제비를 지불할 수 없는 약 75,000명의 환자들에게 이 약을 제공하는 무료 자선 프로그램을 발표했다. 니트로메드사의 마케팅 부장 B. J. 존스는 "심부전증을 앓고 있는 모든 흑인 환자가 비딜을 이용하도록 돕는 것이 우리의 의무라고 믿는다"고 말했다.[2]

이번 장은 서로 관련된 두 가지 질문을 다룰 것이다. 첫째, 어떻게 우리는 특정한 맥락에서 사람을 구별하는 것이 비하인지 아닌지 여부를 결정하는가? 둘째, 사람들을 구별하는 어떤 정책 혹은 관행이 비하를 일으키는지의 여부에 관하여 동의하지 않을 가능성이 큰 것을 고려해보면, 내가 개진한 부당한 차별이론에 관한 이 의견 차이는 무엇을 의미하는가?

어떻게 특정한 실천이 비하인지 판단하는가?

FDA의 비딜 승인에 대해 비평가들은 아프리카계 미국인들을 위해 특별히 의약품을 지정하는 것은 흑인들이 유전적으로나 생물학적으로 백인들과 다르다는 메시지를 전달한다고 주장한다. 예를 들어 조지타운 대학의 보건법·정책학 교수인 그레그 블로크Greg Bloche는 "FDA의 승인이 실제로 어떠한 종류의 증거도 없는데도 불구하고, 사람들이 인종 집단들 간에 중대한 생물학적 차이들이 있다고 생각하도록 만든다"[3]고 비난했다. 햄린 대학의 법학과 교수인 조너선 칸Jonathan Kahn은 "우리가 인종을 생물학적 범주로 사용하는 것에 대한 승인의 표시로 허가를 내리는 연방정부를 방임했다"며 문제점을 지적했다.[4] 브리검 여성병원의 여성·가족·공동체 프로그램 사무실 부장 주디 앤 빅비Judy Ann Bigby는 "만일 사람들이 인종에 생물학적 토대가 있다고 조금이라도 어렴풋이 느낀다면, 우리는 질병의 인종적 차이들을 이해할 수 있는 기반을 잠재적으로 놓칠 수 있다. … 생물학은 질병의 사회적 기반을 자세히 보지 않은 것에 대한 핑계가 될 수 있다"[5]고 주장했다.

이런 비판은 대개 사회학적 범주와 생물학적 범주 간의 혼란에서 기인한 것 같은 충분치 못한 결과들에 의해 형성되었다. 흑인 또는 아프리카계 미국인은 사회적 범주다. 이 단어는 자기 스스로, 혹은 다른 이들에 의해 흑인이라고 식별되는 이들을 일컫는다. 이 단어는 공통된 유전적 혹은 생물학적인 특성을 공유하는 사람들의 집단을 구별하지 않는다. 비딜을 비판하는 이들은 심부전증을 가진 아프리카계 미국인 환자들을 특별히 치료하기 위한 의약품을 FDA가 승인한 것이 사람들로 하여금 인종을 이해하는 이러한 두 가지 방법들을 혼동하게 만들고, 이는 결과적으로 부정적인 결과들(예를 들어 질병의 사회적 차원을 조사하는 데 실패하는 것)을 초래할 것이라고 지적한다. 그리고 그들의 우려는 근거 없는 것이 아니다.

하지만 그들의 비판의 핵심을 포착하기 위한 또 다른 방법은 특정 인종의 특이성에 따른 의약품들이 비하를 나타낸다고 주장하는 것인데, 그 이유는 생물학적으로 별개의 인종이라는 개념은 우리 문화에 인종적 열등의 개념과 밀접한 관련이 있기 때문이다. 만일 그렇다면 FDA의 승인은 그저 잘못된 정책 과제가 아닌, 더욱 심하게는 부당한 차별일 가능성이 있는 것이다.

특정 인종을 대상으로 삼는 의약품을 옹호하는 이들은 의료 서비스에서의 인종적 분류가 비하를 일으킬 위험이 있는 반면, 이번의 경우는 그렇지 않다고 답할 수 있다. 의료 서비스 업계에서 오랫동안 혜택을 받지 못한 사람들이 특정 인종을 대상으로 삼는 치료법의 혜택을 받을 수 있다는 맥락을 고려해보면, 그러한 사람들에 대한 폄하는 명시적인 혜택에 의해 상쇄될 수 있을 것이다. 게다가 제약회사들이 사용해온 의약품에 가격을 매기기 위한 결정(약제비가 충분하지 않은 병든 아프리카계 미국인들을 돌보는 비용을 모든 인종에게 분담시킴으로써 보조금을 지원해주는 보험회사를 활용하기 위한 메커니즘)은 폄하의 가능성을 더욱 상쇄시킨다. 누가 옳은지 어떻게 판단해야만 하는가?

질문의 본질

FDA가 비딜을 승인하는 데 사용한 인종적 분류가 비하를 나타내는지의 여부를 판단하는 것은 해석을 필요로 한다. 보다 일반적인 관점에서 요점을 논의해보자면, 특정 맥락에서의 분류가 비하를 나타내는지의 여부를 결정하기 위해서는 발화發話가 명령인지 단순한 요청인지의 여부를 판단하는 것과 본질적으로 유사한 해석적 판단이 필요하다. 발화가 이루어지는 맥락에서 화자의 신분과 발화에서 이용된 단어 그 자체는 이러한 해석적 판단에 영향을 미치는 중요한 요소들이다. 예를 들어 상사가 부하 직원에게 "우유 좀 갖다 줘요"라고 말했다면 이것은 명령이다. 그러나 어떤 이가 식당에 가는 동료에게 같은 말을 한다면, 이는 명령보다는 요청 쪽에 더 가까울 것이다. 명령하는 것과 마찬가지로, 비하는 주로 권력의 불균형 상태에서 발생한다. 상사가 명령하거나 비하하는 것이 종업원이 그렇게 하는 것보다 더 쉬울 것이다. 그러므로 화자의 신분은 특정 맥락에서 어떤 특성을 기반으로 사람들을 구별하는 것이 비하를 나타내는지의 여부와 관련한 해석적 판단에 있어서 핵심적인 중요성을 가진다.

발화는 준수의 여부와 상관없이 명령이다(어쩌면 아닐 수도 있다).[6] 예를 들어 네 살짜리 아이가 아침식사 때 부모에게 "우유 줘"라고 말했다면, 부모는 "나는 네가 좀 더 예의 바르게 말했으면 좋겠어"라고 답할 것이다. 다른 말로 하면, 비록 부모가 아이의 명령을 따르지 않는다고 하더라도, 그것은 여전히 명령이다. 만일 위의 경우에서 종업원이 상사의 명령에 따르지 않고 식당에서 우유를 가져오지 않더라도, 그것은 여전히 상사가 종업원에게 명령을 한 것이다. 단지 종업원이 명령을 준수하지 않은 것이다. 발화가 명령인지 여부를 평가하기 위해서 우리는 오직 누가 화자이고, 무슨 내용이 어떠한 맥락에서 말해졌는지를 알면 된다. 그 후에 일어나는 일은 관련이 없다.

네 살짜리 아이의 예로 돌아가보자. 이 예는 화자의 신분이 중요하다는 주장과 상반되는가? 어떤 이는 상사가 종업원에게 명령하는 것이 그 반대의 경우보다 훨씬 쉬운 것처럼 부모는 아이에게 명령할 수 있지만, 아이는 부모에게 명령을 내릴 수 없다고 생각할지도 모른다. 네 살짜리 아이가 예의 바르지 않게 행동했다는 예시는 이러한 해석적 판단들이 작용하는 과정을 명확하게 보여준다. 첫째, 화자의 신분이 종종 중요하기는 하지만, 항상 그런 것은 아니다. 여기서 나는 '화자'라는 용어를 막연히 구두 혹은 서면의 형태로 발화를 일으키는 모든 사람을 지칭하기 위해 사용한다. 둘째, 동료끼리는 절대 서로 명령을 내릴 수 없다거나 종업원은 절대 상사에게 명령할 수 없다는 것은 근거가 되지 않는다. 오히려 발화는 동료 또는 종업원에 의해 일어났다는 사실이 이미 발생한 것들에 관해 가장 적절히 해석할 수 있도록 영향을 미친다. 화자와 그가 말을 거는 상대방 사이의 지위 차이는 이미 발생한 것들에 관한 해석에 영향을 미친다.

그렇다면 왜 아이는 부모에게 명령할 수 있는가? 일부 사람들은 아이가 그럴 수 없으며, 명령처럼 보이는 이 경우에 관한 가장 적절한 해석은 그것이 명령이 아니라 무언가 다른 서투른 요청이라고 말할 것이다. 그리고 어쩌면 일부 문화권의 가정에서는 이것이 아이의 명령에 대한 가장 적절한 해석일 것이다. 심지어 우리 문화에서도 어쩌면 아이가 부모에게 명령을 했는지 안했는지의 여부에 대해 의견의 불일치가 있을 수 있다. 의견 차이에 관한 사실과 내가 제시한 차별이론에 이러한 불일치가 보여주는 함의는 이번 장의 후반부에서 다룰 것이다. 지금은, 내가 그 아이가 사실상 우유를 갖다줄 것을 부모에게 명령했다고 생각하는 이유를 설명하겠다(그렇게 하는 것이 이러한 해석적 판단의 종류에 영향을 미치는 다른 요소들을 강조해줄 것이다). 첫째, 부모와 아이 사이의 관계에서 아이 또한 부모에게 어느 정도의 권력을 가지고 있다. 아마 실제로 현재의 육아법이 점점 부모 자식 간 관계의 계급적 측면들을 최소화하고 있기 때문에 아이가 부모에게 명령하는 것이 가능하다. 둘째, 아이의 말투 또한 관련이 있을 수 있다. 아이가 "우유 좀 가져다줘"라고 말한 방식은 함께 일하는 사람이 자신의 동료에게 말하는 방법과는 다른 강세나 강조점을 지닌다. 셋째, 아이의 화법은 성인의 화법과는 다르게 해석되는데, 이는 우리가 아이들이 예의 바른 상호작용을 구성하는 문화 규칙들을 막 배우기 시작했다는 것을 알기 때문이다. 우리가 함께 일하는 사람의 화법을 요청으로 해석하는 이유는 동료들끼리 일반적으로 상호간에 명령을 내리지 않는다는 것을 알기 때문이다. 공손함이라는 관행을 배우지 않은 아이들은 명령을 내릴 가능성이 크다. 실제로 부모가

"네가 좀 더 예의 바르게 말하면 우유를 가져다줄게"라고 가르치는 것이 이러한 관행들에서 더 옳을 것이다. 그러나 부모는 아이에게 "나는 네가 '부탁드려요'라고 말한다면 우유를 기꺼이 가져다줄 거야"라고 말함으로써 무엇이 예의 바르게 요청하는 것을 구성하는지를 가르치는 데 도움을 준다면 더 좋을 것이다.

이러한 논의는 차별에 관한 주제에서 우리를 꽤 멀리 데려왔지만, 여기에는 그만한 이유가 있다. 나는 1장에서 사람들을 구별하는 것이 그들 일부를 비하한다면 부당한 것이라고 주장했다. 다음으로 나는 차별적인 대우가 비하인지의 여부를 결정하는 것이 발화가 명령 혹은 충고인지의 여부를 결정하는 데 연관된 동일한 유형의 평가임을 설명한다. 이 결정은 화자의 신분, 발화가 이루어지는 맥락, 발화 그 자체의 내용에 의존한다. 특히 화자가 발화가 향하는 대상에 대한 권력이나 권한을 지니는 경우, 발화가 명령일 가능성을 더욱 높여준다. 비하와 관련해서도 마찬가지다. 그러나 여기서 또한 맥락이 핵심적인 역할을 한다. 아이의 (발화와 관련한) 예시는 사람들이 일반적으로 어떻게 이러한 단어를 사용하는지에 관한 이해를 통해 우리가 발화를 해석하는 과정을 강조해준다.

이 세 가지 차원들(화자, 맥락, 그리고 사용된 단어)이 어떻게 화법과 행동의 해석적 판단에 영향을 미치는지를 구체화하기 위해, 나는 명령과 요청의 구별과 같은 덜 논쟁적이고 쉽게 접근 가능한 예시들로 시작했다. 이제 사람, 맥락, 그리고 내용으로의 집중이 어떻게 특정한 분류가 비하를 나타내는지의 여부를 판단하는 데 도움을 주는지를 알기 위해 차별의 예시를 살펴보고자 한다.

비딜의 예시에서 FDA는 아프리카계 미국인들이 특별히 사용할 수 있는 의약품을 승인했다. 이 행동은 (의약품이 시장에서 거래될 수 있도록 하는) 허가인 동시에 권고다. 일단 FDA가 의약품을 승인한 후에는, 그 약품은 승인이 규정한 것과 다른 목적으로, 또는 다른 환자에게 이용될 수 있다. 약품을 FDA의 승인 없이 이용하는 것은 일반적이다. 그러한 면에서 비딜을 승인하여 미국에서 거래되고 판매될 수 있도록 한 FDA 의 행동은 비딜의 이용을 아프리카계 미국인 환자들뿐만 아니라, 심부전증을 앓고 있는 환자들에게까지도 제약을 두지 않은 것이다. FAD가 허용한 것은 비딜이 (오직) 심부전증을 앓는 아프리카계 미국인 환자들을 위해 사용되도록 권고한 것이다. 이 권고는 환자들을 인종과 건강 상태라는 두 가지 서로 다른 기반을 통해 구별한다. FDA가 했던 이 행동(인종과 건강 상태를 근거로 분류하는 것)이 이로 인해 영향을 받은 집단(아프리카계 미국인들과 비아프리카계 미국인들, 심부전증 환자들과 비심부전증 환자들) 중 어느 한 집단에게라도 비하를 나타내는가?

FDA가 승인을 하는 데 근거로 삼은 자료는 다소 논쟁의 여지가 있다.[7] 이 논의의 목적을 위해, 우리는 논쟁이 되는 측면은 논외로 할 것이다. 아프리카계 미국인들을 위한 비딜 사용 승인을 지지해주는 자료가 이 인종이 의약품을 사용하도록 권고하는 것을 적절하게 뒷받침해주는 확고한 자료라고 가정해보자.

이 권고사항은 아프리카계 미국인들을 비하하는가?(혹자는 FDA의 행위가 비아프리카계 미국인, 심부전증 환자들, 또는 다른 병든 이들을 비하하는지의 여부를 물을 수는 있지만, 아프리카계 미국인들을 비하한다는 주장이 가장 있을 법하고 FDA의 행위에 대한 실질적 비판을 반영하므로 나는 이 주장

을 살펴볼 것이다)

규제들을 만드는 것이 FDA라는 사실은 FDA가 수행하는 행위가 어떠한 종류인지를 결정하는 데 있어 중요하다. FDA는 (어떠한 새로운 의약품들이 환자와 의사들에게 이용 가능한지를 결정한다는 점에서) 권위와 (보건과 관련된 문제들에 있어 전문기관으로서) 지위를 가진 행위자다. 나아가 FDA는 국가기관이므로, 이들의 행위는 국가를 위한 행위acts for state가 된다. 나는 여기서 헌법하에서 어떠한 행위들이 '국가 행위state action'를 구성하는지에 관한 법적 쟁점을 내세우지 않을 것이다. 오히려 FDA의 새 의약품 승인이 어떠한 종류의 행위인지에 관한 주장을 하고자 한다.

FDA의 행위가 아프리카계 미국인들을 비하하는지의 여부를 알기 위해 우리는 행위자, 규제의 내용, 그리고 맥락을 살필 필요가 있다. 행위자의 권위와 지위는 비하할 가능성을 증대시킨다. 비하는 곧 경시이고 깎아내리는 것이며 격하하는 것이다. 낮은 지위에 있는 행위자는 경시하거나 품위를 떨어뜨리려고 시도할 수는 있지만, 적어도 대부분의 경우들에서 그의 행위들은 높은 지위의 화자에 의해 행해진 것들보다 단순히 그 권한이 약하다고 할 수 있다. 그러므로 새 의약품의 적용을 허용한 것이 FDA라는 사실은, 이러한 분류가 또 다른 맥락에서 발생했더라면 덜 강제적일 것이란 점에서 이 분류가 비하를 나타낼 가능성을 높여준다.

다음으로 맥락을 고려해보자. 비록 의약품 승인이 허가나 허용의 한 형태로 보일 수 있지만, 이는 그것이 애초에 보인 것보다 훨씬 더 제한적인 방식이다. FDA의 행위는 이 의약품이 거래를 합법으로 만든다.[8] 그러나 여기서 우리에게 영향을 미치는 FDA 행위의 일부는 분류를 포함한다. FDA는 아프리카계 미국인 심부전증 환자들의 사용을 위해 비딜을 승인했다. 의사들이 일상적으로 FDA 승인이 없는 약품을 처방해 주기 때문에, 이 분류는 허가나 면허라기보다는 권고로 가장 잘 이해될 수 있다. (FDA의) 행위를 권고로 해석하는 것은 승인이라는 용어나 배경에 있는 법으로부터 기인하지 않는다. 오히려 분류는 그 권고가 이루어진 배경을 이루는 관행(즉, 맥락) 때문에 권고로 가장 잘 이해되는 것이다.[9]

맥락은 행위자의 행동이 아프리카계 미국인들을 비하하는지의 여부를 판단하는 데 중요한 역할을 한다. 여기서 지역적 맥락(즉, FDA 승인이 무엇을 의미하는지의 이해, FDA의 승인이 없는 약품의 사용 실천 등)과 그 행동이 발생한 광범위한 사회와 문화를 반드시 살펴보아야 한다. 후자는 특히 건강과 생물학적 맥락에서 인종 기반 분류가 과거에 이루어지고 사용된 방식들을 포함한다. FDA 승인은 한 '인종'의 환자들을 다른 '인종'의 환자들과 서로 다르게 대한다. 내가 인종이라는 용어를 인용부호 안에 넣은 것은 범주가 생물학적으로 이해되어야 하는지 아니면 사회적으로 이해되어야 하는지에 관한 FDA 권고에 중대한 모호성이 있고 그 안에 대부분의 문제들이 포함되어 있기 때문이다. '아프리카계 미국인'이라는 용어는 비아프리카계 미국인들과 생물학적으로 구별되는 사람들의 부류를 일컫는 것일 수 있다. 그렇지 않다면 사회적으로 흑인 또는 아프리카계 미국인으로 이해되는 사람들의 집단을 정의하는 것일 수 있다. 새로운 의약품의 승인과 관련한 보건의 맥락에서 (아프리카계 미국인과 비아프리카계 미국인 사이에) 구별 짓기는, FDA가 사용하는 것은 인종의 생물학적 개념이고, 더 중요하게는 결과적으로 그 사용을 허가한다는 것이다. 실제로 FDA가 승인 시 이용한 자료는 (약물) 사용 결과에 있어서 보고된 차이에 대한 생물학적 기반과 사회학적 기반에 대한 증거를 제공해주지 못한다. 여기서 인종은 왜 흑인들이 백인들보다 비딜에 더 적합한지와 밀접한 관계가 있는 요소들, 즉 식습관, 생활방식, 또는 알려지지 않은 다수의 환경적 요소들과 같은 것들의 대용물로서 작용하고 있는 것일지도 모른다.[10]

과학에 근거한 의사결정을 담당하는 정부기관이 인종 분류를 이용하라는 권고를 한다는 사실이 중요한 이유는 (사회적 범주로 이해되는) 인종들이 생물학적으로 구별된다는 관점을 FDA가 지지한다는 인상을 심어주기 때문이다. 이 입장은 FDA와 같은 권위 있는 기관에 의해 지지되는 경우 문제가 되는데, 인종 간의 생물학적 차이에 관한 주장들이 이미 문제가 된 역사가 있기 때문이다. 생물학적 차이는 흑인들이 지적 능력이 떨어지고 도덕적으로 덜 통제되며, 더 폭력적이고 성적으로 문란하다는 관점을 지지하는 데 사용되어왔다. 이러한 흑인들에 대한 배경적 식별이 모욕적이기 때문에, 우리는 어떻게 특정 인종에 따른 FDA의 권고사항이 아프리카계 미국인들을 비하하는지 알 수 있다. 그것이 정말로 FDA의 인종적 분류에 대한 최선의 해석인지 나는 확신할 수 없다. 내가 여기서 주장하고 싶은 것은 이 관점이 그럴듯하며, 더욱 중요하게는 이 관점이 권고사항과 관련하여 일부 사람들과 문제가 된다는 것이다. 다른 말로 하면 FDA의 인종적 분류가 도덕적으로 문제가 되는 한 가지 이유는 아프리카계 미국인들을 비하할 위험성이 있기 때문이다.[11]

그러나 당신은 여기서 우리가 더 큰 것을 놓치고 있다고 생각할지도 모른다. 아마도 사회적 범주에서 '흑인'은 관련된 유전적 차이와 상당히 중첩될 수도 있다(즉, '흑인'은 그들을 특정한 치료법으로부터 효과를 더 많이 볼 수 있는 가능성을 높여주는 특정한 유전적인 특성을 가질 공산이 '비흑인'보다 확연히 더 클 수 있다). 생물학적 차이의 주장들과 역사적으로 관련된 그릇된 학설들을 지지하지 않으면서도 이러한 차이들을 살펴볼 수 있는 방법은 없는가? 다른 말로, '흑인'이라는 사회적 범주는 의약품이나 다른 보건정책을 권고하는 데 적용할 수 있는 유용한 것일 수도 있다. 여기서 유용하다는 것은 특정한 치료법으로부터 효과를 더 많이 보는 집단과 그렇지 못한 집단 사이의 아직 알려지지 않은 유전적 차이에 대한 가장 유용한 대용물이라는 면에서 말하는 것이다. 만일 흑인들이 인종적으로 구별된 권고들로부터 혜택 받을 것을 주장한다면, 그러한 인종적 범주화를 금지하고자 노력하는 이들을 방해하게 되는 것은 아닌가?

인종이라는 사회적 범주가 우리의 의식 속에 시연된 방식인 사회적 고정관념의 영향력을 고려해보면, 이 방해물은 실제로 그 비중이 크다. 글렌 라우리는 흑인들이 자신이 '인종적 불명예'라고 명하는 것에 의해 명예가 훼손된다고 주장하는데, 그는 인종적 불명예를 "관찰 행위자들이 특정 인종 대상자들을 볼 때 생각하는 지적 능력의 열등함 또는 문란한 성적 행위에 있어서의 도덕적 무능함에 대해 확립되었거나 아직 미완성적인 가정"[12]이라고 정의한다. 만일 그가 옳다면, 보건과 관련된 맥락에 있어 인종 범주들을 생물학적 범주들로 여기는 모든 인종적 분류들의 이용은 (라우리의 말에 따르면) 흑인들의 "명예를 실추"시키거나 그들을 비하할 '위험을 감수'한다. 그러나 위험의 감수와 실제로 행하는 것은 다른 것이다. 보건과 관련된 맥락에서 모든 인종적 분류들의 사용은 흑인들을 비하할 위험을 감수한다. 그것이 실제로 그러할지는 특정 맥락에 대한 더 세부적인 설명과 인종적 분류를 채택하는 정책 또는 관행의 내용에 의존할 것이다.

하지만 이 위험은 도덕적인 영향을 미친다. 적어도 인종적 분류가 두 집단들의 서로 다른 대우에 대한 반응과 인과적으로 관련되어 있는 다른 특성의 대용물인지를 판단하려 노력하는 것은 (도덕적으로뿐만 아니라 과학적으로) 이치에 맞다. 물론 과학자들은 항상 상관관계를 인과관계로부터 분리해서 생각하도록 노력해야 하지만, 보건과 관련된 맥락에서 인종 분류에 대한 도덕적 고려는 특히 그렇게 해야 할 강력한 이유를 제공한다. 이러한 점에서 도덕적 고려는 그 두 가지를 분리하려고 노력하는 데 있어 많은 자원을 사용하는 것을 어떠한 것보다 더욱 정당하게 만들어줄 것이다. 둘째로, 가능한 한 FDA는 인종이 사회적 범주와는 별개인 생물학적 범주라는 관점을 지지하는 인종 분류의 사용을 약화시키고자 노력하는 방식으로 발언하고 행동해야 한다.

니트로메드(비딜 마케팅 담당사)는 특정 인종을 대상으로 한 의약품을 시장에 내놓은 그들의 결정에 대한 비판을 누그러뜨리기 위한 행동을 취했다. 그러나 니트로메드가 취한 행동은 그들의 행동에서 무엇이 도덕적으로 문제되는지에 대한 상당히 다른 관념에 맞추어진, 매우 다른 종류의 것이었다. 니트로메드는 처방약 의료보험 적용을 받지 못하는 아프리카계 미국인 심부전증 환자들에게 무료로 약물을 제공하기로 한 의약품에 대해 보통보다 높은 가격을 책정하는 이례적인 가격정책을 채택했다. 만일 부당한 차별에서 '부당함'이 관련 정책이나 행동이 우리 사회의 카스트 제도와 같은 계급제도를 강화하는지 여부와 관련된 문제였다면, 이 정책은 도덕적인 반응일 것이다. 다른 말로 하면, 혹자는 아프리카계 미국인들을 위한 니트로메드의 약품 마케팅이 집단으로서의 아프리카계 미국인들에게 (그들에게 낙인을 찍거나 또는 다른 방식으로) 해를 끼칠 수 있다고 생각할 수 있다. 만일 그렇다면, 아프리카계 미국인 집단에게 혜택을 주기 위해 기획된 정책(처방약에 대한 의료보험 적용을 받지 못하는 아프리카계 미국인들에게 그들이 필요한 약물을 제공하는 것)은 그 집단이 받은 피해를 성공적으로 상쇄시킬 것이다.

한 쌍의 정책(필요한 이들에게 무료 의약품을 제공하는 정책 및 그 정책과 결합된 높은 의약품 가격 책정)은 집단으로서의 흑인들에게 혜택을 주고 그러한 측면에서 칭찬할 만하지만, 특정 인종을 대상으로 한 의학적 권고가 부당하게 차별하는지의 여부에 영향을 미치지는 않는다. 대신에 혹자가 이 정책이 아프리카계 미국인들을 비하하는지의 여부와 관련하여 특정 인종에 대한 의약품 권고의 도덕적 문제를 생각한다면, 그는 이 도덕적 부당함을 피하기 위해 취할 수 있는 행동들에 대해 매우 다른 개념을 가질 것이다. 만일 부당함이 (집단 혜택으로 상쇄될 수 있는) 집단이 해를 입었는지의 여부가 아닌, FDA나 제약회사가 권고하는 행동 자체에 있다면, 개선 행동들은 행위자가 자신의 행동의 특성을 변화시킬 수 있는 방식들로 구성되어야 한다. 조너선 칸은 이 도덕적 부당함이라는 관념에 결부된 권고를 제시한다. 그는 "연방 기금으로 연구를 진행하는 모든 정부기관이나, 제도의 검토, 승인, 또는 연구 자체가 인종을 생물학적인 범주 또는 그것의 대용으로 사용하는 것에 있어 그들의 분석 용어들에 대한 설명과 그것들을 그러한 방식으로 사용하는 것에 대한 타당한 이유를 제시해야 한다"[13]고 권장한다. 이 권고사항은 FDA나 다른 기관이 특별히 아프리카계 미국인 환자들을 위한 의약품을 권고할 때 표현하는 방식을 변화시키는 데 도움을 줄 것이다.

만일 '아프리카계 미국인'이라는 사회적 범주가 누가 의약품으로부터 혜택을 얻는지 예측하는 데 도움을 주고 (식습관이나 환경 같은) 다른 대용물을 찾을 수 없다면, 아마도 이 분류의 사용은 결과적으로 흑인들을 전혀 비하하지 않을 수도 있다. FDA의 행동이 흑인들을 비하하는지의 여부를 분석하는 맥락의 일부는 아프리카계 미국인들의 건강과 관련된 필요가 역사적으로 도외시되어왔다는 사실을 포함한다. 이러한 이유에서 임상 의료연구를 통제하는 윤리적 지침서들이 조사 대상으로서 소수자들을 포함할 것을 요구하는 것이다.[14] 다른 말로 하자면, 분류가 비하하는지의 여부를 분석하는 것과 관련된 맥락 자체는 다층적인 것이다. 한편으로 생물학적 범주로서 인종을 사용하는 것은 역사적으로 흑인들의 명예를 실추시키는 것과 무관하지 않다. 다른 한편으로 의료제도는 역사적으로 흑인들의 건강과 관련된 필요에 세심하지 못했다. 두 요소들 모두 사회적 범주로서의 '흑인'과 치료법으로부터 가장 혜택을 받을 법한 사람들의 집단 간의 강한 상관관계를 지지하는 자료의 영향력(논쟁적인 본질 때문에 우리가 제쳐두는 문제)과 함께 어떻게 우리가 아프리카계 미국인들을 위해 특별히 권고된 의약품의 승인이 그들을 비하하는지의 여부를 해석해야 하는지에 영향을 미친다.

의견 불일치

구별 짓는 특정한 관행이 그 관행으로 인해 영향을 받는 이들의 일부를 비하하는지의 여부에 관하여 사람들 간에 의견 불일치가 있을 가능성이 크다. 비딜은 하나의 예다. 한쪽 성만을 위한 화장실이 성전환자들과 성정체성이 모호한 이들을 비하하는지의 여부에 관한 사안은 다른 것이다. 아직 성전환 수술을 하지 않은 트랜스젠더들에게 그들이 생각하는 스스로의 성보다는 태어났을 때 주어진 성에 맞춰진 화장실을 사용하도록 요구하는 정책들이 그들을 비하한다고 그들은 주장한다. 성정체성이 모호한 사람들(스스로의 성을 남녀 그 어느 쪽으로도 명확히 느끼지 못하는 사람들)은 화장실을 분리하는 관행이 스스로의 성을 명확히 결정하지 못하는 이들을 비하한다고 본다. 성별에 따라 화장실을 분리하는 관행이 성전환자들이나 성정체성이 모호한 이들을 비하하는가? 앞서 나는 성별에 따라 분리된 화장실을, 성별에 따라 사람을 구별하지만 비하를 나타내지 않는 정책의 실례로 제시했다. 비록 한쪽 성별만을 위한 화장실이 내 관점에서 보면 남성으로서의 남성이나 여성으로서의 여성 모두를 비하하지 않았지만, 이 구별이 성전환자나 성정체성이 모호한 여성 또는 남성을 비하한다는 주장은 더욱 설득력을 지닌다. 다른 이들은 이에 대해 동의하지 않을 수도 있다. 혹자는 대부분의 남성과 여성의 프라이버시 문제뿐만 아니라, 여성의 안전과 관련하여서도 성별에 따라 화장실들을 분리하는 것이 성전환자들이나 성정체성이 모호한 이들에게 무시나 격하를 표현하지 않는다고 주장할 수도 있다. 성전환자들과 성정체성이 모호한 이들이 삶의 수많은 영역에서 냉대ill-treatment를 받아왔다는 점은 사실이나, 이 학대mistreatment가 성별에 따라 화장실을 분리해 사용하는 것을 비하를 나타내는 관행으로 만들기엔 관련성이 부족하다. 더욱이 성별에 따라 화장실을 분리하는 것에 대한 정당한 근거들은 그 어떠한 폄하와 관련된 것들도 상쇄시킨다. 이 관행에 대한 가장 적절한 해석은 남성의 사생활에 대한 고려와 여성들의 사생활 및 안전에 대한 고려를 합리적으로 수용하는 것이다.

누가 옳은가? 도대체 옳은 사람이 있기는 한 것인가? 성별에 따라 화장실을 분리하는 것이 성전환자들과 성정체성이 모호한 사람들을 비하하는지의 여부에 관한 질문에 정답은 존재하는가? 그에 대한 답은 '객관적'일까? 누가 옳은지 결정하는 데 있어 사람들 사이에 의견이 불일치한다면 어떻게 결정해야 하는가? 마지막으로 의견 차이 그 자체는 내가 여기서 제시한 부당한 차별이론에 대하여 어떠한 의미를 갖는가? 이제 우리는 이 질문들을 다룰 것이다.

객관성에 관한 고려는 특히 시급한 문제인 것처럼 보이는데, 부당한 대우 내지 취급이라는 특정 행동이 비하를 나타내는지의 여부에 관한 상당한 의견 차이가 존재할 가능성이 있기 때문이다. 어쩌면 어떠한 관행이 비하를 나타내는지의 여부에 관해서는 오직 주관적인 느낌만이 가능하고, 서로 다른 것들 가운데서 판단할 수 있는 방법은 없을 수도 있다. 만일 그렇다면, 아마도 한쪽 성만을 위한 화장실들과 같은 특정한 관행이 비하를 나타내는지의 여부에 관한 질문에는 진정한 해답이 없을지도 모른다.

객관성이란 정확히 무엇인가?

객관성에 대한 요구는 여러 가지 의미를 지닐 수 있고, 그것들 중 적어도 두 가지는 우리의 논의와 연관되어 있다. 가끔 '객관성'은 판단이나 결정을 편향으로부터 구별하는 방식으로 특징짓는 데 사용된다. 심판의 판정, 법관의 판결, 교사의 성적 평가는 그것들이 부적절하거나 왜곡된 기준들이 아닌 적절한 기준들을 기반으로 이루어지는 범위에서 객관적이다. 여기에서 객관성은 공평성impartiality과 관련 있다. 객관성은 또한 판단이 이루어지는 목표의 지위를 지칭할 수도 있다. 옳은 판정, 올바른 사법적 판결, 적정한 성적이라는 것이 존재할 수 있는가? 만일 그렇다면, 야구, 법, 그리고 학문은 객관적 규율이라고 할 수 있다. 왜냐하면 야구, 법, 학문에서는 참이거나 거짓일 수 있는 사실이 존재하기 때문이다. 객관성의 두 가지 의미는 모두 우리의 연구와 연관되어 보인다. 첫째, 혹자는 특정한 정책이 비하를 나타내는지의 판단에 대한 근거로 삼는 적절한 기준과 부적절한 기준을 구체화하는 것이 가능한지에 대하여 궁금해할 수 있다. 만일 두 가지 유형의 기준이 적어도 이론상으로 구분될 수 없다면, (판단은 적절한 기준에 근거한다는 점에서) 객관성은 이 영역에서는 가능하지 않다. 둘째, 혹자는 관행이나 정책이 비하를 나타내는지의 여부에 관한 판단이 맞거나 틀리다고 할 수 있는지를 궁금해할 수도 있다. 만일 객관성이 그러한 질문들에 올바른 해답을 요구한다면, 의견의 불일치는 객관성을 위협할 수 있는 것으로 보인다.

법 또는 사회적 관행이 비하를 나타낸다는 주장은 해석적 판단(즉, 관행의 문화적 맥락을 고려했을 때 그것에 대한 가장 적절한 이해)이다. 이 점에 있어서 사회적 관행이 비하를 나타낸다는 판단은 법적 결정이 올바르다는 주장과 유사하다. A의 행위가 그녀를 법적 책임이 있도록 만드는지의 여부는 법이 무엇을 요구하는지의 질문에 대한 해답의 존재 여부에 달려 있다. 이러한 질문에 답하기 위해서는 관련된 법적 논거에 대한 해석적 판단이 요구된다. 다른 말로 하면, 이 판단을 내리는 데 있어 사용되는 적절한 기준들과 부적절한 기준들을 구별할 수 있는 방식이 반드시 존재한다. 그리고 '법이 X를 요구한다'와 같은 주장이 옳은지 그른지에 관한 문제의 사실 또한 존재한다. 이와 유사한 질문들은 예술("그 그림은 아름다워.")과 문학("이 책은 명작이야.")에 관한 판단들의 객관성에 대해서도 제기될 수 있다. 그림이 아름답다는 주장은 '객관적'인가? 달리 말하면, 이 질문에 영향을 미치는 적절한 기준들과 부적절한 기준들을 구체화하는 것이 가능하며 주어진 그림이 아름다운지 여부(형이상학적 객관성)에 관한 질문에 옳은 해답이 존재하는가?

법의 객관성 또는 심미적 판단들에 대한 이러한 유사성들을 도출하는 데 있어, 나는 이러한 각각의 영역들에서의 판단들이 모두 객관적이거나 모두 그렇지 않다는 점을 보이려는 것이 아니다. 물론 법적 판단들이 객관적인 반면, 심미적이고 (정책이 비하하는지의 여부와 관련한) 사회적인 판단들은 그렇지 않을 가능성도 있다. 그러나 누군가 어떤 실천들이 비하를 나타내는지의 여부와 관련된 판단들의 객관성에 가질 수 있는 몇몇의 의문점들은, 법적 판단과 심미적인 판단들의 객관성에 대해 가질 수 있는 의문점들과 같다. 이 점은 중요한데, 책의 목표가 지나치게 광범위하게 이해되어서는 안 되기 때문이다. 이 책은 언제 그리고 왜 사람들을 그들의 특성에 근거하여 구별 짓는 것이 종종 부당한 것인지를 정의 내리고자 노력한다. 지금까지의 논의를 요약해보면, 사람들을 구별하는 것이 이에 영향을 받은 어떤 이라도 비하한다면 그것은 잘못된 것이다. 왜냐하면 특정한 관행들이 비하하는지의 여부에 관해 사람들 사이에 상당한 의견 차이가 있을 수 있고, 객관성이 가능한지에 관한 질문이 제기될 수 있기 때문이다. 객관성의 관념 그 자체가 복잡하고 논쟁적인 반면,[15] 다음의 질문들에 의해 강조되는 객관성의 두 측면들은 밀접한 관련이 있어 보인다. (1)그러한 판단과 관련한 적절한 기준들과 부적절한 기준들은 존재하는가? 그리고 (2)관행이 비하를 나타낸다는 주장들의 진위 여부를 판단하는 것이 가능한가? 비록 나는 그러한 판단들이 객관적일 수 있다고 믿지만, 나는 심미성 또는 (유사한 공격들의 대상이 되었던) 도덕성에서의 객관성이 가능한지에 관해 가질 수 있는 많은 철학적 의문들을 답할 수 있는 방식으로 이 주장을 옹호할 수는 없다. 그렇게 한다면 이 책의 성격을 완전히 다르게 만들 것이다.

대신에 내가 여기서 하고자 하는 것은 우선 우리 문화의 법, 정책, 그리고 관행들에 관한 해석적 판단에 있어 내가 가능하다고 생각하는 유형의 객관성을 간단하게 설명하는 것이다. 둘째, 나는 어떤 이가 이러한 종류의 판단에 대한 객관성에 관해 가질 수 있는 특정한 고려들에 덧붙여 법, 미학, 그리고 도덕의 객관성에 관한 모든 일반적인 고려들을 다루고자 한다.

유형적 객관성 대 상징적 객관성

제럴드 포스트마Gerald Postema는 그가 명명하는 "유형적type" 객관성과 "상징적token" 객관성 간에 유용한 구분을 시도한다. 유형적 객관성은 특정한 '계층'이나 '유형'으로 나뉘는 판단이 (특정한 판단이 객관적인지 여부와는 상관없이) 객관적일 수 있는지의 여부를 지칭한다. 예를 들어 어떤 이가 법적 판단이 유형적 객관성의 측면에서 객관적인지 여부를 묻는다면, 그는 모든 법적 판단은 객관적인지, 법이 어느 누구에게나 객관적일 수 있는지에 관한 것인지, 법적 사실들은 법적 판단이 옳거나 그를 수 있는지에 관한 한 종류인지 등을 묻고 있는 것이다. 포스트마가 설명하기를, 유형적 객관성은 "적격 개념eligibility notion"[16]이다. 상징적 객관성은 이와는 대조적으로 특정 판단이 객관적인지의 여부를 지칭하는데, 이 판단은 그 유형이 객관적일 수 있는지에 관한 판단들은 이미 주어져 있다고 본다. 포스트마가 설명하길, "'상징적 객관성'은 '성과' 개념success notion이고, 판단에 대한 직접적이고 결정적인 평가를 나타낸다."[17]

이 구별에 주목하는 것이 중요한데, 그 이유는 사회적 관행이나 정책에 대한 해석적 판단이 객관적일 수 있는지의 여부를 고려하는 데 있어 우리는 '유형적 객관성'을 논의하고 있기 때문이다. 이와 관련된 질문들은 사회적 관행의 의미에 대한 해석적 판단의 '유형'이 객관적일 수 있는지의 여부에 관한 것이지, 어느 특정 판단이 객관적일 수 있는지의 여부가 아니다. 강조해야 할 관련 요점은 한쪽의 성별만을 위한 화장실과 같은 특정한 관행에 대해 판단을 내리는 것이 성정체성이 모호한 사람들을 비하할 (혹은 비하하지 않을) 가능성이 있다고 주장하는 데 있어, 나는 내가 내릴 수 있는 어떠한 결론에 있어서도 내가 옳다고 주장하려는 것이 아니다. 실제로 이 특정 문제에 관하여 나는 정말 확신이 서지 않는다. 오히려 사람들을 구별하는 특정 정책들이 비하를 나타내는지 여부에 관한 판단의 유형적 객관성에 초점을 맞추는 데 있어, 나는 이러한 판단들이 옳거나 틀릴 수 있다고 주장하는 것이지, 어느 특정한 판단이 옳거나 객관적이라고 주장하려는 것이 아니다.

해석적 판단의 객관성

객관성에 대해 좀 더 면밀히 살펴보자. 줄스 콜먼Jules Coleman과 브라이언 라이터Brian Leiter는 객관성의 세 가지 개념을 설명했는데, 이를 최소 객관성, 완화된 객관성, 강력한 객관성이라고 부른다.[18] 법, 도덕, 미학과 같은 영역에서 각 영역과 관련된 다수의 의사결정자들의 관점에 의해 정해지는 경우 객관성이 가장 적다.[19] 라이터는 패션이 이와 같다고 생각했다.[20] 무엇이 유행하고 있는지는 패션업계의 트렌드세터들이 유행한다고 생각하는 것과 같다. '무엇이 유행하는가'라는 질문에는 객관적으로 옳은 답들이 존재하는데, 우리가 해야 할 것은 단지 누구의 의견이 중요하고 그들이 어떻게 생각하는지를 판단하기만 하면 되기 때문이다. 트렌드세터들 중 다수가 유행이라고 생각하는 것이 유행인 것이다. 라이터 스스로도 법이 이러한 점에서 객관성이 가장 적다고 생각했다. 법적으로 올바른 결정은 관련 법조인들 대다수가 법적으로 옳다고 생각하는 것이다.[21]

객관성의 최소개념은 어떤 법과 정책이 비하를 나타내는지에 관한 해석적 판단과 법에 있어서 적합하지 않은 것으로 보인다. 만일 (객관적으로) 비하하는 것이 (단지) 다수가 비하하는 것이라면, 이 기준은 부당한 차별을 금지함으로써 근절하고자 하는 소수자들에 대한 학대를 재생산할 가능성이 있다. 무엇이 비하인지에 관한 다수결적 개념은 지배적인 관행과 이해understandings가 객관적으로 이의를 제기할 수 없도록 유지되고 분류되는 것을 허용한다. 물론 다수의 사람들도 특정 관행들이 비하를 나타내는지에 관하여 틀릴 수 있다. 다수는 부당한 차별에 관한 가장 터무니없는 경우를 비하로 인식할 가능성이 크다. 그러나 확실하지는 않다. 예를 들어 인종차별은 아마 대부분의 백인과 흑인들에게 비하로 인식되었을 것이다. 그러나 '플레시 대 퍼거슨Plessy v. Ferguson' 사건에서 브라운 판사의 과반수 판결에 관한 의견이 진실인 경우에는 중요한 반례가 된다. 브라운은 원고가 인종차별의 의미를 오해했음을 밝히며 다음과 같이 말했다. "우리는 두 인종 간을 강제적으로 구별하는 것이 유색인종에게 열등함의 상징을 각인시킨다고 가정하는 원고의 주장에 근본적인 오류가 있음을 고려할 필요가 있다."[22] 그의 의견이 당시 대다수 사람들의 솔직한 평가를 반영했는지는 명확하지 않다. 플레시 사건에 이의를 제기한 첫 번째 판사인 할런 대법관은 인종차별 관행을 비하라고 밝히며 다르게 해석했다. 그는 법을 "우리 시민들이 속하는 거대한 계층에 예속과 격하라는 낙인을 찍는 것"[23]으로 보았다. 만약 브라운 판사가 그 당시의 차별에 관한 진짜 의미를 잘못 해석했다는 것에 동의한다면, 이는 실제 의미가 그 관행에 관한 대다수의 관점과 일치하지 않기 때문이다.

여성을 '보호하는' 법과 정책들은 또 다른 적절한 예시를 제시해준다. 비록 그러한 법들(과거에 여자의 고용을 제한[24]하거나 상대적으로 최근에는 여자를 위험한 직업군에 제한을 두는 법)[25]이 그 당시의 대부분 사람들을 비하하는 것으로 간주되지 않았을지도 모르지만, 그것들은 (내 생각에) 그럼에도 불구하고 비하이다. 오늘날 대다수의 사람들은 성별에 따라 화장실을 분리하는 관행이 성전환자들이나 성정체성이 모호한 이들을 비하한다고 생각하지 않을 공산이 크다. 하지만 이 사실로 그러한 관행들이 비하인지의 여부에 관한 질문을 해결하려고 해서는 안 된다.

객관성의 최소개념은 또 다른 중요한 결점을 지닌다. 객관적으로 유행하고 있는 것을 대다수의 전문가들이 유행한다고 생각하는 것으로 보는 것은 어느 정도 일리가 있어 보이는데, 이는 패션이 단순히 사람들이 (유행한다고) 생각하는 것들처럼 보이기 때문이다. 예의와 관련한 몇 가지 측면들도 이와 같다. 누군가를 만났을 때 악수를 하는 것은 예의 바른 행동인데, 이는 단지 우리 문화에서 대부분의 사람들은 누군가를 만났을 때 악수를 하는 것을 예의 바른 행동이라고 생각하기 때문이다. 그러나 판단이 단지 기술적이기보다는 평가적일 때, 객관성의 최소개념은 적절하지 않을 것이다. 대다수의 사람들이 어떻게 생각하는지는 관행적인 실천이 무엇인지를 판단하는 데 중요하겠지만, 대다수의 사람들이 무언가가 옳다고 생각한다는 사실만으로 그것을 옳은 것으로 단정할 수는 없다. 왜냐하면 비하라는 것은 적어도 언뜻 보기에 잘못된 것이고 규범적인 영향력을 가지므로, 객관성의 최소개념은 X라는 관행이 비하를 나타낸다는 판단의 객관성을 설명하기에 적합하지 않을 것이다.

실제로 객관성의 최소개념은 패션이나 예의에도 적용되지 않을 수 있다. 무언가를 유행하는 것이라고 칭하는 것은 가끔 단지 다른 이들이 행동하고 생각하는 것을 일컫는 것이 아니라 찬성이라는 용어, 즉 칭찬을 하는 것일 수도 있다. 만일 그렇다면 객관성은 평가적 판단뿐만 아니라 기술적 판단 또한 포함하는 것이다. 무엇인가 유행한다는 판단은 이러한 두 의미들 (단지 기술적인 것 또는 기술적이고 평가적인 것) 사이에서 모호해질 수도 있다. 종종 무언가를 유행한다고 말하는 것은, "나는 코와 입술에 하는 피어싱이 혐오감을 준다고 생각하지만, 그것이 유행하는 것은 사실이야"라는 말처럼 규범적 함축성을 가지고 있지 않다. 그러나 다른 때에 무언가를 유행한다고 하는 것은 더 규범적인 의미를 지닌다. "그녀는 옷을 입는 데 있어 정말 패션 감각이 있어"라는 말은 일반적으로 그녀가 유행을 따른다는 것을 의미하는 것이 아니라, 유행하는 스타일 중에서 가장 잘 어울리는 옷만을 입었다는 것을 의미한다. 이 개념에서 "패션 감각이 있는"은 현재 유행하고 있는 스타일이고 패션의 목표가 무엇이 되었든 아름답거나 예술적인 스타일을 의미한다. 무엇이 유행에 따르는 것인지의 범위는 이 평가적인 판단을 필요로 하고 있고, 객관성의 최소개념은 충분하지 않을 것이다. 대다수의 관련된 의사결정자들이 어떠한 것을 유행으로 생각한다는 사실은 결정적이지 못할 이유는 그들이 '틀릴 수도' 있기 때문이다. 만일 유행이라는 것이 현재 인기 있는 스타일인 '동시에' 아름다워야 할 것을 요구한다면, 코와 입술에 하는 피어싱은 오직 유행으로만 '보일 수' 있다. 만일 그렇다면, 어떠한 스타일이 객관적으로 유행하는 것이기 위해서는 객관성의 더 확고한 개념이 반드시 필요할 것이다.[26]

객관성의 최소개념이 어떠한 관행이 비하를 나타낸다는 판단의 객관성을 설명하기에 불충분하다는 것에 대한 세 번째 이유는 그것이 그러한 문제들에 관한 합리적인 의견 차이를 설명하지 못한다는 것이다. 코니 로재티Connie Rosati는 왜 객관성의 최소개념이 법에 있어 불충분한지를 설명하는 데 이 요점을 다룬다.

첫째, 주관주의와 마찬가지로 사법적 다수결주의 또한 합리적 의견 차이를 설명할 근거가 부족하다. 많은 법관들이 법을 잘못 이해해왔다는 점에 대해 해박한 법적 지식을 가진 연구자들이 주장하는 것을 종종 들을 수 있다. 대다수의 법관들과 그 당시 다수의 대법관들은 사형제도가 위헌이 아니라는 생각을 가졌지만, 이 사실이 윌리엄 브레넌William Brennan 대법관과 해리 블랙먼Harry Blackmun 대법관이 다른 주장을 하도록 막지는 못했다. 그러나 만일 법이 단지 대다수의 법관들이 생각하는 것이거나 오히려 그들이 승인하는 것이라면, 우리는 어떻게 그러한 논쟁을 이해할 수 있는가? 만일 우리가 사법적 다수결주의를 채택한다면, 우리는 브레넌과 블랙먼이 법이란 무엇인가에 대해 그들의 동료 법관들과 진정한 의견 불일치를 보인 것이 아닌, 오히려 그들을 대다수의 법관들이 무엇을 승인했는지에 관해 잘못된 정보를 받았거나 합법적 사실이 무엇인가를 이해하지 못했다는 의심에 동조해야 할 것이다.[27]

사람들은 분명히 특정한 관행이 부당하게 차별하는지에 관한 의견 차이를 보인다. 내가 주장하는 것처럼 만일 그 의견 차이가 구별 관행이 비하인지에 관한 것으로 재구성될 수 있다면, 우리는 그러한 의견 차이의 본질을 포착하는 판단의 객관성에 대한 개념을 정립해야 할 필요가 있다. 한쪽 성별만을 위한 화장실이 모호한 성정체성을 가진 사람들을 비하하는지의 여부에 관한 의견의 불일치에 있어, 대부분의 사람들이 이 관행을 비하로 보는지에 관해서 의견 차이가 나타나는 것이 아니다. 오히려 관행들이 부당하게 차별하는지에 관한 의견 차이를 특징지을 가장 좋은 방법은 그것을 진실하다고 묘사하는 것이다.

라이터와 콜먼은 최소한의 객관성을 그들이 '강력한 객관성'이라고 부르는 것과 대조한다. 어떠한 사실이 그것에 대한 어느 누구의 반응이나 인식에 있어 독립적으로 진실이거나 거짓일 경우에 그 사실은 강력히 객관적인 것이다.[28] 그것은 세상에 사람이 한 명도 없다고 하더라도 진실이거나 거짓일 것이다. 그것은 단순한 세상의 이치다. 이 객관성 개념은 사회적 관행의 해석적 판단을 위해서 부적절해 보이는데, 이는 그 것들이 사회적 관행에 관한 판단들이고 결과적으로 우리를 포함하기 때문이다. 어떻게 우리는 성별에 따라 화장실을 사용함에 있어, 어느 누가 어떠한 맥락이나 상황에서 그 관행의 의미를 어떻게 해석한다고 하더라도 무조건 성정체성이 모호한 사람들을 객관적으로 비하한다고 말할 수 있는가? 비하라는 것이 규범적인 의미를 지니는 반면(이는 부분적으로 객관성의 최소한적 개념을 부적당하게 만든 것이다), 또한 관행적 실천과 규범에 의존한다. 내가 당신과 이야기하면서 손을 깍지 낀다고 해서, 비록 그런 몸짓이 내 생각에 침 뱉는 것과 동일하다고 하더라도, 당신을 비하할 수 없다. 왜냐하면 깍지를 끼는 것은 우리 문화에서 어떠한 의미도 갖고 있지 않고, (우리가 그것에 의미를 부여하는 복잡한 이야기를 하지 않는 이상) 내가 그런 행동을 함으로써 당신을 비하할 수 없기 때문이다. 비하하는 것은 무례함을 표현하기 위해 관행적인 방법에 의존할 것을 요구한다. 그러한 점에 있어, X라는 관행이 비하라는 사실은 강력한 측면에서 객관적으로 비하한다고 말할 수 없는데, 그것이 어떻게 누군가가 어느 맥락에서 그 행위를 해석하는지와 진정으로 관련이 있기 때문이다.[29]

완화된 객관성을 위한 겸허한 제안

콜먼과 라이터는 그들이 '완화된 객관성'이라고 명하는 법을 위한 객관성 개념을 옹호한다. 그들은 "완화된 객관성에 따르면 '이상적인 인식 조건들'에서 옳은 것처럼 보이는 것이 무엇이 옳은지를 결정한다"[30]고 말한다. 그것을 보통으로 만드는 것은 그것이 다음의 측면에서 최소한의 객관성과 강력한 객관성 사이에 존재하기 때문이다. 최소한의 객관성과 마찬가지로, 사물들의 진리나 진정한 본질은 인간의 경험과 인식에서 벗어나 완전히 독자적일 수 없다. 그러나 강력한 객관성과 마찬가지로, 모든 사람들은 인식된 것들의 진정한 본질에 관하여 틀릴 수도 있다. 하지만 필립 페팃Philip Pettit은 이 완화된 객관성은 꽤 확고하다는 것을 언급한다. 윤리적 가치들의 객관성을 옹호하는 데 있어, 페팃은 색깔들 또한 그것들이 사람들에 의해 일반적으로 어떻게 인식되는지에 있어 진정한 본질적 독립을 이루지 못한다고 지적한다. 그러나 우리는 색깔들을 객관적이라고 생각하고, 색깔에 관한 진술은("그 의자는 붉은색이야") 진실이거나 거짓일 수 있다고 생각한다. 그는 윤리적 가치들과 관련하여 말하기를, "윤리의 객관성을 믿는 이들이 긍정적 가치들과 부정적 가치들을, 예를 들어 색깔들처럼 서로 동등하다고 주장할 수 있는 것은 중요한 깨달음일 것이다."[31] 사회적 관행에 관한 해석적 판단도 이와 마찬가지다. 해석적 판단의 객관성을 믿는 이들이 그것들이 색깔의 객관성과 동등하다고 주장할 수 있는 것 또한 그들에게 있어 중요한 깨달음이 될 수 있다. 객관성은 의미를 갖기 위해서 인간의 경험과 인식으로부터 독자적일 필요가 없다. 만일 해석적 판단이 색깔과 비슷한 방식에서 객관적이라면, 그것은 꽤 훌륭하다.

완화된 객관성이 이상적인 인식조건하의 인식으로 구성되어 있다는 것에 관한 콜먼과 라이터의 특정 개념은 매력적이지만, 그렇다고 문제가 없는 것은 아니다. 사회적 관행들에 관한 윤리적 판단, 법적 판단, 또는 해석적 판단을 내리는 데 있어 이상적인 인식조건들이 무엇인지를 구체화하는 것은 쉬운 일이 아니다. 법적 판단을 위한 이상적인 인식조건에 대한 콜먼과 라이터의 목록은, 코니 로재티Connie Rosati가 지적하듯이 보이는 것만큼 자명하지 않다. 예를 들어 콜먼과 라이터는 이상적인 판단은 다른 기준들 사이에서 "최대한으로 공감하고 상상"해야 한다고 구체화한다.[32] 그러나 로재티는 최대한으로 공감한다는 것이 무엇을 의미하는지를 상세히 설명하는 것은 쉽지 않다고 말한다.[33] 당면한 문제와 연관하여 이 비판을 다루자면, 한쪽 성만을 위한 화장실이 성정체성이 모호한 사람들을 비하하거나 비하하지 않는 것을 판단하기 위한 이상적인 인식조건들을 어떻게 구체화해야 하는지 고려해보자. 최대한 공감한다면 모호한 성정체성을 가진 이들의 입장을 취할 것을 요구하는가? 그것은 단순히 그들의 입장을 아무런 비판 없이 취하도록 요구할 수 없고, 그렇지 않다면 완화된 객관성은 이상적인 인식조건하의 판단이 아니라 그 가치가 무엇이든 간에 피해를 입은 당사자들의 판단이 될 것이다. 이러한 관점에 따르면 부당한 차별에 대한 어떠한 주장도 합법적일 것이다. 이는 객관적이지 않아 보인다. 오히려 그것은 단순히 하나의 특정한 관점을 채택하기 위함이다.

이 문제를 어떻게 다룰지에 관한 나의 대략적인 관점은 사람은 피해를 입은 이들의 관점에 귀를 기울여야 하지만, 동시에 항상 그것들의 가치에 대한 독립적인 평가를 내려야 한다는 것이다. 이것은 최대한의 공감인가? 보통의 공감인가? 나는 이러한 명명이 도움이 될 것이라고 생각하지 않는다. 한 사람이 얼마큼의 공감 능력을 가져야 하고 어쩌면 더 중요하게도 한 사람이 이 공감적인 반응을 가지고 무엇을 해야 하는지는 구체화하기 쉽지 않다.

객관적 판단을 끌어내는 이상적인 인식조건들을 완전히 구체화하는 데 있어서의 이 어려움은 앞서 정의된 객관성의 첫 번째 의미와 관련 있다. 이 절의 도입 부분에서 나는 사회적 관행의 해석적 판단들이 '객관적'일 수 있는지의 여부를 평가하는 데 있어 중요한 객관성의 두 측면을 살펴보았다. 첫째, 판단을 내리는 사람은 만일 그 또는 그녀가 편견으로부터 자유롭고, 결정을 내리는 데 있어 오직 연관된 기준만을 제시할 때 객관적이라고 할 수 있다. 객관성의 이 측면은 공평성과 연관되어 있다. 둘째, 판단이나 주장은 만일 그것이 진실 혹은 거짓일 수 있을 때 객관적인데, 이는 시험해볼 수 있는 문제의 진정한 진실이 존재하기 때문이다. 현재까지 우리는 대체적으로 이 두 번째 형이상학적 측면에서 어떠한 해석적 판단이 객관적인지의 방식들을 살펴보았다. 이러한 판단들은 진실 혹은 거짓일 수 있는 것들이 실제로 어떠한지에 관한 주장을 펼치는가? 이 질문에 답하기 위해 우리는 객관성이 수반할 수 있는 세 가지 (최소한, 강력한, 완화된) 측면을 살펴보았다. 우리는 현재까지 최소한의 객관성과 강력한 객관성이 어떻게 해석적 판단이 객관적일 수 있는지에 관한 좋은 해석을 제공할 수 없다는 면에서 그것들을 거부했다. 잠정적으로 객관성에 대한 완화된 개념에 따르면서, 나는 우리가 그러한 주장들이 단순한 다수결주의에 대한 객관적인 진실을 축소시키거나 인간의 경험으로부터의 철저한 독립을 요구하지 않는 측면에서 그러한 주장들이 객관적일 수 있는 방식을 찾아보아야 한다는 것에 동의한다. 완화된 객관성의 한 견해는 객관적인 판단을 이상적인 인식조건하의 누군가에 의해 채택될 만한 것으로 정의한다. 그러한 조건이 무엇을 포함할지에 관한 질문과 씨름하면서, 나는 우리가 객관성의 첫 번째 측면인 오직적절한 기준과 적절하지 못한 기준을 사용하기로 한 결정으로 돌아가고 있음을 발견했다. 그러므로 객관성의 방법론적 개념과 형이상학적 개념모두는 한 사람이 객관적 판단을 위한 적절한 기준을 구체화할 것을 요구한다.

그러므로 우리가 이론적으로 도달한 결과는 다음과 같다. 사회적 관행에 관한 해석적 판단이 객관적이기 위해서, 우리는 이러한 판단을 위한 관련되지 않은 기준으로부터 관련된 기준을 구체화하여 우리가 사회적 관행을 해석하는 사람들이 객관적이어서(형이상학적 측면에서) 그들의 판단이 객관적인지의 여부를 판단(객관성의 보통의 개념을 사용하는 형이상학적 측면에서)할 수 있도록 해야 한다. 우리는 그렇게 할 수 있는가? 그렇다. 하지만 완전하게는 아니다. 콜먼과 라이터는 다른 이들의 관점에 대한 공감 능력이 중요하다는 것에서는 확실히 옳다. 또한 그들의 이상적인 인식조건 목록에서 이상적인 법관은 "어느 집단을 지지하거나반대하는 개인적인 편향으로부터 자유로워야 한다."[34] 이것은 법이란무엇인지를 판단하기 위한 이상적인 인식조건들에 대한 기준이지만, 우리는 그것을 사회적 관행을 해석하는 것과 관련된 상황에 쉽게 옮겨서생각할 수 있다. 이상적인 '법관'은 사람들 사이를 구별하는 정책에 의해 조치가 취해진 어떠한 사람들을 지지하거나 반대하는 개인적 편향으로부터 자유로워야 한다. 이러한 기준들은 우리가 관련이 없는 기준으로부터 관련된 기준을 분리할 수 있도록 도움을 준다. 차별적인 정책에 의해 생긴 주관적인 경험은 관련이 있다. 그 정책에 의해 영향을 받은 개별적 사람들에 대해 연구자가 느끼는 개인적인 좋음이나 싫음은 관련이 없다. 이것은 출발점이 될 수 있다.

그러나 우리는 성별을 바꾸는 것은 도덕적으로 잘못되었다거나 자신의 성을 명확히 찾는 것에 실패한 이는 정상적이지 못하다는 관점을 가진 사람에 관해서는 어떻게 말해야 하는가? 이러한 관점들은 결정을 객관적이지 못하게 만드는 개인적 편향이라고 할 수 있는가? 다음의 관점은 어떠한가? 나는 그들의 요지를 이해하지만(성정체성이 모호한 이들의 입장), 무언가 중대한 것이 문제가 되지 않는 한 (여기에는 없어 보이는) 다수의 사생활과 안전에 대한 요구가 소수의 요구보다 중시되어야 한다. 이러한 관점은 적당한 공감의 결여되어 있다는 뜻일까?? 이러한 각각의 관점은 한 사람이 한쪽 성만을 위한 화장실을 비하하는 것으로 인식하는지의 여부에 영향을 줄 수 있다. 이것들과 다른 유사한 질문들은 답하기 쉽지 않다. 우리는 적절한 기준 대 부적절한 기준에 관하여 어느 정도의 이해는 하고 있지만, 그 사이에는 많은 모호한 문제들이 존재한다.

나는 여러 가지 이유로 인해서 이 결과에 크게 실망하거나 해석적 판단의 객관성에 대한 가능성을 포기하지 않았다. 첫째, 완화된 객관성의 개념은 가망이 있어 보인다. 해석적 판단에 관한 객관성은 모든 사람들이 틀릴 수 있다(주어진 관행이 비하하는지의 여부에 관한)는 (단순히 사람들의 생각에 이의를 제기하는 것이 아니라) 가능성을 받아들여야 하고 의견이 다를 때 인지할 수 있는 합리적인 의견을 내놓아야 할 것이다. 동시에,

해석적 판단에 관한 객관성은 어떠한 맥락하에서 누군가가 한 관행을 어떻게 인식하는지와 관계없이 그것이 비하하는지 혹은 비하하지 않는지를 판단하라고 요구할 수 없다. 그러므로 나는 완화된 객관성의 기본 개념이 우리를 올바른 방향으로 이끌어준다고 생각한다. 둘째, 나는 우리가 어떠한 관행이 비하를 일으키는지에 관하여 더 많이 배우면 배울수록 (다른 이들과의 대화, 공감하는 생각 실험 등을 통해) 우리가 그러한 판단을 내리는 데 있어 이상적인 인식조건이 무엇인지에 관한 더 명확한 개념을 갖게 될 것이라고 믿는다. 비록 만일 우리가 이러한 조건들을 우선적으로 자세히 파악하고 난 뒤 그것들을 어떠한 해석적 판단이 비하하고 어떠한 것들이 그렇지 않은지를 판단하는 데 사용했다면 좋았겠지만, 나는 이러한 식으로 진행될 것이라고 생각하지 않는다. 나는 우리가 해석적 문제에 관한 객관적 판단을 위한 이상적인 조건에 대한 우리의 최선의 이해를 통해 무엇이 비하하는 것으로 여겨지는지에 관하여 배우고, 동시에 어떠한 관행이 비하를 하거나 하지 않는지에 관하여 더 알아감으로써 이러한 이상적인 인식조건이 무엇인지에 관하여 배울 것이라고 생각한다.[35] 두 질문은 서로 연관지어 다루어질 것이다.

셋째, 사회적 관행에 있어서 해석적 판단의 객관성에 대한 이러한 설명의 제한은 이 영역에 있어 아주 특이한 것은 아니다. 오히려 그것들은 법과 도덕의 객관성에 관한 익숙한 철학적 고려들이다. 만일 가치들이 색깔들과 마찬가지로 객관적으로 보일 수 있다면, 그것은 상당한 업적이 될 것이라고 페팃이 생각한 것처럼, 나 또한 만일 객관성과 연관된 사회적 관행의 해석적 판단이 법이나 도덕의 그것보다 더 큰 문제가 없다면 꽤 나쁘지 않다고 주장할 것이다. 이 책은 결국에는 차별을 다룬다. 이것의 목표는 무엇이 차별을 잘못되게 만드는지의 개념을 서술하고 옹호하고자 하는 것이다. 내가 제시하는 관점은 사람들 사이에 구별 짓기가 비하를 유발할 때 그것은 부당하다는 것이다. 이 입장은 다음의 질문을 낳는다. X라는 관행이 비하한다는 판단은 객관적일 수 있을까? 이 절에서는 이에 대한 답을 잠정적으로 그럴 수 있다고(완화된 객관성) 내린다. 그러나 어쩌면 더 중요한 것은 그것의 객관성에 관한 고려들은 우리가 더 일반적으로 법과 도덕의 객관성에 대해 가지고 있는 관해들, 적어도 현재까지 제기된 것들과 같다는 것이다. 하지만 사회적 관행에 대한 해석적 판단의 객관성에 덧붙여 법과 도덕성의 객관성 주장에 도전하는 것들에 관해 특별히 신경 써야 할 이유가 있는가? 이제 우리는 이 질문을 다룰 것이다.

객관성에 관한 특별한 고려들

X라는 관행이 Y라는 집단을 비하한다는 판단이 그 판단의 객관적일 수 있는 능력의 측면에 있어 특별히 문제가 되는가? 다른 말로 하면, 법이나 도덕에 관한 주장의 객관성에 관하여 누군가에게 가능한 일반적인 고려와 더불어, 그러한 판단의 객관성에 관해 고려할 이유가 있을까? 이 질문에 답하기 위해서 우리는 이 유형의 판단이 객관성 측면에 있어 특히 문제가 있다고 생각할 수 있는 이유들을 밝힐 필요가 있다. 첫째, 사람들을 구별하는 특정한 정책이나 관행이 비하를 나타내는지의 여부에 관한 상당한 불일치가 있을 수 있다는 것에 주의할 필요가 있다. 둘째,

혹자는 사람들을 구별 짓는 사회적 관행이 비하인지 여부를 그 문화를 직접 경험하지 않는 이상 알 수 없으므로, 실천에 관한 모든 판단에 편향이 있거나 제한적일 수 있다는 점을 고려할 수도 있다. 셋째, 혹자는 어떠한 관행이 비하인지를 보여주는 진실로 '보일 수도' 있는 시각이 다수 혹은 지배집단의 시각일 수 있으므로, 이러한 접근법을 채택하는 것은 특정한 관행이 부당한 차별이며 어떠한 실천이 그렇지 않은지에 대한 결함이 있고 편향된 판단으로 우리를 이끌 수 있다고 우려할 수 있다. 만일 그렇다면, 내가 제시하는 이론은 지배적인 이들이 스스로를 정당화하기 위한 도구가 될 수 있다.

의견 불일치

의견 차이의 가능성부터 시작하여 각각의 경우를 순서대로 다루도록 하자. 사람들을 구별하는 많은 관행이 비하하는 방식으로 이루어지는지의 여부와 특히 논쟁이 되는 어떠한 관행, 심지어 그렇지 않은 관행과 관련해서도 상당한 의견의 불일치가 존재할 가능성이 높다는 점은 분명하다. 소수집단 우대정책이 특혜로부터 도움을 받는 흑인 학생들을 비하하는가? 여대 혹은 남성대학이 여자나 남자를 비하하는가? 보험회사의 유전적 구별이 질병에 걸리기 쉬운 유전적 변이를 지닌 사람들을 비하하는가? 한쪽 성별만을 위한 화장실은 성정체성이 모호한 사람들을 비하하는가? 다른 한편으로는, 어떠한 실천의 의미에 있어 싱딩한 '의견의 일치'가 있을 수도 있을까? 공용 식수대 사용에 있어 인종에 따라 분리하는 것은 흑인을 비하한다. 법과 같은 특정한 직업군에서 여자를 배제하는 것은 여성을 비하한다. 공공장소에서 장애인 혹은 외모가 혐오스러운 이들의 접근을 금지하는 것은 그들을 비하한다.

그러므로 사람들을 구별하는 특정한 정책이 비하인지 여부에 관하여 상당한 의견 차이가 있을 법하지만, 의견의 일치 또한 있을 수 있다. 불일치가 일어날 법한 경우가 지나치게 많은가? 지나치게 많다는 것은 얼마나 많은 것인가? 다른 많은 윤리적 문제에 있어서 또한 상당한 의견의 불일치가 존재한다. 낙태는 도덕적으로 허용 가능한가? 자살이나 불치병을 앓고 있는 환자들이 타인의 조력으로 자살을 하는 것은 어떠한가? 여기에서 우리는 어떤 관행이 비하한다는 판단의 객관성에 대해 고려해야 하는 특별한 이유가 있는지를 묻는다. 첫 번째로 제시된 이유는 그러한 문제에 대한 상당한 의견 불일치의 가능성이었다. 의견 차이가 있을 가능성이 높은 반면에, 나에게 그것이 더 일반적인 도덕적 문제에 대한 의견의 차이보다 더 만연하다거나 또는 적어도 그만큼 의미를 가질 것이라는 느낌을 주지는 못했다. 그러므로 의견 불일치에 관한 사실이 사회적 관행에 관한 해석적 판단의 객관성에 있어서 특별한 문제를 제기해서는 안 된다.

게다가 어떠한 관행이 비하인지의 여부에 집중하는 것은 의견 차이를 만드는 몇 가지 경우의 논의를 변화시키는 데 도움을 준다. 소수집단 우대정책은 적절한 예시를 제공해준다. 오늘날 (법률과 관련된 맥락과 그렇지 않은 맥락에서) 소수집단 우대정책에 관한 논의는 사람들을 인종을 근거로 다르게 대하는 것이 허용 가능한지, 또 언제 그러한지에 초점을 맞추는 경향이 있다. 만일 누군가가 관행이 그로부터 영향을 받은 이들

중 어느 누구라도 비하하는지를 묻는다면, 직업을 얻거나 학교의 일자리를 구하거나 계약을 성사시키는 데 가까스로 실패한 백인 지원자로부터의 부당한 차별이라는 주장은 그 기반이 사실상 약화될 것이다.

대학과 관련된 맥락을 예로 들어 살펴보자. 소수집단 우대정책에 의해 뛰어난 재능을 가진 백인 학생이 입학을 하지 못할 수는 있지만, 이 정책이 백인을 폄하하지는 않는다. 이 사회적 관행을 가장 잘 이해하는 것에 있어 의견 차이가 있을 수 있겠지만, 이 관행이 백인들을 비하한다는 주장은 설득력이 떨어진다. 로널드 드워킨은 1985년 '앨런 배키 사건 The Regents of the University of California v. Allan Bakke'에서 대법원의 판결에 대한 자신의 글에서 이 주장을 명확히 하고 있다. 배키가 대학에 제기할 수 있는 불만의 본질을 알아보는 데 있어 드워킨은 "배키는 자신의 인종 때문에 의과대학 입학을 거부당했다고 말했다. 배키는 자신이 편견이나 선입견의 대상이었기 때문에 거부당했다는 것을 의미했을까?"라는 질문을 던진다. 드워킨은 "그 주장은 터무니없다"[36]고 결론을 내렸다. 이 해석에 설득력을 줄 수 있는, 백인이 백인으로서 배제되어온 역사는 존재하지 않는다. 더 그럴듯한 주장은 입학기준을 낮추는 것이 흑인을 지능적으로 열등하다고 보는 고정관념을 따라가는 것처럼 보이기 때문에 흑인을 비하한다는 주장, 또는 학교의 결정이 낮은 경제적 지위를 열등한 능력 탓으로 돌리는 능력중시적인 이해들과 맞아떨어짐에 따라 낮은 계급의 백인을 비하한다는 주장이다.[37] 그러므로 이 이론은 예를 들어 낮은 계급의 백인과 백인으로서의 백인의 주장처럼 논쟁적인 정책과 관련하여 더 낫거나, 더 별로인 논의를 식별하는 데 도움을 준다. 구별 짓는 것이라는 부당한 차별에 관한 이론이 비하를 나타낸다는 이론은 논쟁적인 관행에 관한 의견의 불일치를 없애지 못하지만, 그 의견 차이를 다른 (그리고 내 관점에서 더 유익한) 질문으로 바꿔준다.

그러나 관행이 비하를 나타내는지의 여부에 초점을 맞추는 것이 사람들로 하여금 모욕에 더 민감하게 만들거나 그들을 구별하는 관행에 의해 쉽게 모욕을 느끼게 만드는가? 이 접근법이 "불만을 그 영역의 언어"로 만들 것인가?[38] 만일 그렇다면, 이는 예를 들어 우리의 공동체가 비판이나 모욕 등에 쉽게 동요하지 않는 것을 시민도덕으로 삼기를 바라는 것처럼 다양한 공동체들에게 심각한 우려사항이 될 것이다. 하지만 우리는 만일 이 설명을 법이나 정책에서 이행한 것이 대부분의 사람들로부터 불만을 야기했다고 하더라도 이 실패는 부당한 차별에 관한 이 설명이 이론상으로 잘못되었다는 것을 의미하지는 않을 것이라는 점에 유의해야 한다. 오히려 그것은 그것을 실제로 이행하지 않을 이유를 제공해준다. 무엇이 옳은 이론이고 무엇이 그 이론을 실제로 이행하기 위한 가장 좋은 방법인지는 다른 차원의 질문이다. 그렇긴 하지만 실질적 이행의 수준에서조차 이 설명이 불만의 문화를 조장할 것이라는 점을 의심할 이유들이 있다.[39]

첫째, 부당한 차별에 관한 이 설명은 개인이나 어느 집단의 사람들이 비하당했다거나 낙인찍혔다고 느끼는지의 여부가 아닌, 관행이 '객관적으로' 비하를 나타내는지의 여부와 관련한 도덕적 부당함의 근거가 된다. 그러므로 이 설명은 사람들이 특별히 더 민감해하도록 부추기지 못한다. 오히려 사람들로 하여금 그들이 비하한다고 느끼는 관행에 관해 가질 수 있는 불만을 자유롭게 표출하도록 할 뿐만 아니라, 그러한 관행에 의해 비하당한다고 느끼지 않도록 하는 특성의 영향력을 증대시킨다. 어떤 사람이나 집단이 어떤 관행에 의해 비하를 느낀다는 사실은, 비록 그 관행이 비하하는 것으로 가장 잘 이해되는지의 여부와 확실한 관련성이 있을지라도, 결정적 요소가 되지는 못한다.

둘째, 타인의 고통에 공감하는 반응은 사람들이 그러한 고통을 극복할 수 있게 해주며, 반대로 그 고통에 공감하지 않는 것은 그 고통이 커지게끔 만드는 원인이 될 수 있다. 만일 그렇다면, 사람들이 자신을 구별 짓는 관행이 비하하는 방식으로 이루어진다는 믿음을 분명히 표현하도록 허용하는 이론은 사람들을 이러한 위축감으로부터 자유롭게 할 수 있다. (이 이론은 그들이 느끼는 부당함을 개념화해주는 방식을 제공하기 때문에) 일단 이 이론을 듣고 인식하게 된다면 그들은 다른 관점을 가진 이들의 시각들을 볼 수 있을 것이다. 다양한 사회에서 이러한 이해 방향을 설정해주는 것은 대단히 중요하다.

내부자들만 접근 가능하다는 것

사회적 관행에 대한 해석적 판단이 객관성을 띠는 데 실패하는 이유는 그것이 그러한 관행 '내부에 존재'하지 않는 이상, 어쩌면 그것들을 이해하거나 해석할 수 없기 때문일지도 모른다. 만일 그렇다면 모든 사람들이 이러한 판단에 접근할 수 없고, 접근할 수 있는 이들이 오직 편파적이거나 편향된 판단만을 내릴 수 있다. 이에 대한 반대 의견은 두 가지로 나눠진다. 첫째, 그 문화 밖에 위치하는 이들은 그 문화의 구별 짓는 관행 가운데 일부가 비하를 나타내는지의 여부에 관하여 아무 말도 할 수 없을 것이다. 예를 들어 혹자는 비이슬람교도가 아닌 이들은 히잡을 쓰는 관행과 히잡의 사회문화적 의의를 제대로 이해할 수 없으므로, 이슬람교도들이 히잡을 쓰는 것이 여자를 비하하는지 판단할 수 없다고 생각할 수도 있다. 둘째, 내부자들의 의견은 그들의 개별적인 관점에서 벗어나 관행이 '실제로' 어떠한지를 보기 위해 외부에서 그것을 바라볼 수 있는 능력의 부재에 의해 왜곡되었다. 어떤 문화에 참여하고 있는 이들은 그것이 실제로 어떠한지를 보기 위해 밖으로 나갈 수 없는데, 이는 외부에서의 관점이 관행을 파악하고 이해하기 위해 필요한 문화적 지식들을 포함하지 못하기 때문이다. 그러므로 그들은 진퇴양난의 상황에 빠져 있다.

그러나 이는 정확한 것인가? 어떤 문화의 참가자들이 관행의 문화적 의미를 외부자들보다 더 잘 이해하기는 하겠지만 항상 그런 것은 아니다. 예를 들어 어떤 이는 무언가에 지나치게 가까이 있기 때문에 그것을 잘 이해하거나 볼 수 없기도 하다. 또한 어떤 이가 문화의 구성원이나 그 문화의 관행과 의식의 참가자가 아니라는 사실이 그로 하여금 그 문화를 관념적으로 체험하는 것을 막지는 못한다. 조셉 라즈Joseph Raz가 지적하듯이 그러한 주장은 타당해 보이지 않는다. 그는 외부자들은 문화에 접근할 수 없다는 주장이 "사람들은 오직 하나의 문화 개념만을 습득할 수 있는 능력이 있다"는 "믿기 어려운 억측"을 하게 만든다고 주장한다.[40] 더 그럴듯한 주장은 다른 문화의 관행들의 의미를 이해하는 데 있어 시간과 노력과 개방성이 필요하다는 것이다. 이 주장은 건전한 겸손과 함께 우리의 문화가 아닌 다른 문화의 관행을 해석하고 판단하는 데 있어 확실히 적용되는 것이고, 기억해두어야 할 중요한 사실이다.

그러나 내부자들의 경우는 어떠한가? 외부자들이 문화적인 관행에 가까이 접근하기 어렵다는 것에 반론을 제기한 주장은 또한 어떻게 내부자의 판단이 편향되어 있거나 편파적일 수 있게 되는지를 강조한다. 외부자의 판단만큼은 아니겠지만, 두 관점 모두 '어딘가에서 온 것views from somewhere'이다. 만일 토머스 네이젤Thomas Nagel이 말했듯이 객관성이 어디에서 기인한지 모른다면,[41] 그런 관점에서 객관성은 달성할 수 없는 것은 아닐까?

(우리의 또는 다른 이들의) 사회적 관행을 이해한다는 것이 우리가 문화와 관행에 대해 알고 있는 것들을 근거로 하여 구별 짓는 것을 요구한다면, 이러한 이해는 무無에서 온 알 수 있는 지식의 종류가 될 수 없다. 문화적 관행은 실질적으로 또는 상상에서 그 문화적 관행에 자기 자신을 몰두하게 함으로써 이해될 수 있다. 심지어 이 가상의 몰입도 누군가 알고 있거나 그 주위에 존재하는 개념이나 문화적 관행을 기반으로 추론하거나 유사점들을 참고할 것을 필요로 한다. 다시 말하지만, 나는 이러한 몰입이 반드시 그러한 판단에 있어서 객관성에 대한 문제가 된다고 생각하지 않는다. 한 사람이 알고 이해해야 할 것은 문화, 그것의 역사, 그리고 그것이 무언가를 행하는 방식이다. 이 세부적인 지식은 문화적 관행이 무엇을 의미하는지에 관한 판단을 형성할 수 있게 해주는 것이다.

이것은 어떤 이가 실천에 관해 내리는 도덕적 판단, 예를 들어 비하를 나타내는 판단이 그 문화와 전통과 어떻게든 관련이 있다는 것을 의미하지는 않는다. 물론 관행이 의미하는 것은 그 문화와 관련이 있다. 노사를 벗는 것은 다른 문화에서 서로 다른 의미를 갖지만, 다른 이들을 존중해주는 것은 어느 곳에서나 도덕적으로 가치가 있는 일이다.

문화 헤게모니

마지막으로 혹자는 지배적인 문화의 관행들이 대체적으로 의심 없이 받아들여질 것이고, 하급문화의 관행들이 비하를 나타낸다고 판단될 가능성이 더 클 것이라는 점을 우려할 수 있다. 이러한 문제는 한 문화의 구성원들이 다른 문화의 관행을 관찰하거나 문화 내 지배집단의 구성원들이 소수집단의 관행을 살필 때 발생할 수 있다. 악한 의도들은 그러한 한쪽으로 치우친 판단의 원인이 될 필요는 없다. 예를 들어 한쪽 성만을 위한 화장실이 성전환자들을 비하한다는 주장은 그 관행이 어느 누구도 비하하지 않는다고 보는 비성전환자들에 의해 즉시 묵살될 수 있는 것이다. 여기서 비성전환자들은 한쪽 성만을 위한 화장실이 대부분의 사람들의 프라이버시를 우선적으로 보호할 것을 배려할 수 있는 합리적인 방식이라고 생각하기 때문이다. 일부 사람들의 선호가 충족되지 못한 사실 때문에 그 관행을 비난할 필요는 없다. 사람을 구별하는 정책들은 대개 승자와 패자를 만들어내기 때문이다. 이와 관련된 질문은 차별하는 관행이 패자들을 '비하'하는지 혹은 단순히 패자들의 어떠한 가치를 박탈하는지의 여부이다. (지배집단이나 문화의) 권력을 지닌 이들의 해석적 판단은 소수집단의 권리가 그들의 가치에도 불구하고 끊임없이 박탈당하기 때문에 누구나 생각할 수 있을 결함을 지닐 수도 있다.

해석적 판단에 대한 객관성과 관련한 이 의구심에 대해 첫 번째로 주목해야 할 점은, 이 의구심이 이러한 유형의 해석적 판단의 객관성보다는 '특정한' 해석적 판단들의 객관성에 이의를 제기한다는 점이다. 포스트마의 유형적 객관성과 상징적 객관성 사이의 구별을 기억해보자. 유형적 객관성은 논쟁 중인 판단의 종류가 객관적이어서 결과적으로 그가 말하듯이 "적격한 개념"이 될 수 있는지의 여부와 관련이 있다. 대조적으로 상징적 객관성은, 어떤 유형에 대한 특정한 판단이 사실상 객관적이어서 결과적으로 그가 말하듯이 "성공적 개념"[42]이 될 수 있는지의 여부와 연관된다. 어떤 이가 소수집단의 관행과 관련한 (특정한 문화에서 의사결정을 통제할 수 있는) 지배집단의 판단이 편견을 가질 공산이 있다는 주장을 함으로써, 그는 이러한 판단이 객관성을 띠는 데 성공하는지의 여부에 대해 단언하고 있는 것이다. 그런 주장에 대해서는, 그것들이 애초에 보이는 것보다 더 제한적이고 더 내재적(즉, 권리가 보장되는지의 여부를 결정하기 위해 특정 판단을 살펴보아야 하는)이라는 비판이 제기될 수 있다.

그렇긴 하지만 의심되는 점들을 좀 더 자세히 살펴보자. 그것은 내가 제안하는 이론이 지배집단들의 권위를 강화할 가능성이 있다는 주장과 관련하여 그것이 어떻게 현실세계에 적용되는지에 관해 중요하고도 실질적인 우려가 제기된다. 우선, 정말 그러한가? 나는 언제 차별이 잘못되었는지, 또는 차별이 잘못되었는지의 여부에 관한 그 어떠한 이론도 지배적인 사회집단들의 우위성을 어느 정도 악화시키거나 개선할 것이라는 것에 회의적이다. 지배집단이 권력을 이양하기 위해서, 그들은 그들이 무엇을 잘못하고 있고 그것이 언제 잘못되었는지를 인식해야 한다. 이 이론은 아마도 그것을 더 분명하게 만들 수 있지만, 한 사람이 다른 이의 행위들을 평가하기 위해 어떠한 이론을 사용하든 간에 '상황을 다르게 보는' 능력은 사람들의 생각을 바꾸기 위해 필요하다.

둘째, 더 중요한 것은 나의 관점이 지배적인 사회적 집단들에 의한 부당한 지배로 이어질 가능성이 있다고 하더라도, 이러한 사실은 그 이론을 '이론상의 수준'에서 거절할 이유를 제공하는 것은 아니라는 점이다. 만일 의사결정자들이 공공정책을 결정할 때, 객관성이 가능하지만 미숙한 판단의 가능성이 크다면, 우리는 결정자들이 사용할 수 있는 정치적이거나 사법적인 기준들을 다른 것들로 대체할 수 있는 근거를 가질 것이다.[43] 의사결정자들에게 만일 다른 기준(부당한 차별이라고 여겨질 수 있을 만한)이 직접적으로 분류가 비하하는지의 여부를 조사하도록 하는 것보다 옳은 결과에 도달할 가능성이 더 크다면, 이것은 그 다른 기준을 채택할 이유가 된다. 그러나 이 관점을 선택하기 위해서, 사람들은 우선적으로 무엇이 옳은 판단이라고 할 수 있는지에 대한 개념을 가지고 있어야 한다. 그것은 대안적 기준에 의해 채택될 수 있는 결정이 아닌데, 그렇게 되면 계속해서 순환할 뿐이기 때문이다. 그 기준으로는 언제 차별이 허용되고 언제 그렇지 않은지에 관한 올바른 이론, 즉 사람들이 잘못 적용할 가능성이 있는지 여부의 측면에서 그 가치가 평가될 수 없는 이론을 사용하는 것이 옳은 결정일 것이다.

마지막으로 나는 분류가 사람들에게 비하를 나타내는지의 여부에 초점을 맞추도록 하는 것이 해석적 판단을 위해 비중이 적은 대안적 기준보다 더 옳지 못한 결정들을 많이 하게 한다는 것을 믿지 않는다. 특정한 관행이 그것에 의해 영향을 받은 집단들을 비하하는지의 여부에 관한 질문에 솔직하고 명확하게 초점을 맞추는 것은 지배적인 위치에 결함이 있을 때 그 결함을 설명하는 데 도움이 된다. 그것은 지배집단이 어떻게 한 사람이 대안이 될 수 있는 모든 기준을 적용하는지에 영향을 미치는 관점에 대한 비판을 촉발할 것이다. 그러므로 이 접근법의 사용은 궁극적으로 지배집단이 그것의 구별적인 관행을 어떻게 인지하고 이해하는지에 있어 더 실제적인 움직임으로 이어진다.

다시 한 번 요약해보자. 언제 사람들 사이를 구별하고 그들을 서로 다르게 대하는 것이 도덕적으로 부당한 것인가? 구별이 비하를 일으킬 때다. 사람들은 어떠한 실질적 관행이 비하를 하는지의 여부에 관해 의견을 달리할 공산이 크다. 어떠한 이론도 그러한 의견의 불일치를 완전히 제거할 수 없고 그러려고 시도해서도 안 될 것이다. 내가 제안하는 이론은 그 의견 차이를 적정한 질문으로 돌리는 데 도움을 준다. 물론 사회에서 우리는 언제 차별이 부당한가에 관한 의견 차이 또는 다른 어떠한 의견 차이도 다룰 수 있는 기법들이 필요하다. 우리 사회에서 그러한 방법들은 민주적이고 사법적인 의사결정을 포함한다.

대안
살펴보기

II

Considering
Alternatives

개요

Ⅱ부에서는 "언제 구별 행위가 부당한 차별이 되는가?"에 답하는 세 가지 대안적인 접근법들을 살펴본다. 이런 경쟁하는 관점들이 포괄적인 대안으로 제시되는 것은 아니더라도, 여러 원칙들이 구별 행위들이 부당하게 차별하는지 여부를 평가함에 있어서 중요하다. 만일 그렇다면 그것들은 내가 Ⅰ부에서 제시한 이론에 대한 도전을 제기하는 것이라 볼 수 있다.

4장에서 나는 가치merit의 개념을 살펴볼 것이다. 가치를 존중하지 않는 구분은 부당하다거나 혹은 반대로 가치에 부합하는 구분은 최소한 가정상으로는 타당하다고 생각할 수도 있다. 왜 그렇게 생각하는가? 만약 우리가 사람의 동등한 도덕적 가치에 대한 신념에서 시작하면, 어쩌면 이런 평등은 대우 내지 취급을 달리할 타당한 이유가 없으면 사람을 동일하게 대우할 것을 요구한다. 그렇다면 가치가 그런 타당한 이유가 될 수 있다. 아니, 적어도 누군가는 그렇게 생각한다. 4장에서 나는 가치라는 것이 불안정한 개념임을 주장하면서 이런 관점을 논박하고자 한다. 가치는 (이런 환경에서 예로 활용한) 직원을 채용하거나 학생을 받아들이는 사람 또는 기관이 추구하는 것일 뿐이며, 따라서 그런 선호를 도덕적으로 허용할 만한 이유는 아니다.

하지만 그렇다면 가치에 근거한 선택이 부당한 차별과는 달리 옳게 '보이는' 이유는 무엇일까? 부분적으로 나는 여기에는 역사적인 설명이 가능하다고 생각한다. 예를 들어 과거 가치에 근거한 고용은 흑인이나 여자, 또는 종교나 민족 때문에 소수집단에 속하는 사람들의 고용을 거부하는, 부당한 차별 관행에서 벗어나는 것이었다. 하지만 그렇다고 가치를 근거로 하는 것이 어떤 관행을 옳게 만들어준다는 의미는 아니며, 그저 가치에 기반한 고용으로의 변화가 비하를 일으키는 부당한 구별에서 벗어날 길을 열어주었다는 정도다. 둘째, 몇몇 경우에 비하를 나타내지 않는 구별과 가치에 근거한 선택 사이에 관련성이 존재할 수도 있다. 그저 가치에 기반한 기준들에 근거하여, 그런 기준들에 따라 내리는 결정들은 종종 그 선택에 영향을 받는 사람들에게 경멸이 아닌 존중을 보여줄 것이다. 그러므로 가치에 근거한 선택은 대부분의 경우에서 비하를 나타내지 않을 것이다. 이 공통된 부분은 부분적으로 가치가 언제 차별이 부당한지를 평가하는 것과 관련된 것처럼 보이는 이유를 설명해준다. 그러나 이런 이유만으로, 특정한 가치에 근거한 어떤 선택이 비하를 나타내지 않기 때문에 허용 가능하다는 것을 강조하는 것 또한 중요하다(그것이 부분적으로 가치를 근거로 하기 때문일 수 있다). 게다가 이 관점에서 가치에 근거한 선택은 그것이 가치를 근거로 하고 있음에도 불구하고 비하가 될 수 있고, 가치를 경멸하는 일부 선택들은 비하를 나타내지 않기 때문에 결과적으로 부당한 차별이 아닐 수도 있다.

5장에서는 관련된 관점들을 살펴본다. 혹자는 사람들을 도덕적으로 동등하게 대한다는 것이 누군가 사람들을 구별 짓는 (명백히 부적절한 이유가 아닌) 어떤 이유가 있을 것을 필요로 하고, 따라서 자의적 차별이 도덕적으로 부당한 것이라고 생각할 수 있다. 5장에서 나는 이런 관점을 논박하면서 자의성 자체는 평등과 관련하여 문제가 되는 부당함이 아니라고 주장한다. 이런 관점은 특정 제도들(대개 국가)이 자신들이 영향을 미치거나 지배하는 사람들을 자의적으로 대하면 안 된다는 가능성에는 개방되어 있다. 하지만 그렇다면, 이는 해당 기관 내부의 요구 또는 역할이지 사람을 도덕적으로 동등한 존재로 대해야 한다는 도덕적인 요청으로부터 파생된 것이 아니다.

그러나 다르게 생각하는 이유는 무엇인가? 자의적인 분류들이 부당한 차별의 분명한 사례처럼 '보이는' 이유는 무엇인가? 부분적으로는 평등에 자의성이 중요하다는 직관이, 타당한 이유가 없는 결정, 특히 사람들에게 중대한 결과를 가져오는 결정들을 보면서 우리 모두가 본능적으로 분노를 하게 되기 때문이다. 예를 들어 어떤 구직자를 채용할지 선택하는 사람이 그날 아침, 마침 그날 화요일Tuesday이니 'T데이'라고 정하고, 이름이 'T'자로 시작하는 구직자를 뽑았다고 말한다면 우리는 그런 결정이 쓰레기처럼 무가치하고 어리석다는 인상을 받을 것이다. 지원자들 중에 선발하는 상황에서 일어난 그런 무가치함과 어리석음에 대한 분노는 부당한 차별이라는 주장에서 안도감을 느낀다. 아니 적어도 그런 것처럼 보인다. 둘째, 자의성은 한편으로는 자의성에 대한 테스트가 종종 문제가 많은 다른 기준의 적용을 폭로하는 좋은 방법이기 때문에 중요해 보인다. 그의 이름이 'T'로 시작하기 때문에 톰 스미스Tom Smith를 고용했다고 말하는 고용주는 알고 보면 톰이 남자이기 때문에 (혹은 몇몇 더 문제가 많은 기준들을 사용했기 때문에) 톰을 선발했는지도 모른다.
셋째, 자의적으로 행동하는 것은 때로는 다른 이유들 때문에 '실제로'
중요한 도덕적 부당함이 된다. 예를 들어 교사는 학생들이 얼마나 과제
를 훌륭하게 수행했는가에 따라서 (혹은 그들이 얼마나 나아졌는지, 혹은
그들이 얼마나 많은 노력을 들였는지, 혹은 학습이라는 목표와 관련된 다른 몇
몇 기준에 따라서) 성적을 매길 의무가 있다. 교사로서 자의적으로 성적
을 부과하는 것은 부당한 것이지만, 이는 학생들을 부당하게 차별하기
때문이 아니라, 교육적 사명이라는 규범 혹은 가치에 반하기 때문이다.

6장에서는 중요한 것은 법, 정책, 관행 등을 채택하는 사람의 의도나
동기라는, 적어도 어느 정도 수준에서는 그렇다는 관점을 살펴본다. 이
러한 관점은 특히 법에 지대한 영향력을 미쳐왔다. 6장에서 나는 이런
관점을 논박하고 행위자의 의도가 문제가 되는 정책이나 관행이 무엇인
지를 결정하지는 않으며(예를 들어 인종을 근거로 하는 구별인지 아닌지 같
은), 특정 맥락에서 구별이 부당한가를 결정하지도 않는다고 주장한다.
하지만 왜 다르게들 생각하는가? 왜 이런 관점이 그렇게 영향력을 미치
는가?

구별이 부당한지, 또는 허용 가능한지의 여부를 판단함에 있어 의도
가 중요하다는 관점을 고집하는 이유는 단순하지만은 않다. 비록 여기
에서 그것들 모두를 설명할 수는 없지만, 나는 그중 두 개의 중요한 이
유들을 서술하고자 한다. 첫째, 사람들을 구별 짓는 것은 종종 행위자
가 어느 정도의 재량을 지닌 맥락에서 발생한다. 예를 들어 누구를 고용
할지를 결정하는 고용주에게 한 명의 특정한 지원자를 고용하도록 하
는 것은 (4장에서 논의할 가치에 대한 강한 형태의 주장을 믿지 않는 한) 도덕

적으로 요구되는 것이 아니다. 그의 결정에 영향력을 미친 기준들이 무엇인지를 알기 위해(즉, 그가 고려한 특성들), 우리는 행위자의 생각을 알아봐야 한다. 이 사실은 중요한 것이 행위자의 의도 혹은 동기인 것처럼 '보이게' 한다. 법원과 다른 이들이 종종 의도intention라는 용어를 다소 막연하게 사용한다는 사실에서 혼란이 야기되기도 한다. 아마도 그들은 기준이 '실제로' 사람들 사이를 구별하는 데 사용되었는지에 행위의 평가가 달려 있다는 것만을 의미할지도 모른다. 그러나 기준이 실제로 무엇인지는, 행위자가 기준이 어떠하도록 의도하는 것이나 그가 특정한 기준을 채택하도록 동기부여를 하는 것과는 다른 것이다.

둘째, 정책이나 관행이 부당하게 차별한다는 판단은 그 정책이나 관행을 제정한 행위자가 도덕적으로 비난받아 마땅하다는 점을 시사하는 듯 보인다. 비난받아 마땅하다는 점은 어떤 이의 행위에 대한 통제를 요구하고, 이는 행위자의 의도나 동기가 중요함을 시사한다. 비록 많은 부당한 차별이 의도적으로 채택되었거나 정말 사악하게도 그것에 의해 영향을 받은 이들에게 해를 입히려는 동기로 인해 도덕적인 비난을 받을 수는 있겠으나 모든 부당한 차별이 그러할 필요는 없다. 반감 때문에 아프리카계 미국인 노동자들을 고용하지 않기로 한 고용주와 자신은 알아차리지 못한 상태에서 인종적 편견에 의해 영향을 받은 고용주 사이에는 차이점이 있다. 그러나 이 행위자들 중 한 명이 도덕적으로 비난받아 마땅한 반면, 다른 이는 그렇지 않다(또는 덜 비난받을 만한)는 사실로 인해 각각의 행위들(인종에 근거해 취업 지원자들 사이를 구별하는) 모두가 부당한 차별이 아니라는 결론이 도출되는 것은 아니다.

II부 도입 부분에서는 무엇이 부당한 차별을 잘못되게 만드는지에 대한 가장 중요한 대안적인 관점들이 가진 설득력을 설명하거나 진단하는 데 목표를 둔다. 이어지는 장들은 이런 각각의 관점들에 반박하는 주장을 제기하며, I부에서 제시된 관점에 대한 독자의 의구심에 답을 준다. 이 책이 대안적인 설명을 제공하고 그것의 기본적인 윤곽을 기획하는 데 목표를 둠에 따라, 나는 모든 질문, 이의, 또는 의구심이 해결될 것이라는 환상을 가지고 있는 것은 아니다. 오히려 다음에 이어지는 장들이 그 과정을 시작하고자 한다. 이런 각각의 장들은 상대적으로 독립적이고 언제 사람을 구별하는 것이 부당한 차별인지에 관한 이런 각각의 요소들(가치, 합리성, 의도)의 도덕적 중요성에 반대하는 논변을 전개하는 것으로 보일 수 있는데, 그런 관점에서 이 장들은 I부의 논변들에 의해서도 흔들리지 않는 독자들의 흥미를 끌 수 있을 것이다.

4장

가치
자격
보상

가치는 선택을 내리는 실체의 필요, 욕구, 또는 목표를 충족시키는 특성의 집합체를 일컫는다. 실체의 목적에 맞는 특성을 가지고 있는 것들을 고르는 가치에 기반을 둔 선택은 개인들에 대한 폄하적인 어떤 표현이라기보다는 실체의 자기 이해나 목표들을 반영하기에 통상 비하를 나타내지 않는다.

자신의 회고록《테헤란에서 롤리타를 읽다》에서 저자 아자르 나피시는 이란혁명 이후에 대학입학제도와 고용정책이 어떻게 바뀌었는가를 기술한다. 대학은 이제 과거 학문적인 업적이나 학자로서 장래성에 따라 교수를 채용하고 학생을 선발하지 않았다. 오히려 혁명에 대한 열정이 입학전형에 지배적인 기준이 되었다.[1]

1992년 이래, 기업의 사회적 책임Business for Social Responsibility, BSR은 크기와 분야가 다양한 여러 회사들이 윤리가치, 사람, 공동체, 환경에 대한 존중을 보여주는 방식으로 성공하도록 도와주고 있다.[2]

공립학교의 영재 프로그램이나 많은 사립학교에 입학하려는 3, 4, 5세 어린이는 지능검사를 받아야 한다. 입학은 어린이가 지능검사에서 받는 점수에 어느 정도 좌우된다.[3]

언제 사람들 사이를 구별 짓는 것이 허용되고 언제는 그렇지 않은지에 관한 하나의 익숙한 관점은 가치라는 개념을 살펴보는 것이다. 대략적으로 말하자면, '가치'란 지원자들을 선발하고자 하는 기업에 기여할 수 있는 어떤 속성을 일컫는다. 가치 원칙의 고전적인 공식화라고 할 수 있는 "재능 있는 사람에게 성공의 길이 열려 있다Careers open to talent"는 것은 사람들을 선별할 때 그 업무에 가장 적합한 이를 배치할 것을 지시한다. 어떤 이는 가치에 기반을 둔 고용원칙을 어떤 도덕적 함의 없이도 지지할 수 있을 것이다. 회사의 최고 책임자는 가치에 기반을 둔 고용을 지지함에 있어서, 회사의 수익성과 같은 타당한 이유를 제시할 수 있다. 그러나 가치와 동반되는 이런 신중한 이유는 기업의 대표가 가치에 기반을 둔 고용을 채택하도록 도덕적으로 요구하지도 않을 뿐더러, 그런 이유가 회장을 도덕적 불만으로부터 보호해주지 않는다.

가치 원칙은 약하거나 강한 형식의 도덕적인 힘을 가진 것으로 묘사될 수 있다. 가치 선택은 도덕적으로 강요되거나(도덕적 가치 원칙의 강한 형태) 또는 사람들 사이를 구별하는 정책들을 도덕적 비판으로부터 보호한다(도덕적 가치 원칙의 약한 형태).

주된 관점에 따르면, 이란의 대학교들이 정치적 열정을 선호함에 따라 학문적 가능성을 포기하는 경우, 그 대학들이 학문적으로 탁월한 학생들의 입학을 거부하는 것은 잘못된 행동이다. 그들의 학문적 가치는 그들에게 대학생이 될 '자격'을 부여한다. 그러나 어쩌면 대학들은 가치를 그들의 입학기준으로 사용하고 있다고 답할 수 있을 것이다. 그들은 정치적 배경을 무엇보다 가장 중요하게 여기며 단순히 아자르 나피시와는 다른 가치에 대한 개념을 가지고 있는 것이다. 만일 이런 답변에 문제가 있어 보인다면, 위의 기업의 사회적 책임BSR 강령을 살펴보라. 사업이라는 맥락에서 가치에 근거한 고용절차는 기업들이 일을 가장 잘할 것 같은 종업원을 고르는 데 영향을 미치는 것처럼 보일 수 있다. 그러나 지역 공동체를 고려한다면, 기업은 가능한 그 지역 내의 구직자들을 고용하도록 이끌 수 있다. 그러므로 이 가치에 근거한 고용으로부터 벗어나는 것은 허용 가능하지 않을까? '가치들'에 대한 책임을 다한다면, 더 이상 일을 제대로 할 수 없는 아픈 직원을 최적의 자격을 갖춘 사람으로 대체하지 않고 계속 고용하는 것을 정당화할 수 있을 것이다. 이 기업의 사회적 책임 원칙들에 의해 지지되는 것처럼 보이는 행위가 가치 원칙의 강한 관점이 제안하는 것처럼 허용될 수는 없을까?

어떤 이는 비록 그럴싸하지는 않지만 가치를 보상desert에 연결시킴으로써 이 강한 형식을 보다 강력하게 만들 수 있다고 말한다. 이런 공식화에 의하면 가치 원칙으로부터 벗어나는 것은 도덕적으로 부당한 것인데, 사람들은 이 가치에 따라 대우받아야 마땅하기 때문이다. 이 관점은 특히나 설득력이 없어 보인다. (직장, 학교, 운동 등에서 두각을 나타낼 수 있는 능력과 같은) 가치의 기반을 형성하는 특성들이 종종 타고난 지능이나 운동능력과 같은 선천적인 특성에서 기인하기 때문이다.[4]

심지어 그것의 약한 형식에서 도덕적인 가치 원칙은 문제가 있을 수 있다. 만일 표준 지능검사에 의해 측정된 높은 아이큐를 가진 학생들이 낮은 아이큐를 가진 이들보다 일반적으로 학교 성적이 더 좋다면, 영재들을 위한 공립 유치원 또는 사립 유아원이나 사립 유치원 입학에 있어 가장 높은 아이큐를 가진 학생들을 선발하는 것은 도덕적으로 허용될 수 있을 것이다. 그러나 많은 사람들은 너무나도 어린 아이들에게 시험을 치르게 하고 이런 시험을 근거로 학교가 선택을 내리는 것에 대해서

회의적이거나 강하게 반발하게 된다. 이는 가치에 의한 선별이 언제나 허용되는 것은 아님을 보여주는 것일까?

이번 장에서 나는 이런 세 가지 사례뿐만 아니라, 다른 사례들을 사용하여 가치에 의한 선별은 도덕적으로 강요되지 않고(도덕적 가치 원칙의 강한 형식), 사람들 사이를 구별하는 정책들을 도덕적 비판으로부터 보호하지도 않는다(도덕적 가치 원칙의 약한 형식)는 논의를 펼치고자 한다. 이 논변은 I 부에서 결론 내지 않고 남겨뒀던 사항들과 연결된다. 거기서 나는 사람들 사이를 구별 짓는 것이 사람들의 동등한 도덕적 가치를 존중하는 데 실패했을 때 도덕적으로 부당하다는 주장을 했다. 덧붙여 나는 비하를 나타내는 구별은 사람들을 도덕적으로 동등한 존재로서 대하지 못했기 때문에 부당하다는 주장을 펼쳤다. 나는 일부 비하하지 않는 차별 또한 사람을 동등하게 대하지 못할 수 있다는 가능성을 열어두었다. 위에서 확인된 가치 원칙의 강한 형식(사람들은 가치에 의해 판단될 자격이 있다거나 마땅히 그러해야 한다는)은 어떻게 또는 왜 비하하지 않는 차별이 사람들을 도덕적으로 동등하게 대하는 데 실패하는지에 대한 설명을 제공할 수 있을 것이다. 만일 이 강력한 가치 원칙을 옹호하는 것이 가능하다면, 가치를 간과하는 선별적 기준은 사람들이 받을 자격이 있거나 마땅히 받아야 할 대우를 하지 못할 것이고, 이는 그들을 도덕적으로 동등한 존재로서 대하는 데 실패하는 것으로 귀결될 수 있다.

대안적으로 만일 약한 가치 원칙이 옳다면, 그리고 가치에 기반한 선별 기준들이 비판의 영향을 받지 않는다면, 이는 I 부에서 제시한 부당한 차별을 설명하는 데 한계가 있을 것이다. 약한 가치 원칙에 따르자면, 선별적 기준이 가치에 기반을 두게 되면 도덕적 비판을 피할 수 있게 된다. 그러므로 Ⅰ부의 설명에서라면 거부되었을 만한 관점이지만, 이에 따르면 비하를 나타내는 가치에 기반을 둔 고용은 도덕적으로 허용될 수 있을 것이다.

가치란 무엇인가?

가치는 논쟁적인 개념이다. 내가 이번 장의 도입부에서 제시한 경우들에 대한 개인적인 반응들은 서로 다른 가치의 개념을 보여준다. 다시 말해 위에서 언급된 선택기준의 도덕적 허용 가능성에 대한 관점을 달리하면 서로 다른 가치 개념에 대한 집착을 보여줄 것이다. 이런 사실로 인해 학자들은 가치라는 개념이 유용하지 않다는 결론을 도출하기도 한다. 우리는 가치라는 각각의 개념을 일으키는 실질적인 질문들에 대해 논의하는 것이 가치의 개념 그 자체를 사용하는 것보다 더 나은데, 그 이유는 가치의 개념 그 자체는 너무나 느슨해서 설명되기보다는 우리를 혼란스럽게 만들 것이기 때문이다.[5]

크리스토퍼 맥크러든Christopher McCrudden은 자신의 관점에서 종종 적용되는 가치의 다양한 개념들을 설명하는 데 유용한 다음의 네 가지 질문을 제공한다.

    1. "가치가 구성할 수 있는 것에 관한 한계와 제한에 있어서의 차이"는 무엇인가?[6] 예를 들어 어떤 노동자가 특정 지역의 공동체 출신이라는

사실은 가치의 한 측면이 될 수 있는가? 다른 말로 하자면, '가치'를 형성하는 특성들은 사회적으로 유용해야만 하는가, 아니면 그것들은 어떤 특성이라도 포함할 수 있는가?

2. "'직업'이 무엇이라고 생각되는지에 관한 차이"는 무엇인가? 비록 맥크러든은 고용이라는 맥락에서 가치의 개념에 초점을 맞추고 있지만, 이 기준은 지위(직업 또는 학교의 위치 또는 스포츠 팀 등에서)가 무엇이라고 생각되는 것에 있어서의 차이처럼 다른 맥락에까지도 확장될 수 있다. 예를 들어 이 질문은 대학 교수의 직무 또는 대학생의 역할이 무엇으로 구성되는지에 주목하게 될 것이다. 이것은 고용주나 학교가 스스로 정의 내릴 수 있는 것인가, 아니면 이 정의에는 외부적인 제약이 있는가? 기업의 역할은 단순히 돈을 버는 것인가, 아니면 다른 의무로 그 목표를 조정할 수 있는가?

3. "직업과 가치 기준 사이의 '적합성'의 정도에 있어서의 차이"는 무엇인가? 네 살짜리 아이가 이들 집단에 대한 지능검사에 있어서 신뢰성에 상당한 영향을 미칠 수 있는 협조적인 날과 비협조적인 날이 있다는 사실은 (만일 이것이 진실이라면) 네 살 아이의 아이큐 검사 점수가 가치의 측면으로 고려되어야 하는지의 여부에 있어서 중요한가? 예를 들어 전날 제대로 잠을 못 잔 똑똑한 네 살짜리 아이가 아이큐 검사에서 좋은 성적을 내지 못한다면, 검사 결과는 학업 성적의 좋지 않은 지표가 될 것이다.

4. "어떤 지위가 가치와 연관되어야 하는지에 있어서의 차이"는 무엇인가? 일단 우리가 가치란 무엇인지를 확인한다면, 이 주장은 무엇을 나타내는가? 네 살짜리 아이가 다른 이들보다 높은 아이큐 점수를 받았

다는 사실은 그 아이에게 영재 프로그램이나 학교 입학에 대한 '자격을 부여'하는가? 이것은 그 아이가 입학 허가를 '마땅히' 받아야 하기 때문인가? 만일 그 아이가 비록 입학을 마땅히 해야 하는 것은 아니지만 입학할 자격이 있다면, 이것은 단지 학교나 프로그램이 아이큐 검사 성적들이 입학을 결정할 것이라고 공표했기 때문인가 아니면 다른 이유 때문인가? 만일 자격entitlement이 단지 정당한 기대들의 함수라면, 대학 입학정책에 있어서 혁명에 대한 열정을 입증한 지원자를 선호할 것을 명백히 한 이란 혁명정부의 정책은 학문적인 재능이 뛰어남에도 불구하고 입학을 거부당한 학생의 권리를 침해할 수 있고, 열성적인 혁명가들이 교직원이나 학생회로 들어가는 것에 대한 자격을 부여할 수 있을 것인가?

상식적 가치 대 구성된 가치

질문 1과 2에 대한 해답으로부터 나온 가치의 개념들은 훨씬 상식적이거나 훨씬 구성적인 것으로 묘사될 수 있다. '상식적 가치common sense merit'란 그 용어가 일반적으로 사용되는 방식과 일치하는 가치의 의미를 뜻하는 것이다. 하지만 이 가치의 의미가 일반적으로 사용된 의미를 반영한다고 해서 그것이 결과적으로 옳다는 것은 아니다. 오히려 나는 가치의 상식적 개념은 불안정한 것이며, 그 기저에 있는 근거로 인해 궁극적으로 가치는 보다 구성된 개념constructed conception으로 이끈다고 주장한다. 가치에 근거한 논거에 있어 방금 언급한 사실은 문제가 될 수 있는데, 그 이유는 가치의 구성적 의미가 직관적인 도덕적 호소력이 덜하고 따라서 가치가 자격이나 보상을 수반한다는 논거를 정당화해 줄 수 없기 때문이다.

사회적으로 유용한 가치를 구성하는 특성을 제한하는 어떤 개념은 그 단어의 일반적인 이해와 가장 잘 합치하는 것처럼 보인다. 기량skill과 능력ability은 사람들이 일반적으로 가치를 구성하는 것으로 생각하는 것들이다. 예를 들어 누가 어디에 사는지와 같이 사회적으로 유용하지 않은 특성 또한 가치를 구성할 수 있다고 말하는 것이 어색한 것처럼 느껴지는 이유는 가치가 일반적으로 무언가 긍정적인 개념으로 이해되기 때문이다. 만일 X라는 사람이 m이라는 장점 덕분에 Y라는 지위를 가질 만한 가치가 있다면, 이는 m이 X에 대한 무언가 좋은 것이기 때문이다. 어떤 것을 가질 만한 가치가 있다는 것은 일반적으로 승인이라는 용어와 같다. 로버트 펄린와이더Robert Fullinwider와 주디스 리첸버그Judith Lichtenberg는 '가치'라는 용어를 기량과 재능talent의 개념으로 제한할 것을 주장하는데, 이는 가치가 "우리가 일상적으로 말하는 방식과 상당히 일치하며" 그들은 우리가 여전히 관련될 수 있는 기타 특성으로부터 이런 특성을 구별하길 원할 것이고, 결과적으로 "우리 스스로가 대학이 고려할 만한 다른 기준들로부터 '(우리가 '가치'라고 불렀던) 개인적인 기량과 재능'을 구별할 새로운 용어를 만들어내기 위해 애쓰는 모습을 발견하게 될 것"이라고 믿기 때문이다.[7] (그들의 논의는 대학 입학이라는 맥락에서 가치에 초점을 맞추고 있다). 맥크러든 또한 그가 "일반적인 '상식적' 가치"라고 부르는 가치의 개념은 가치를 구성하는 특성들이 사회적으로 유용한 것들이어야 한다고 말했다.[8]

사람들이 중시하는 직업이나 지위라는 상당히 편협한 개념으로서 가치의 개념은 또한 우리가 일반적으로 가치라고 말하는 것들과 더 잘 어울리므로, 이 둘(사회적으로 유용한 특성과, 좁은 의미로 정의된 지위)은 내가 가치의 상식적 개념이라고 부르는 것을 정의 내린다.[9] 예를 들어 2004년(보스턴 레드삭스가 월드시리즈에서 우승한 해)에 자니 데이먼Johnny Damon은 레드삭스에서 뛰면서, 야구 실력뿐만 아니라 외모로 주목을 받았다. 그의 긴 헤어스타일과 긴 수염 때문에 팬들은 그를 "원시인"이라고 부르거나 예수처럼 생겼다고 말했다. 레드삭스 팬들은 "WWJDD"라고 새겨진 티셔츠를 입었는데, 이는 기독교 근본주의자들의 "WWJD"(What would Jesus do? 예수라면 어떻게 할까?)에서 따온 것으로, "자니 데이먼이라면 어떻게 할까?"라는 의미를 갖는다. 터무니없는 것은 아니지만, 레드삭스가 데이먼의 인기는 부분적으로 그의 외모 때문이며, 이 인기로 인해 티켓 판매가 증가한 것이라고 판단했다고 가정해보자. 만일 그렇다면, 그의 외모는 야구선수로서 가치의 한 측면이 될까? 가치의 상식적 개념의 경우라면 아닐 것이다. 이 개념에 따르면, 프로야구선수라는 직업은 공을 잘 치고, 잘 달리며, 수비를 잘하는 것(아니면 투수의 경우라면, 공을 잘 던지는 것)이다. 물론 이런 기량들 간의 적절한 균형에 관해서 다소 의문의 여지(예를 들어 공을 치는 것 vs. 수비하는 것)는 남아 있다. 하지만 프로야구선수의 직업이 입장권 수입을 올리는 것이 아니므로, 데이먼의 외모와 티켓 판매에 대한 기여도는 무관한 것이다. 가치라는 일반적 개념에서 보면, 그의 개인적인 매력은 야구선수로서의 가치의 한 측면이 아니다.

그러나 이 가치의 개념은 불안정하다. 이 개념이 우리가 '가치'라고 의미하는 것이 될 수도 있지만, 가치를 형성할 수 있는 특성들이 왜 우리가 '일상적으로' 사회적으로 유용하다고 생각하는 것들이어야만 하는지, 또는 왜 우리는 직무들을 그것들의 '관행적인' 경계로 제한해야 하는지를 이해하기란 쉽지 않다. 가치에 대해 깊이 숙고하게 되면 다른 특성들이 일부 맥락에서 얼마나 유용하며, 사람들이 살아가는 방식이 한정적인 그들의 역할에 대한 개념을 넘어서 얼마나 큰 영향력을 가지고 있는지를 이해할 수 있다.

가치의 상식적 개념이 본래 가장 설득력 있게 보이는 몇 가지 사례들을 살펴보자. 우선 의사를 예로 들어보자. 누가 의사로 고용되어야 하는지 또는 의과대학으로 입학할 수 있는지에 있어서, 무엇이 가치로서 중요한 것이 되어야 할까? 의사에게 무엇이 가치로서 중요한 것인지 확인하기 위해서는, 우선 진료의 목적이 무엇이며 좋은 의사란 무엇인지를 결정 내려야 한다. 가치는 이런 면에서 상관관계에 있는 개념이다. 가치라고 명확하고 분명히 나타난 개념은 존재하지 않는다. 대신에 의사에게 가치란 미용사에게 필요한 가치와는 다른 것이다(비록 항상 그런 것은 아니다. 초기 의사들은 종종 이발사이기도 했다). 상식적인 개념으로서 의사의 목적은 환자를 치료하고, 적어도 그들의 건강에 해를 끼쳐서는 안 된다는 것이다.[10] 만일 의료의 목적이 환자를 치료하고 의료과실을 피하는 것이라면, 의사에게 가치는 (환자들을 신체적으로 촉진觸診하기 위해 부른 외과의사나 다른 이들에게 있어) 의학 지식과 전문 기술, 그리고 각각의 사례들과 관련된 정보를 알려주고 표준적인 의학 범주를 넘어서는 경우에는 창의적 사고를 가능하게 해주는 지적 능력으로 구성될 것이다.

의사의 역할과 이 역할에 적합한 가치의 개념에 대한 위의 간단한 설명은 언뜻 생각해봐도 지나치게 편협한 것으로 느껴진다. 질병을 올바르게 진단하고 치료하는 것이 물론 의사의 역할에 있어 핵심적이긴 하지만, 이것들이 의사의 유일한 기능은 아니다. 고식요법도 이것이 필요한 경우라면 중요한 기능이다. 게다가 의사는 또한 선택할 수 있는 치료 방법들을 환자들에게 충분하고 친절하게 설명해야 한다. 마지막으로 의사의 역할이 질병의 진단과 치료에 한정되어 있다고 하더라도, 지식-기술-지적 능력이라는 세 가지 가치는 이런 목표의 달성과 관련된 특성들을 완벽히 다루지는 못할 것이다. 의사의 개인적인 스타일이나 태도도 정확한 진단과 관련된 정보를 이끌어내는 데 도움을 주거나 오히려 방해를 할 수도 있다. 터프츠 의과대학의 전 학장이었던 루이스 라사냐 Louis Lasagna는 그의 현대판 히포크라테스 선서에서, 의사의 역할은 "과학에서와 마찬가지로 의학에도 기술이 존재하고, 따뜻한 성품과 동정심, 그리고 이해심은 외과 전문의의 메스(칼)나 약사의 약보다 중요할 수 있다는 점을 명심해야 하며," 좋은 의사는 "'모르겠습니다'라고 말하는 것을 부끄럽게 여기지 않고, 동료들의 기술이 환자의 회복을 위해 필요할 때 그들에게 도움을 요청하는 것에 대하여 부끄럽게 여기지 않을" 의무를 포함한다고 말했다."

의학의 목적에 관한 위의 광범위한 개념은 이 목적을 위한 가치의 광범위한 개념을 만들어준다. 그 중심에는 겸손함과 동정심이 있다. 우리가 의사의 역할에 관한 이 광범위한 개념에서 만족할 수 없으며, 이는 환자 개인을 치료하는 의사의 기능에 관하여 집중할 수 있게끔 해준다. 특히 의과대학 입학이라는 맥락뿐만 아니라 다양한 전문 분야들이 레지던트 실습 과정에 어느 의사를 뽑을지를 결정하는 경우, 그리고 심지어

병원이나 클리닉의 공석에 의사를 선택하는 경우와 관련한 맥락에서도 의사의 역할에, 의료혜택을 충분히 받지 못한 이들에게 의료행위를 제공하려는 의지를 포함하는 것 또한 지나친 것이 아니다. 멀리 떨어진 시골이나 의료혜택이 충분하지 못한 도회지, 잘 훈련된 의사들이 많지 않은 개발도상국에서 일하고자 하는 의사들 혹은 의사가 되고자 하는 사람들은 그렇게 하고 싶지 않은 의사들보다 더 많은 가치를 갖게 될 것이다. 그리고 이런 충분하지 못한 의료 서비스를 해결해주고자 하고, 따라서 부분적으로 의료서비스를 해결해주었다는 이유로 관련 지위를 얻을 가치를 지닌 이들은 누구인가? 이 가치의 측면을 가진 사람들을 식별하는 것이 어려울 수는 있지만, 이를 위한 여러 전략이 있다. 의과대학 또는 레지던트 프로그램은 어느 정도의 기간 동안 의료혜택이 충분치 못한 지역사회에서 일정 기간을 보내고자 하는 지원자들에게 특혜를 줄 수 있다. 대신에 이런 지역 출신의 지원자들은 일반적인 의사들보다 자신들의 출신지로 돌아가 근무할 가능성이 크다는 이론에 근거한 특혜를 줄 수도 있다. 이 대안은 분명히 불완전하지만, 예를 들어 지능과 지식의 예측변수로서 의과대학입학시험MCAT 성적을 사용하는 것과 같은 가치의 더 전통적인 측면의 지표 또한 마찬가지이다.

요약하면 가치의 상식적인 개념은 사회적으로 유용한 특성만이 가치의 측면으로 여겨지고 가치를 구성하는 특성이 문제가 되는 지위의 편협한 개념을 충족시키는 데 유용한 것들로서 불안정한 개념이다. 고려되고 있는 지위에 관한 어떤 개념도 논쟁의 여지가 있다. 양질의 의료는 질병을 진단하고 치료하는 것으로 한정될 것인가, 아니면 그것은 연민의 상호작용과 고식요법, 정확하고 종합적인 병력을 찾아낼 수 있는 방식, 그리고 의료혜택이 충분하지 못한 지역사회에 대한 헌신을 요구할 것인가? 양질의 의료행위는 이런 요소들의 전부가 아니라 일부만 포함하는가? 그리고 이 각각의 요소는 양질의 의료에 얼마나 중요한가? 이런 질문들에 대한 해답은 어떤 특성이 의료 수련 과정이나 의사 지원자를 위한 가치를 구성하는지 판단할 것이다. 이런 질문은 대략 의과대학 교직원, 레지던트 훈련 프로그램들을 갖춘 대학병원들, 그리고 의사들을 고용하는 병원들이 지원자들을 고르는 데 있어 답해야 할 것들이다. 다른 말로 하면, 어떤 특성들이 특정 지위에 대한 가치를 구성하는지에 대한 질문은 선택되는 사람에게 있어 지위나 역할이 '무엇인지'에 관한 모든 내부적인 논쟁을 재현해낼 것이다. 의사가 되는 것에 무엇이 필요한지에 관한 질문을 해결하는 방법이 있지 않는 한, 지원자 A가 B라는 지위를 얻을 만한 가치가 있다는 논거에 의존하는 대부분의 논거들은 B라는 지위의 역할에 관하여 가장 적절한 개념이 무엇인가에 관한 논거들로 바꿀 수 있다. 그러므로 가치에 관한 논거는 어떤 실질적 역할도 하지 못한다.[12]

이 주장은 덜 발달된 역할 개념과 관련된 직업의 경우에서 여전히 더 강력히 제기된다. 결국 어떤 사람은 의사의 역할이 다분히 논쟁적일 수 있다고 생각해왔을 수도 있다. 다음으로 어떤 기업에서 한 노동자의 지위를 고려해보자. 그의 역할은 부품을 만들거나, 요리를 하거나, 계산서를 정확히 계산하거나, 종업원을 관리하는 것과 상관없이 직무분석표에서 필요한 업무를 해낼 수 있는가로 가장 잘 이해되는가? 그렇지 않다면 그의 직업은 생산성이 기업의 이익에 의해 정의되는 곳에서, '생산적인' 종업원이 되는 것으로 가장 잘 이해될 수 있는가? 결국 쾌활한 요리

사라면 웨이터들과 더 원활하게 상호작용할 것이고, 이는 낮은 이직률로 이어지고, 결국에는 음식점의 이윤에 기여하게 될 것이다. 대안적으로, 지위는 사회적인 이익뿐만 아니라 고용주의 이익을 높이는 것을 포함할 수 있다. 예를 들어 임시직이나 재택 근무직을 관리하는 가족 의무를 지닌 종업원 관리자는 그가 회사의 이익에 합리적으로 기여하는 동시에 어느 사회에서나 필수적인 양육이나 부양과 같은 중요한 일도 가능하게 해준다는 점에서 전체적으로 보면 더욱 생산적이라고 간주될 수 있다. 만일 기업이 자사의 기능을 이런 방식으로 사회적 책임이 있는 것으로 생각한다면, 기업은 가치를 사회적 책임으로의 설명된 헌신을 포함하는 것으로 생각하지는 않을까?

기업, 병원, 대학 어떤 것이든지 간에 그 실체entity가 그것의 역할과 기능을 정의하게 된다. 자신들이 순전히 이윤 중심의 기업인가 아니면 사회적으로 책임이 있는 기업인가? 우리는 이런 실체들이 스스로를 정의 내리는 몇 가지 방식들을 반대할 수도 있겠지만, 이 반대는 가치의 함의를 지닌 실체의 역할에 관한 논거에 기반을 둔 것이지, 반대의 경우가 아니다. 테헤란 대학교가 혁명에 대한 열정을 기반으로 일부 학생들의 입학을 허가하기 시작했을 때, 이런 학생들은 가치가 부족하다거나, 지적인 능력이 있는 그들의 경쟁자들이 그들 대신에 입학할 만한 가치가 있다는 주장은 대학이란 '무엇인지'에 관한 실질적 논거에 실제로 아무런 도움이 되지 않는다. 아자르 나피시의 관점에서 보면, 대학 내부의 가치들(지식의 추구, 학생들의 교육 등)은 이 새로운 입학기준으로 인해 위태롭게 된다. 핵심적으로 그녀는 대학 관계자들이 대학의 본질을 근본적으로 바꾸지 않은 채 그 어떤 입학기준들을 채택할 수 있는 무제한의 자유를 가지고 있지 않다고 주장한다. 나피시의 관점은 대학이라는 존재는 어떤 입학기준(그리고 교직원 고용과 계약 연장 기준들)이 허용되고 허용되지 않는지에 관한 특정한 제한을 포함하고 있다는 주장을 하고 있는 것으로 해석될 수 있다. 나피시는 대학이 정치적 배경 기준을 채택함으로써 스스로의 본질을 비본질적인 대학Schmuniversity이라고 불리는, 대학이 아닌 무언가 다른 것이 되기 위하여 너무나도 극적으로 바꾼다고 주장한다. 실제로 그녀가 생각한 것처럼 그 대학은 궁극적으로 대학과는 너무나도 다른 무언가로 변해버려서 그녀는 교직원으로서의 그녀의 지위를 사임할 수밖에 없다고 느끼게 된다.

가치에 관한 논거들이 지위와 기관의 역할 또는 기능에 관한 논거들로 더 잘 이해된다는 사실은 X는 m 덕분에 Y라는 지위를 얻을 만한 가치가 있다는 주장에서 제기되는 것들에 대한 함의를 지닌다. 이제 가치 논쟁이 (만일 있다면) 어떤 자격을 부여하는지에 관한 질문을 살펴볼 것이다.

가치 그리고 자격 또는 (마땅한) 보상

만일 내가 주장한 대로 가치에 관한 논의들(그것이 무엇이고 특정한 맥락에서 누가 그것을 갖고 있는지)이 문제가 되는 지위를 이해하는 가장 좋은 방법에 대한 논쟁으로 환원될 수 있다면, 가치나 보상에 관한 주장들은 어떻게 전개될 수 있는가? 특히 X라는 사람이 m 덕분에 Y라는 지위를 얻을 만한 가치가 있다면, (1)X는 Y에 대한 자격이 있는가? (2)X는 마땅히 Y를 보상받을 만한가? 그리고 (3)X가 Y를 갖는 것은 도덕적 비판으로부터 자유로운가? 명제 1과 2(X는 Y에 대한 자격이 있다, X는 마땅히 Y를 보상받을 만하다)는 이번 장의 도입부에 내가 가치에 기반을 둔 강력한 주장이라고 부른 것의 두 형태들이다. 명제 3(Y를 가진 X는 도덕적 비판으로부터 자유롭다)은 가치에 기반한 논리가 약한 주장이다. 우선 명제 1과 2를 살펴보자.

우리가 '자격'과 '보상desert'이라고 하는 용어가 무엇을 의미하는지를 확인하는 일은 중요하다. 때때로 자격에 관한 주장은 합당한 기대들이 사람을 가치의 특정한 개념에 의해 판단되도록 하는 자격을 부여한다는 주장을 기반으로 한다. 이런 종류의 자격은 중요하지만 가치로부터의 논거에 영향을 받지는 않는다. 결국 특정 정권 내에서 오랫동안 존재해온 정치적 배경에 근거한 고용정책 또한 합당한 기대감을 일으킬 수 있다. 일부 사람들이 의존하는 정책이 명백히 부당하지 않는 한, 이 정책이 합당한 기대감을 일으키는지의 여부를 결정해주는 요소들은 어떤 개인이 특정한 지위를 가질 만한 자격이 있는지의 여부에 영향을 미치는 요소들과는 매우 다를 것이다. 혹자는 현재의 정책들이 얼마나 오랫동안 존재해왔으며, 고용정책들은 과거에 얼마나 자주 변화했고, 고용기준을 변화하는 데 기관의 재량과 관련하여 어떤 언급이 있어왔고, 과거에는 관련된 자격을 획득하는 데 지원자들이 어떤 종류의 노력을 기울여야 했는지, 기관들이 고용기준들을 바꿀 수 있는 자유가 있는 사회에서의 배경 규칙은 무엇인지 등을 살펴볼 것이다. 이런 요소들은 지원자가 고용을 통제하는 새로운 기준이 아닌 오래된 기준에 의해 합당한 기대가 판단되어야 한다는 주장에 근거해 자격을 획득했는지의 여부에 영향을 미칠 것이다. 만일 지원자가 자격을 지녔다면, 우리는 그 지원자가 지위에 대한 자격이 있다고 결론 짓겠지만, 이 자격은 그녀가 그 직업을 가질 만한 자격을 가졌다는 사실로부터 기인한 것이 아니다. 오히려 이 자격은 지원자에게 이전에 고지된 고용기준이 어느 정도의 기간 동안 유지될 수 있도록 하는 자격이 부여되었다는 측면에서 그 지원자가 그런 기준에 의존했다는 사실에서부터 나온다.

자격에 대한 가치 기반 논거는 확립된 기준들로부터 벗어난 독자적인 의사결정자에 반대되는 논거 또한 아니다. 누군가가 공식적으로 채택되어온 기준에 의해 판단될 자격이 충분히 있다고 할 수도 있다. 그러나 다시 한 번 말하지만, 이 주장은 특별히 가치와는 아무런 상관이 없다. (문제가 되는 실체에 의해 정의 내려진) 적은 가치를 지닌 지원자 또한 공식적으로 채택되어온 고용기준들에 의해 판단될 자격이 충분할 수도 있다. 가치의 특정 기준에 의해 판단될 가치는 합당한 기대 또는 실체에 의해 채택된 약속과 반포된 기준을 관리하는 사람의 역할 의무로부터 기인한다. 그러므로 때때로 기관과 절차는 자격을 만들어낸다. 이런 자격은 가치의 특정한 개념에 의해 판단되는 자격으로 변화할 수도 있지만, 이 사실이 문제가 되는 지위에 자격을 부여하는 누군가의 가치를 의미하진 않는다.

가치 그 자체는 자격을 만들어낼 수 있을까? X가 m 덕분에 Y라는 것을 가질 가치를 지닌다는 사실이 Y에 대한 X의 자격을 만들어내는가? 폴Paul은 부품공장에서 일하는데 (다른 사람보다) 빠르게 그 부품을 만들어낸다고 가정해보자. 폴은 작업 현장에서 부품을 가장 빠르게 만들었기 때문에 성과급을 받았다. 다시 말해, 폴은 그의 작업속도라는 장점 덕분에 성과급을 받을 가치가 있는 것이다. 이 점이 폴이 성과급을 받을 자격을 가졌다는 것을 의미하는가? 폴이 과거의 관행에 근거하여 가장 빨리 부품을 만들어낸 사람에게 성과급이 지급되리라는 합당한 기대를 가지고 있는지의 여부에 관하여 묻는 것이 아니다. 또한 회사가 가장 빨리 만들어내는 사람에게 성과급을 주겠다고 공표한 사실이 폴에게 성과급에 대한 자격을 주는지의 여부를 묻는 것도 아니다. 이런 점들은 자격의 규범적 힘이 폴의 가치로부터 기인하지 않는 방금 논의한 자격의 형태에 관한 것이다.

덧붙여 우리는 자격에 대한 어떤 주장이 종종 전개되는 또 다른 중요한 방식으로부터 당면한 문제를 구별하는 데 유의해야만 한다. 자격에 관한 주장은 종종 폴이 그의 기량과 재능을 통해 만들어내는 돈에 대하여 국가가 세금을 매길 수도 있다는 반대되는 주장으로 제시되기도 한다. 자유지상주의자는 만일 폴이 부품을 빠르게 만들어내서 받은 성과급에 대한 자격이 있다면, 국가가 그 돈의 일부를 소득세로 가져가는 것은 부당한 조치라고 주장한다.[13] 조세제도를 반대하는 자유지상주의자들의 이런 논변은 그 자체로 흥미롭고 이 입장을 지지하거나 비판하는 상당한 양의 문헌들을 파생시켰지만,[14] 이 자격 기반 주장은 우리의 관심사가 아니다. 우리는 국가가 폴에게 세금을 부과할 것인지의 여부가 아닌, 회사가 그의 작업속도에 대하여 보상을 하는 것이 도덕적으로 요구되는지의 여부를 연구하는 것이다. 만일 그의 회사가 예상과는 달리 결국에는 실제로 전혀 속도를 중요시하지 않는다고 결정한다고 해도 그는 성과급에 대한 자격이 있는가? 그의 '가치' 그 자체가 그에게 성과급에 대한 자격을 주는가?

다음 해에 폴은 또다시 가장 빨리 부품을 만들어낸 사람이 되었다고 가정해보자. 그러나 이번 해에는 회사가 가장 빠른 동시에 가장 친절한 직원에게 성과급을 주기로 결정했다. 이 정책은 사전에 공지되었으므로 합당한 기대에 근거한 자격에 관한 그 어떤 주장도 약화시키며, 공식적으로 공포된 정책들을 적용한 자격에 기반을 둔 모든 주장을 무효화한다. 정책이 시행될 때까지의 기간 동안 회사는 쉽게 확인할 수는 없지만, 친절한 종업원들이 상당한 방식으로 회사의 생산성에 기여한다고 입증해온 컨설턴트를 고용했다. 친절한 종업원들은 일하는 동안에 다른 사람들을 기쁘게 해주는데, 이는 직원의 이직률을 감소시켜주고 생산속도가 느린 종업원들의 생산성을 높이는 결과를 낳는다. 다른 말로 하면, 비록 친절한 종업원이 가장 빨리 생산하지 않을지라도, 그 친절한 종업원이 다른 이들이 더 빠르게 일하도록 도와주어 가장 빠른 종업원만큼, 혹은 그보다 더 전반적인 생산성을 향상시킬 수 있다는 것이다.

이런 새로운 기준들에 근거하여, 수Sue가 가장 생산적인 종업원으로서 성과급을 받았다. 폴이 불평할 이유가 있을까? 그는 성과급을 받을 자격이 있을까? 기준들이 그대로 유지될 것이라는 합당한 기대들에 근거한 주장을 폴이 하지 않는 한, 자신이 성과급에 대한 자격이 있다는 그의 주장은 근거가 없어 보이고 심지어 우스워 보이기까지 한다. 만일 회사가 속도와 친절함이 속도 하나보다 생산성을 더 많이 향상시킨다고 판단했다면, 폴은 성과급에 대한 주장을 할 수 없다. 그는 회사가 채택한 기준들에 부합하지 않고, 회사가 성과급을 지급하는 데 특정한 기준을 사용하도록 할 어떤 권리도 없다. 그는 회사가 특정한 종류의 기준(I부는 그것들이 무엇인지에 관한 이론을 서술했다)의 사용을 자제하도록 요구할 권리가 있을 수 있지만, 회사가 성과급을 수여하는 데 그의 재능에 상을 줄 수 있는 기준을 사용하도록 요구할 권리는 없다.

폴이 성과급에 대한 자격을 갖지 못한 것은 실제로 생산성이 속도 단독인 경우보다 속도와 친절함을 합친 경우에 상을 줌으로써 더 많이 향상'된다'는 사실에서 기인하지 않는다는 것을 명심하라. 컨설턴트가 실수를 한 것으로 드러났다고 가정해보자. 친절한 종업원들은 타인의 생산성에 도움을 주는 반면, 생산속도가 빠른 종업원들에게 상을 주는 실천은 모든 종업원들이 가능한 빠르게 작업하도록 유도해낸다. 만일 회사가 속도가 빠른 직원에게 성과급을 주는 것을 속도와 더불어 친절한 사람에게 성과급을 주도록 바꾼다면, (이를테면) 생산성의 향상을 얻는 것보다 더 많은 것을 잃게 된다. 이는 부분적으로는 친절한 종업원들이 성과급의 여부와 상관없이 친절할 가능성이 높은 반면, 작업속도에 의해 성과급을 받는다는 측면은 종업원들이 더 빠르게 일하도록 동기를 부여하기 때문이다. 만일 그렇다면, 회사는 생산성 향상의 측면에 있어 성과급을 지급하는 기준을 바꿨을 때 잘못된 선택을 내린 것이다. 이 사실은 폴이 실제로 성과급에 대한 자격이 있다는 것을 의미하는가? 그렇지 않다. 회사는 최대한 생산적이어야 한다는 도덕적 의무를 가지고 있지 않다. 경영자들이 최선이 아닌 사업 관련 결정들을 내릴 때마다 더 나은 사업 결정에 의해 혜택을 받았을 종업원들이 이상적인 결정들이 내려졌더라면 그들이 받았을 보상들에 대한 자격이 있다고 말하는 것은 실로 이상할 것이다. 종업원들은 이상적인 고용기준에 의해 판단될 자격이 없다. 만일 기업 경영자들이 어리석은 행동을 한다면, 그것은 안타까운 일일 뿐, 그 이상은 아니다.

나아가 만일 기업이 생산성보다 다른 것들을 가치 있게 여기겠다고 선택했다면, 그들은 자유롭게 그렇게 할 수 있다. 단지 누군가가 사업을 한다고 해서 그가 '반드시' 이윤 추구를 목적으로만 경영을 해야 한다는 것은 아니다. 기업의 사회적 책임에 따르면 기업주가 회사의 순이익 외에도 다른 것들을 중시하도록 설득하고자 하는 목표를 갖는다. 생산적인 종업원이 회사가 오직 생산성만을 중시했을 때 받았을 보상에 대한 자격이 있다는 주장은 기업의 사회적 책임에서는 목적으로 수용하기 어려울 것이다. 회사는 오직 순이익에만 집중하도록 도덕적으로 요청받을 것이다. 이는 전개하기 어려운 논거처럼 보인다. 공기업의 경우가 가장 그럴듯한데, 심지어 이 경우조차도 회사의 목표에 관해 명확히 표현된 성명서에는 주주들에게 그들이 재정적인 수익, '그리고' 사회적인 수익을 위해 투자한다는 것을 명시해야 한다.[15] 실체가 무엇을 중시하는지는 그들 스스로 정할 일이고(I 부에서 밝힌 제약 내에서), 그렇게 하기 위해서 그 실체는 이런 가치들에 따라 종업원들에게 상을 내릴 것이다. 만일 X가 m 덕분에 Y라는 것을 얻을 가치가 있다면, 이것은 회사가 속도를 중시하므로 폴에게 성과급을 줬다는 것 이상을 말해주지 않는다. 그러나 회사는 도덕적으로 그들이 중시하는 다른 것들을 이행할 수 있다. 그런 측면에서 폴은 성과급에 대한 자격은 가지고 있지 않다.

가치와 효율성

이에 반대되는 논거는 무엇일까? 혹자는 회사와 다른 실체들이 효율성과 생산성을 강화시켜주는 특성들에 보상을 해야만 한다고 주장할 수도 있는데, 이는 '생산성' 향상 자체가 좋은 것이기 때문이다.[16] 만일 부품을 가장 빨리 만드는 이에게 성과급을 주는 것이 합리적으로 빨리 생산하고 친절한 노동자에게 성과급을 주는 것보다 생산성을 더 많이 향상시킨다면, 회사는 전자에게 상을 주어야 한다. 그의 기량이 생산성을 향상시킨다는 사실은 그가 성과급을 받을 자격을 그에게 부여해준다. 이는 (효율성을 향상시키는 특성들이라고 정의된) 가치가 논쟁 중인 지위에 대한 자격을 지원자에게 부여한다는 주장이다.

이 논거에 따르면, 어떤 사람이 직업을 얻을 가치가 있다고 말하는 것은 단지 그녀가 원하는 기량이나 능력을 갖고 있다는 것이 아니라(가치의 구성된 측면), 그녀가 그 직업에 대한 자격이 있기 때문에 그것에 대한 가치가 있다고 말하는 것이다. 그 이유는 무엇일까? 가치가 생산성을 가장 많이 향상시키는 특성들을 가지는 것으로 정의된 직업을 가질 자격이 있는 사람이 그 직업에 대한 '자격'을 가진다면, 이는 생산성의 향상이 중요하고 가치 있는 목표이기 때문이다.[17] 이 논거에서 주의해야 할 두 가지 중요한 사항들이 있다. 첫째, 만일 효율성이 중요한 개념이고 어떠한 지원자가 특정 지위에 대한 자격이 있는 이유를 설명해주고 정당화해준다면, 단순히 실체의 효율성에만 초점을 맞출 이유는 없다. 노먼 대니얼즈Normal Daniels가 설명하듯이, 어떤 지원자가 하나의 특정한 직업에 선택되었다면, 지원자가 가장 많은 이익을 창출하는지에만 초점을 맞출 이유는 없다. 오히려 생산성이 가치의 규범적 힘의 기초가 된다면, 그에 대한 전제로서 누구를 어떤 지위에 배정하는 것이 전반적인 생산성을 극대화할 수 있는지를 묻는 것이 어떨까? 대니얼즈는 이를 "생산적인 업무 배당 원칙," 또는 "PJAPProductive Job Assignment Principle"[18]라고 부른다. 다음은 PJAP에 대한 그의 설명이다.

> 잭Jack과 질Jill 모두 A와 B라는 직업을 원하지만, 둘 다 B보다는 A를 선호한다. 질은 A와 B 모두 잭보다 더 잘할 수 있다. 그러나 질이 B를 수행하고 잭이 A를 수행하는 상황 S가 질의 더 낮은 만족감이 생산성에 미치는 영향을 포함하더라도, 잭이 B를 하고 질이 A를 하는 상황 S_1보다 더 생산적이다. PJAP는 S_1이 아닌 S를 택하는데, 그 이유는 기준이 미시생산성이 아닌 거시생산성에 대한 고려사항들에 맞추어져 있기 때문이다. PJAP는 "'전반적인' 직무 수행이 극대화될 수 있도록, 직무에 따라 사람들을 선발해야 한다"고 말한다.[19]

다시 말해서 만일 생산성 때문에 가치가 중요한 것이라면, 중요한 가치는 이 업무를 가장 잘 수행할 수 있는 사람의 가치가 아니라 전반적으로 생산성을 극대화할 수 있는 일련의 업무 배당이다. 이런 유형의 가치 원칙은 대니얼즈가 제공하는 잭과 질의 예시처럼 직관에 반대되는 것처럼 보이는 업무에 따른 종업원의 선택을 정당화해줄 것이다. 대니얼즈는 이 가치의 개념에 관한 직관에 반대되는 특징들을 특히 '사회적' 차원에서 인식한다. "우리는 관계된 능력들에 초점을 맞추는데, 이는 그것들의 효용 때문이며, 이 능력을 지니는 것에 대한 무언가 본질적으로 칭찬할 만한 것이 있기 때문이 아니다."[20]

한 사람이 (효율성을 최고로 하여 정의 내려진) 가치에 따라 편딘될 자격이 있다는 주장에 대한 이 효율성 기반 논거의 두 번째 중요한 특징은, 이 특징이 오직 효율성 그 자체로서 가치 있다는 것이다. 만일 다른 유용한 것들이 어떤 맥락에서 효율성을 능가한다고 하면, 그런 경우에서 효율성을 가장 많이 향상시킬 만한 기량과 재능을 가진 사람은 논쟁이 되는 지위에 대한 자격이 없다. 예를 들어 영재 공립학교나 사립 영재학교의 입학기준으로 이용되는 미취학 아동의 아이큐 검사 결과를 살펴보자. 사립 영재학교의 입학사정관들은 네다섯 살 아이들의 아이큐 검사 성적은 대학수능시험SAT 성적과 상당한 상관관계가 있다는 근거를 통해, 이를 (비록 유일한 기준은 아니지만) 주요 기준으로 사용하는 그들의 실천을 옹호했다고 가정해보자. 대학들이 SAT 점수에 상당히 의존하기 때문에, 이 아이들은 명문 대학에 입학할 가능성이 가장 높은 아이들이다. 게다가 명문 대학에서의 출석률은 경영, 법, 의학, 그리고 공공 정책과 같은 다양한 분야에서의 리더십과 상당한 관련이 있다. 나는 이 이야기를 순전히 가설적인 정당화로서 제공하는 것이다. 만일 그렇다면 영재학교나 영재 프로그램은 아이큐 검사 결과에 상당히 기반을 둔 입학 과정이 많은 분야에서 미래의 지도자가 될 가능성이 있는 아이들을 고르는 데 성공적일 수 있다고 주장한다. 영재학교는 자신의 교육이 훌륭하다고 믿고 차세대 지도자들에게 자신의 영향력이 전해지길 원한다.

물론 지금의 이야기는 (생산성을 향상시키는 자질로서 정의 내려지는) 가치가 자격을 부여한다는 주장을 정당화하기 위해 이용되는 생산성의 개념에 대한 문제점을 보여준다. 무엇이 생산성을 향상시키는가를 말하기는 어렵다. 만일 우리나라의 차세대 지도자들이 더 아는 것이 많고 더 지혜로우며 더 인간적이고 더 창의적으로 다듬어질 수 있다면(엘리트 교육의 영향력이 '이것'을 결정해주는 것이라고 매우 큰 가정을 한다면), 어쩌면 학교가 아이큐 검사결과를 이용해 학생을 선별하는 것이, 대니얼즈의 용어에 따르자면, 거시적인 생산성으로 이해되는 것을 향상시킬 것이라고 말하는 것은 옳을 수 있다. 반면에, 아마도 높은 아이큐를 가진 아이들은 평균적인 아이큐를 가진 그들의 또래나 조악한 교육을 받을 다수의 아이들보다 훌륭한 교육을 덜 필요로 할 것이다. 어쩌면 그것은 썩 좋지 않은 아이큐를 가진 아이들, 또는 형편없는 교육을 받을 수 있는 아이들의 입학을 허가하는 것이 (단순히 또 다른 꽤 좋은 학교에 가는 이들보다는) 거시생산성을 가장 많이 향상시킬 수 있다.[21] 그러나 지금은 이런 걱정들을 제외하기로 하자.

영재 사립학교가 거시생산성이 최소한 부분적으로는 높은 아이큐 지수를 근거하여 학생들을 선발하는 입학정책에 의해 강화된다고 주장하는 것이 옳거나 적어도 합당하다고 가정해보자. 여전히 생산성은 가장 중요한 것은 아니고, 만일 그렇다고 해도 이런 학생들의 "가치"[22]로 학교 입학에 대한 자격을 부여해서는 안 된다. 다시 한 번 어린아이들을 시험하는 관행이 아이들에게 유해하다는 가설적이지만 불합리하지는 않은 가정을 내려보자. 아마도 일부 아이들에게 그것은 스트레스가 될 것인데, 그들은 자신들이 평가된다고 느끼고 그들이 어떻게 하느냐에 부모들에게 중요한 무언가가 달려 있다고 생각하기 때문이다. 다른 학부모들은 아이들이 평가당하고 있다고 느끼지 않도록 그들을 보호할 수는 있겠지만, 시험은 여전히 그들에게 영향을 미칠 것이다. 학부모들이 성적을 받았을 때, 이 성적은 부모가 그들의 아이들을 바라보는 방식에 영향을 끼칠 가능성이 있다. 자신의 아이들을 단지 그 자체만으로 소중하게 여기려는 부모들의 최선의 노력에도 불구하고, 그들은 자식들이 똑똑하거나 좋은 성적을 받았거나 대단한 잠재력을 가지고 있거나 하는 등의 이유로 아이들을 소중하게 여기기 시작할 것이다. 좋은 성적을 받지 못하는 아이들의 경우에 그들의 부모들은 실망을 할 것이고 기대는 낮아질 것이다. 형제자매 관계와 가족 역동성 또한 영향을 받을 수 있다. 자신의 형제자매들보다 더 좋은 성적을 받은 아이들은 그들의 부모들로부터 더 소중하게 여겨지고 있다고 느낄 것이고, 낮은 점수를 받은 아이들은 그 반대로 느낄 것이다. 아이들 또는 심지어 부모들조차 이 모든 것에 시험 성적이 영향을 미쳤다는 것을 알거나 인식하지 못한 채 일어날 수 있다. 만일 시험을 보는 것이 이런 결과들을 초래한다면, 어쩌면 학교들은 시험 성적에 근거하여 아이들을 선별하는 것이 만들어낼 수 있는 전반적인 생산성의 증가에도 불구하고 아이들에게 시험을 보도록 하면 안 될 것이다. 부모와 아이의 자존심의 관계는 분명히 중요하다. 게다가 어린아이들의 교육자로서 학교는, 전체로서의 사회에 무엇이 최선인가보다는 무엇이 아이들을 위해 가장 좋은가에 대하여 특별한 책무가 있을 수 있다.[23]

다른 중요한 것들이 생산성을 능가한다는 논거는 공립학교의 경우에 있어서 여전히 강력하다. 공립학교는 각각의 아이를 돌봐야 할 명확한 의무를 지니고 있다. 비록 이런 의무는 각각의 아이가 똑같은 교육을 받을 것을 요구하지 않지만, 만일 시험이 아이들에게 상처를 준다면, 시험이 사회의 생산성을 증대시킨다는 사실이 학교 아이들 중의 일부에게 가해지는 이런 상처를 보상해줄 수는 없는 것이다.

그러므로 비록 누군가가 가치가 자격을 만들어낸다는 주장이 얼마간의 도덕적 호소력을 갖는다는 주장과 같이 가치를 생산성 향상의 관점에서 정의하더라도, 이런 호소력은 제한될 것이다. 첫째, 이 주장이 생산성의 향상이 중요하기 때문에 설득력을 지닌다고 본다면, 이에 대한 정당화는 개인이 특정 직무에서 가장 생산적일 수 있는지의 여부에 따라 판단될 수 있는 자격을 만들어내는 것이 아니라, 만일 사람들이 최대한으로 생산적인 방식으로 업무들에 배정됐을 때 그것에 대해 부여되는 자격에 따른(대니얼즈의 PJAP) 판단 자격을 만들어낸다. 둘째, 생산성이 중요하기는 하지만, 분명 그것만이 중요한 전부는 아니다. 다른 중요한 가치들이 걸려 있는 경우에, 생산성에 근거한 가치는 어떤 사람에게 어떤 지위에 대한 자격을 부여하지 않으며, 걸려 있는 다른 가치들로 바뀌어야 한다.

가치와 보상

누군가가 어떤 지위position를 가질 만한 자격을 가졌다는 사실이 그가 그 지위에 '마땅히 있을 만하다deserve'는 것을 의미한다는 주장을 정당화하기란 더욱 어렵다. '자격'을 '보상'으로부터 구별해주는 것은 '보상'이 한 사람이 만든 도덕적으로 가치 있는 어떤 행동으로부터 기인했다는 뜻이다. 그러므로 예를 들어 부품을 만드는 속도가 빠른 사람인 폴은 만일 그의 회사가 가장 빨리 부품을 만드는 사람에게 성과급을 지불하겠다고 공표했다면, 성과급에 대한 자격이 있을 수 있다. 이는 합당한 기대와 공언을 지킨 회사의 채무에서부터 생겨난 자격이다. 그러나 그는 '마땅히' 그것을 '가질 만한가?' 그가 선천적으로 손재주가 있어 별다른 노력 없이 부품을 빠르게 만들 수 있다고 가정해보자. 그가 이 천부적 재능을 갖고 있다는 사실만으로 확실히 그가 무언가를 마땅히 가질 만한 것은 아니다. 이런 주장으로부터 많은 철학자들은 그가 결과적으로 이 선천적 재능으로부터 얻을 수 있는 보상을 받을 만하지 않다고 주장해왔다.[24]

반대로 그는 부품을 빠르게 만들려고 엄청난 노력을 해서, 특별히 빠른 것일 수 있다. 심지어 여기서도 존 롤스를 대표로 하는 일부 철학자들은 노력할 수 있는 능력 또한 무언가 마땅히 가질 만한 것은 아니라고 주장해왔다.[25] 다른 이들은 이 주장을 좀 더 논쟁적인 것으로 받아들인다.[26] 만일 특정한 결과를 달성하기 위해 누군가가 들인 노력이 보상의 기반이 아니라면, 무엇이 보상의 토대가 되는가? 실제로 나는 많은 사람들이 어린아이들에게 행하는 아이큐 검사에 대해 갖고 있는 부정적인 반응의 기저에 있는 것이 노력과 보상의 상관성이라고 생각한다. 이론과 실제에서 4~5세 아이들의 아이큐 지수는 이 아이들이 일련의 기술을 숙달하기 위해 쏟아부은 노력을 반영하지는 않는다. 비록 시험 성적이 더 특권을 가진 수험생들의 풍부한 교육 환경을 반영할 수는 있지만, 시험에 의해 확실히 측정되거나 포착되는 것은 아이들 스스로의 노력은 아니다. 혜택을 주기 위해 아이들을 선택함에 있어 최소한 그들이 발전시키려고 노력한 특성이 아닌 순전히 그들이 타고난 특성을 기반으로 한다는 것에는 무언가 문제가 있어 보인다.

비록 우리가 롤스와는 반대로 노력을 들이는 것이 보상의 주장에 대한 토대를 형성한다는 점을 받아들인다고 하더라도, 가치에 관한 주장의 근거가 되는 사례 대부분(어쩌면 모든)의 경우는 최소한 부분적으로는 노력과 천부적 재능 혹은 순전한 운과의 결합으로부터 생겨난 기량과 재능에 근거한다. 폴은 부분적으로는 부품을 빠르게 만들기 위해 들인 노력으로 인해 빠른 부품 제작자일 수 있고, 동시에 그는 본래 이 노력이 그를 최고의 위치로 만들어줄 만큼 충분히 손재주가 좋기 때문에 가장 빠른 제작자가 된 것일 수도 있다. 다른 많은 이들도 폴만큼 혹은 그보다 더 많은 노력을 들일 수도 있겠지만, 여전히 평균 수준에 머무른다. 게다가 어떤 선천적 재능들이 사회에 의해 중요시될지를 결정해주는 것 그 자체는 행운의 산물이다. 만일 부품을 만드는 속도가 생산성을 향상시키는 데에 다른 특성이나 특성들의 조합(속도와 친절함의 조합)보다 더 효과적이기 때문에 오직 속도만이 중시된다면(그리고 결과적으로 가치의 기반이 된다면), 폴은 운이 좋은 것이다. 그가 가진 기량은 다른 누군가가 가진 기량이 아닌 가치의 토대를 형성하는 것들이다. 그 사실은 확실히 그가 마땅히 가질 만한 것은 아니다. 마지막으로 몇 가지 능력들이 가치가 있다는 사실은 그것들의 희소성에 따른 기능이다. 바버라 프라이드Barbara Fried는 특정한 재능들의 가치는 그것들의 희소성에 따른 기능이기 때문에, 그것의 희소성에 기인할 수 있는 재능의 가치 일부를 그 사람은 소유하고 있지 않다고 주장했는데, 나는 이러한 주장이 설득력을 갖는다고 생각한다.[27] 그러므로 그는 자신의 재능들의 희소적인 부분의 가치가 만들어내는 것들에 대한 혜택을 마땅히 받을 수 있는 것은 아니다.

약한 주장-가치에 따른 대가들은 언제나 도덕적으로 허용 가능하다

앞서 나는 가치가 사람을 위치에 대한 '자격을 부여한다entitle'거나 가치를 가진 사람이 '마땅히' 그 지위를 '가질 만하다deserve'는 주장들을 살펴보고 이를 반대했다. 여전히 지위의 할당과 가치의 연관성에 대한 약하지만 중요한 주장은 가능하다. 이 절에서 나는 가치에 근거해 사람들을 지위에 배분하는 것이 도덕적 허용 가능성을 확립하는 데 충분하다는 주장을 살펴볼 것이다. 다른 말로 하면, 비록 특정한 기량과 능력을 가진 사람이 다른 특성을 가진 사람들이 선택된 것에 대하여 불평할 근거가 없다 하더라도, 만일 일터에서 지위가 "(그 위치에 필요한 기량과 능력의 개념인) 가치"에 따라 할당된다면 어쩌면 마찬가지로 어느 누구도 불평할 근거가 없을 것이다. 고용이 가치를 기반으로 한다는 사실이 그것을 도덕적 비난으로부터 보호하는가?

이 주장 또한 위의 논의의 대부분과 동일한 몇 가지 이유들에 의해 타당해 보이지 않는다. 첫째, 대부분의 맥락에서는 무엇이 가치를 구성하는지 그리고 수반된 실체나 지위의 역할을 어떻게 가장 잘 정의 내릴 수 있는지에 관한 의견 불일치가 존재할 가능성이 높다. 존과 제인이라는 두 지원자가 로펌의 3년차 인턴 변호사 물망에 올라 있다고 가정해 보자. 둘 모두 최상위 로스쿨에서 상위 25% 이내로 졸업했다. 둘 다 그들이 현재 다니고 있는 법률회사로부터 극찬하는 추천장을 받아왔다. 하지만 존은 이전 직장에서 연 2,100시간에 대한 연봉을 청구한 데 반해 제인은 오직 연 1,800시간에 대한 연봉만을 청구했다. 만일 법률회사에서 인턴 변호사로서의 직무가 고급 법률 사무를 하는 것이라면, 존과 제인은 동등하게 그 위치를 얻을 가치를 지니고 있다. 하지만 만일 그 직무가 가능한 한 많은 고급 법률 사무를 해냄으로써 '법률회사의 수입을 창출하는 것'이라고 더 광범위하게(포괄적으로) 정의되었을 때, 가치에 기반한 고용에 따르면 존이 일자리를 얻게 될 것이다. 그러므로 지원자들이 일자리에 동등하게 가치가 있다거나 존이 그것에 대한 가치가 더 있다거나 하는 것을 결정하기 위해서는 법률회사 인턴 변호사의 직무를 어떻게 가장 잘 정의할 수 있는지의 질문을 해결해야 한다.

만일 우리가 인턴 변호사의 직무는 수입을 창출하는 것이라는 포괄적인 관점을 채택한다면, 법률회사가 가치로 여기는 것을 확인하는 데 도덕적 단계를 부여해야 할 이유가 있는가? 존이 그 직업을 얻을 가치를 지니는 이유가 돈을 가장 많이 벌어들일 것이기 때문이라면, 이 가치의 개념에는 도덕적으로 중요한 점이 전혀 없다. 여기서 가치는 단순히 자신들이 규정한 사명을 달성하는 데 도움을 주는 이들을 선택하는 실체가 원하는 특성들로 구성되어 있다. 그러므로 이런 가치의 이기적인 개념에 특혜를 줄 어떤 이유도 없다. 가치의 개념이 구성될수록, 이 점은 보다 명확해진다.

가치에 기반을 둔 고용이 가치를 도덕적 비판으로부터 보호하는 것처럼 보이는 것은 그것이 종종 정실인사cronyism 또는 지위에 기반을 둔 선택과 같은 부적절한 유형의 고용기준들과 뚜렷한 대조를 보이기 때문이다. 결국에는 역사적으로 일자리나 학교 등에서의 가치에 기반을 둔 선택은 재산, 가족 배경, 특권에 근거하여 이루어졌던 선택 시스템을 대체하고 있다. 만일 선택이 가치를 기반으로 한다면, 그것은 재산, 가족,

사회적 지위에 근거를 두지 않는다는 것을 보장한다. 이런 점에서 가치에 기반을 둔 선택은 좋은 것이다. 하지만 단지 가치에 기반을 둔 선택이 사용된 기준들이 이런 나쁜 유형의 것들이 아니라는 것에 대한 좋은 증거를 제공해준다는 것이 가치에 기반을 둔 고용 그 자체에 무언가 도덕적으로 올바른 것이 있다는 것을 의미하지는 않는다.

존과 제인의 경우로 돌아가 보자. 제인이 더 적은 시간에 대한 비용을 청구한 것은 그녀가 아이를 돌보는 것을 최우선으로 삼는 어머니이기 때문이라고 가정해보자. 이와는 대조적으로 존은 아이가 없다. 혹자는 조앤 윌리엄스Joan Williams처럼 가사 일에 대한 책무가 없는 사람들의 작업형作業型은 주로 여성인, 집안일의 책무를 가진 노동자들의 일할 기회를 불공평하게 제한한다고 주장한다.[28] 제인 대신에 존을 고른 기업의 선택이 "가치에 기반"한다는 사실은 이 논거를 중단시키는가? 고용이 "가치에 기반"한다는 사실은 사용된 기준들이 특별하거나 나쁜 종류(예를 들어 정실인사와 같은)가 아니라는 것에 대한 증거가 되지만, 그뿐이다. 법률회사의 파트너들은 더 많은 돈을 벌고자 노력하고 있다. 그렇게 하도록 도와줄 인턴 변호사를 고용하기 위한 그들의 소망은 존중받을 만한 자격이 있는가 아니면 그들을 도덕적 비판으로부터 보호해주는 소망인가? 어째서 그런가? 돈을 버는 목적에 맞는 행위들이 도덕적 비판으로부터 자유로울 수 있을 정도로 특별히 훌륭하거나 가치가 있지 않다. 비록 내가 윌리엄의 말에 동의할 생각이 있더라도 그녀가 궁극적으로 옳다고 주장하고 싶지는 않지만, 나는 그녀의 주장이 주의 깊게 들어볼 만한 가치는 있다고 생각한다. 관련된 문제는 가사 노동의 책무가 없는 노동자를 전제로 하는 일명 "이상적인 노동자" 규범이 가족을 돌보는 것에 대한 책임을 지고 있는 노동자에게 불공평하게 불이익을 주는 지의 여부다. 그런 고용 실천들이 "가치에 기반"한다는 사실은 지속적인 질문을 던지게 만든다.

가치에 기반을 둔 선택이 항상 도덕적으로 허용 가능한지의 여부(여기서의 가치는 광범위하게 선택하는 실체에 의해 요구되는 특성들로 이해된다)에 관한 이 논의는 다음 장의 논의와 이어진다. 다음 장에서는 분류의 합리성이 분류의 도덕적 허용 가능성과 연관되어 있는지를 살펴볼 것이다.

마지막으로 심지어 정실인사조차 언제나 나쁜 것은 아니다. 가치에 기반을 둔 선택은 친구, 친척, 또는 내부자라는 지위를 가진 이를 선택하는 것과 같은, 지위를 기반으로 한 선택에서 적어도 한 단계 발전된 것으로 여겨진다. 그러나 가끔 이 지위에 기반을 둔 선별조차도 도덕적으로 허용될 수 있고, 심지어는 바람직할 수 있다. 대학들은 학생 선발에서 졸업생들의 친인척(자녀들 또는 형제자매)을 선호하는 자신들의 관행이 재정 충당에 필수적인 것이라고 말하며 옹호한다. 반면에 그런 관행은 재산에 기반한 특권을 재생산하게 된다. 그 논쟁적인 관행은 잠시 보류하고 그와 유사한 관행이지만 그와 같은 비난의 화살을 받지 않은 경우를 살펴보자. 우리가 앞서 살펴본 사립학교가 형제자매에 대한 선호를 가지고 있다고 가정해보자. 일단 한 가족의 아이가 입학허가를 받으면, 형제자매는 훨씬 더 쉽게 들어올 수 있다. 가치에 기반을 둔 선택으로부터 벗어나는 것은 오래된 정실인사와 상당히 유사한 것처럼 보이지만, 그것의 입장에서는 할 말이 많다. 첫째, 같은 학교를 다니는 것은 형제지매 간의 관계를 좋게 만들 수 있다. 둘째, 가족에게 모든 아이들을 같은 학교에 보내는 것이 좋을 텐데, 이는 차에서 보내는 시간이 줄

어들고(더 안전함), 학부모들이 참석해야 할 학교 모임들이나 행사들이 줄어들며, 직장 외에서 보내는 시간 또한 줄어들게 됨을 의미하기 때문이다. 이것들은 초등학교 입학에서 가치에 기반을 둔 선택에서 벗어난 것에 대한 좋은 이유들이 된다. 이런 종류의 연고자 등용은 나쁜 종류의 예들과는 도덕적으로 동등하지 않다. 가치가 좁게 정의되었든 넓은 의미에서 정의되었든 간에 가치 기반 선별로부터 벗어나는 것에 대한 적절한 근거들은 많이 있다.

가치와 비하를 나타내는 구별과의 관계

이번 장에서 내가 '강력한 가치 원칙'이라고 명한 X는 그의 가치 덕분에 Y에 대한 '자격이 있다'거나 X는 자신의 가치 덕분에 '마땅히 Y를 받을 만하다'는 주장에 대하여 나는 이의를 제기한 바 있다. 게다가 가치에 따른 선택이 도덕적 비판으로부터 영향을 받지 않는다는 '약한 가치 원칙'도 거부했다. 만일 그렇다면, 가치에 기반을 둔 선택은 허용 가능한 구별을 위해 필수적이지도 충분하지도 않다. 그러나 가치는 결과적으로 무관한가?

이 절에서 나는 가치가 '사람들 사이의 특정한 구별이 비하를 나타내는지' 여부를 판단하는 것과 어떻게 관련이 있는지 주장하고자 한다. 가치는 선택을 내리는 실체의 필요, 욕구, 또는 목표를 충족시키는 특성의 집합체를 일컫는다. 실체의 목적에 맞는 특성을 가지고 있는 것들을 고르는 가치에 기반을 둔 선택은 개인들에 대한 폄하적인 어떤 표현이라기보다는 실체의 자기 이해나 목표를 반영하기에 통상 비하를 나타내지 않는다. 예를 들어 학생들을 선발하는 대학은 고등학교 성적을 가치의 한 측면으로 고려할 수 있을 것이다. 이 선발은 기관의 사명에 대한 자기 이해를 반영하므로 대부분의 경우에서 이런 기준에 따라 이루어진 선발은 낮은 성적 때문에 입학하지 못한 이들을 비하하지 않는다. 이것은 만일 대학이 그것의 교육적 사명과 정확히 관련되지 않은 기준들을 사용한다고 하더라도 사실이다. 대학이 가치의 한 측면으로 운동 기량 또한 고려한다고 가정해보자(이는 일반적이다). 그렇게 하는 것은 기관이 단지 더 높은 교육만을 위한 기관이 아니라 운동선수들을 중요하게 여기고 장려하기 위한 종류의 기관임을 나타낸다. 운동선수를 가치 있게 여기는 것 자체는 문제가 되지 않고, 또한 기관이 스스로의 사명을 명확히 하는 것에 대하여 비난할 어떤 이유도 없으므로(내부에서부터의 비난은 제외하고), 운동정신을 선별기준으로 사용하는 것은 학교에 입학하지 못한 이들을 결과적으로 비하하지 않는다. 물론 교직원, 학생들, 그리고 졸업생들은 그들 스스로 대학이 운동선수를 중요시해야 하는지의 여부와 대학이 운동정신을 얼마큼이나 가치의 한 측면으로 여겨야 하는지에 대한 의문을 제기할 수 있겠지만, 이런 이의들은 대학의 목표와 사명의 자기 이해에 대한 내부적인 반대들이다.

하지만 비하를 나타내는 사람들 사이의 구별에 대한 금지는 어떤 기관이 사용할 수 있는 선택기준에 제한을 두게 만들고 결과적으로 실행될 수 있는 가치의 허용 가능한 개념들에도 한계를 설정한다. 가치에 기반을 둔 선택은 통상은 비하를 나타내지 않지만, 가끔 그러할 때도 있다. 예를 들어 한 마을의 사업가들이 사업가들(비즈니스맨들)의 모임을 결성하기로 정했는데, 회원 자격 기준이 남자이며 마을에 사업체를 소유하고 있어야 하는 것이라고 가정해보자. 모임이 스스로를 비즈니스 '맨'들의 모임이라고 이해한 것을 봤을 때, 이것이 신입 회원 가입 때 남성과 여성 사업가 사이에 구별을 짓는다는 것은 확연히 드러난다. 그런 측면에서 봤을 때 남자라는 점은 가치의 한 측면이 된다. 그럼에도 불구하고 만일 그 모임이 마을 내에서 권한이나 지위를 가지게 된다면, 그 모임의 회원 자격 기준은 특히 여자와 여자 사업가들을 비하할 것이다.[29] 이런 방식으로 비하를 나타내는 구별의 금지는 사람들을 선택하는 데 사용될 수 있는 가치의 개념들을 제한한다.

5장

정확성과
불합리성

효율적 분류의 개념 자체는 모호할 수 있다. 때때로 '효율성'이라는 용어는 전체로서의 사회에 대한 비용과 편익 등 모든 효율성을 포함한 측면을 나타내는 데 사용될 수 있다. 다른 경우에는 분류를 사용하는 사람이나 실체의 측면에서 바라본 효율성을 나타내기도 한다. 비록 이 두 의미가 가끔 수렴되겠지만, 그러지 않을 때가 더 많다.

2000년에 하버드 경영대학원 마이라 하트Myra Hart 교수는 1981년, 1986년, 1991년의 동기생 가운데 여자 졸업생을 조사한 결과, 오직 38퍼센트만이 풀타임으로 일하는 것을 발견했다.[1] 린다 허시먼Linda Hirshman의 연구는 고학력의 '엘리트' 여성 가운데 풀타임 근무를 하는 이들이 더 적다(15퍼센트 미만)는 사실을 알아냈다.[2] 하버드 경영대학원 다른 대학원 및 전문학교들이 교직원들의 지식과 기량을 생산적인 용도로 사용할 가능성이 적은 여성을 교육하는 것은 낭비라는 측면에서 남성 지원자들을 우대하기로 결정했다고 가정해보자.

흔히들 가지고 있는 것 가운데, '분류의 정확성은 도덕적으로 중요하고, 법적으로 중요해야 한다'는 거의 직관에 가까운 생각이 있다. 예를 들어 한 사람이 변호사 업무를 하려면 변호사 시험에 합격해야 한다는 요구조건은 비교적 논쟁을 일으킬 소지가 적은데, 그 이유는 변호사 시험 통과가 법적인 능력을 입증하는 꽤 좋은 척도라고 여겨지기 때문이다. 비록 이 요구조건이 변호사들이 몇 가지 업무를 준법률가들이니 법률 비서legal secretary들이 수행하지 못하게 만들기 위해 사용되었을 때[3]

논쟁의 소지가 있으나, 이는 정확히는 반대 없는 이혼소송을 제기하는 것과 같이 일부 업무에 있어 변호사 시험 통과와 법률적 능력 사이에는 상관관계가 없다고 보기 때문이다. 그러므로 복잡한 소송이든 양식 작성을 일상적으로 보조하는 일에 있어서든, 변호사 시험에 대한 비판자와 지지자 모두 관련된 도덕적 문제는 변호사 시험이 실제로 법률적 능력의 좋은 예측변수가 된다는 데 동의한다. 고도로 제도화된 것부터 비교적 비형식적인 것까지, 이 직관은 영향력이 있고 지속적이다. 네 살배기 아이들이 낮잠을 자거나 조용하게 놀 수 있는 반면, 세 살배기 아이들이 자신들은 낮잠을 자기만을 강요받는다고 불평한다면, 세 살배기들은 아이를 만족시킬 수 있는 것처럼 보이는 대답은 대부분의 세 살배기들은 낮잠이 필요한 반면 대부분의 네 살배기들은 그렇지 않기 때문이라는 것이다. 비슷하게, 모든 50개 주에서 보험 사업은 "보험계상적 형평성"의 원칙에 의해 지배되는데, 이 원칙은 보험업자들이 보험률 또는 보험 보장 정도를 정할 때 그런 구별은 오직 각각의 고객이 보험 기간 동안 보험금을 요구할 가능성에 대한 실질적인 차이를 반영한다는 자료에 근거할 것을 요구하는 것이다.

이와 같은 직관은 법 원리에 반영되어 있다. 이러한 분류가 평등보호의 헌법적 보장에 위배되는지의 여부를 판단하기 위해, 법 원리는 우리에게 분류가 얼마나 그 목적을 잘 달성하는지 고려할 것을 지시한다. 이 분류가 그 목적에 맞도록 '세심하게 설계되어 있는가' '상당한 관련성이 있는가' 또는 '합리적인 관련성이 있는가?' 같은 각각의 기준들이 분류의 정확성의 서로 다른 정도를 요구하는 반면,[4] 합리성 심사rationality review에서는 심지어 가장 관대한 분류들조차 합리적일 것을 요구한다.[5]

'적합하다fit'라는 용어는 헌법에서 익숙하게 볼 수 있다.[6] 그것이 종종 단순히 수단과 목적 간의 합리성을 의미하는 데 쓰이는 동시에, 또 하나의 중요하고 자주 쓰이는 의미는 분류 정확성에 대한 협의의 개념이다. 만일 법이나 정책이 특성 X를 특성 Y에 대한 대용물로 사용한다면, 적합한 요구조건은 X가 실제로 Y에 대한 좋은 대용물인지의 여부에 초점을 맞춘다.[7]

이번 장에서 나는 어떤 문제들에 도덕적으로 적합한 직관에 이의를 제기할 것이다. 그렇게 하기 위해선, 우선 도덕적으로 문제가 되는 많은 분류들이 꽤 정확하다고 주장할 것이다. 둘째, 몇몇의 부정확한 분류들이 도덕적으로 문제가 되지 않는다고 주장할 것이다. 셋째, 적합성의 정도를 향상시키는 것이 특정 분류의 문제가 되는 본질을 개선시키지 못한다는 점을 보여줄 것이다. 만일 대용물이 그것의 정확성에도 불구하고 문제가 된다면, 정확성은 허용 가능성에 있어 충분치 못하다. 게다가 만일 대용물이 그것의 부정확성에도 불구하고 허용 가능하다면, 정확성은 허용 가능성에 있어 필수적이지 않다. 마지막으로, 만일 문제가 되는 분류들의 적합성을 높이는 것이 그것들의 문제를 줄여주는 것처럼 보이지 않는다면, 이는 정확성과 분류들의 허용 가능성 간에 인과관계가 없음을 의미한다.

시작하기 전에 몇몇 용어들을 정의하도록 하겠다. 현재까지 나는 '정확한accurate' '합리적인rational' '비허위적인non-spurious' '효율적인efficient'이라는 용어들을 다소 막연하게 동의어처럼 사용해왔다. 그러나 이제는 조금 더 조심해서 이 용어들을 정의할 필요가 있다. 합리성과 효율성의 개념 사이에는 중요한 차이가 있다. 합리적인 분류는 대용물의 특성이 표적의 특성과 양의 상관관계를 이루는 것이다. 예를 들어 운전하기 위해서는 적어도 16살이 되어야 한다는 요구조건은 만일 16살 이상의 사람이 15살 이하의 사람보다 더 운전을 잘할 때 또는 운전자들의 연령이 적어도 16살이 될 것을 요구하는 것이 나이 제한이 없는 것보다 사고율이 낮을 때 합리적이다. 분류가 합리적이라고 말한다고 해서 그것이 모든 경우에서 정확하다는 것을 의미하는 것은 아니다. 분명히 16살 이상의 사람들 중에서 많은 이들이 운전을 잘 못할 것이고, 어쩌면 15살 이하의 아이들 중 어느 정도는 꽤 운전을 잘할 것이다. 합리적 분류는 지나치게 많이 포함하거나 지나치게 적게 포함할 수 있다. 다만 요구하는 것은 그것이 부정확할 경우보다 정확할 경우가 더 많아야 한다는 것이다. 나는 '합리적인'과 '정확한'이라는 용어를 서로 바꿔가면서 사용할 것이다. 합리적인 차별은 정확한 일반화에 의존한다.

분류의 효율성은 한층 복합적인 개념이다. 몇 가지 분류들은 사용하기에 쉽고 비교적 비용이 들지 않는다. 연령이 좋은 예시이다. 상대방의 연령을 판단하는 것은 비교적 쉽다. 이 판단은 개인적 판단에 따른 결정을 포함하지 않고 표준적인 기준으로 꽤 단순하게 확인할 수 있다. 사람들을 구별하기 위해 한 사람이 사용할 수 있는 다른 특성들은 더 비용이 많이 든다. 어떤 이가 대인관계에 능숙한 판매 직원을 고용하고자 하는데, 이는 그가 대인관계가 좋은 판매 직원이 더 많은 상품을 팔 것이라고 생각하기 때문이라고 가정해보자. 누가 대인관계에 능숙한지를 판단하는 것은 꽤 많은 비용이 들 것이다. 지원자들을 면접 보는 일은 하나의 좋은 방법이 될 수 있지만, 시간과 돈이 소요된다. 분류의 효율성은 이런 종류의 비용들도 계산에 넣는다. 만일 분류에 들어가는 비용이 편익보다 더 적다면, 그 분류는 합리적이라고 할 수 있다. 만일 대인관계에 능숙한 판매 사원들이 실제로 훨씬 더 성공적이라면(분류는 아주 합리적이다), 이는 비용을 고려하더라도 지원자들을 고용하기 전에 면접을 먼저 보는 것이 이치에 맞을 것이다.

하지만 효율적 분류의 개념 자체는 모호할 수 있다. 때때로 '효율성'이라는 용어는 전체로서의 사회에 대한 비용과 편익 등 모든 효율성을 포함한 측면을 나타내는 데 사용될 수 있다. 다른 경우에는 분류를 사용하는 사람이나 실체의 측면에서 바라본 효율성을 나타내기도 한다. 비록 이 두 의미가 이따금 수렴되기도 하지만 그러지 않을 때가 더 많다. 예를 들어 생명보험이나 건강보험 회사가 질병, 장애, 또는 죽음의 좋은 예측 변수가 될 만한 유전적 특성을 기반으로 보험 가입자들을 구별하는 것은 효율적일 수 있다. 하지만 만일 장래의 보험 가입자가 자신의 건강보험이나 생명보험을 잃을 두려움 때문에 유전자 검사 받기를 포기하고, 만일 이 유전자 검사가 개별적으로 더 알맞은 맞춤 건강관리를 가능하게 하는 정보를 제공해줄 수 있다면, 장래의 보험 가입자들을 구별하는 유전적 정보의 사용은 사회 전체적으로 보면 효율적이지 않을 수 있다. 사회적 관점에서 봤을 때 계산에 포함되겠지만 보험회사의 효율성 계산과는 연관이 없는 비용으로 인해 건강이 위협받을 수 있다.[8]

그러므로 우리는 적용할 수 있는 세 가지 다른 개념이 있다. 합리적인 분류, 분류를 사용하는 사람이나 실체의 관점에서 본 효율적 분류, 그리고 사회 전체적인 관점에서 본 효율적인 분류가 그것이다. 주로 일반화(차별도 일반화의 한 방식이다)[9]를 나타내기 위해 사용되는 '비논리적'이라는 용어는 합리적이지 못한 분류들을 지칭한다.

불평등의 순환: 허용할 수 없거나 도덕적으로 문제가 되는 합리적 분류

이 논거의 첫 번째 단계는 우리 모두가 도덕적으로 문제가 되거나 명백히 허용할 수 없다고 인식할 많은 분류들이, 실은 합리적이고 정확한 분류라는 것을 보여주는 것이다. 이번 장에서 제시된 논거를 I부에서 제시된 결정적인 논거로부터 독립시키기 위하여, 여기서는 이런 분류의 사용이 비하를 나타내기 때문에 부당하다는 주장을 하지 않는다. 오히려 부당한 차별로서, 많은 이들에게 비난받고 몇 가지 다른 이유로 쉽게 설명될 수 있다고 여겨지는 예시들을 언급할 것이다. 이런 방식으로 독자는 스스로 정확성의 도덕적 중요성에 반하는 주장의 힘을 평가할 수 있다. 하지만 이 주장의 수용은 I부의 결정적인 설명을 받아들이는 데 중요한 방해물을 제거함으로써 그것에 대한 지지를 강화한다.

오늘날 실질적이면서도 가설적인 부당한 차별의 명백한 경우들 중 일부는 (아마도 직관과는 반대되는) 합리적 차별의 경우들이다. 법원이 인종은 대부분의 정당한 정부의 목표와는 상관이 없다고 공표했다는 사실에도 불구하고,[10] 이 주장은 현실이라기보다는 목표일 뿐이다. 안타깝게도 인종은 어떤 한 사람이 유년기에 가난했는지,[11] 교육을 충분하게 혹은 불충분하게 받았는지,[12] 만성질병이나 장애를 얻게 될 것인지,[13] 그리고 과거에 수감된 가능성이 높은지[14]의 여부를 포함하여 많은 다른 특성들에 상당히 좋은 예측 변수가 될 수 있다. 만일 이런 특성 가운데 어느 하나라도 합당한 의도와 연관이 되어 있다면, 인종은 틀림없이 합당한 목적을 달성하기 위한 합리적인 수단이 될 것이다. 다음의 예를 살펴보자. 정부에서 일하기 위해서는 기본적인 수학과 글쓰기 능력을 필요로 하는데, 이를 위해 고등학교 졸업장이 좋은 예측 변수가 될 것이라고 가정해보자. 고등학교 교육은 질적으로 가지각색이어서 고등학교에서 수여하는 졸업장은 졸업생에 관한 평가에 있어 서로 다를 수 있다. 따라서 만일 분류의 합리성이 유일한 고려사항이라고 한다면 고용주는 합리적으로 아프리카계 미국인 고등학교 졸업생이 아닌 오직 백인 고등학교 졸업생만을 고용하기로 결정할 수 있다.

물론 그렇게 함으로써 대리적 특성이 그것의 실제 표적집단을 지나치게 적게 포함하거나 지나치게 많이 포함하게 되어, 고용주는 재능 있는 많은 아프리카계 미국인 구직자를 놓칠 수 있고, 결과적으로 많은 무능한 백인 지원자를 고용하게 될 수도 있다. 그럼에도 불구하고 인종적 대안의 사용이 인종의 범주들이 충분하거나 불충분한 교육적 배경과 양의 상관관계를 이룰 때 합리적이라고 말할 수 있다. 게다가 고용주의 관점에서 봤을 때 만일 사람의 인종을 판단하는 비용이 더 정확한 대용물을 사용하는 비용보다 훨씬 더 싸다면, 대용물의 사용은 합리적일 뿐만 아니라 효율적이기까지 하다. 예를 들어 모든 구직자에게 기초기술검사를 실시하는 것은 어떤 지원자가 필수적인 기량을 가지고 있는지를 더 정확하게 예측할 수 있게 한다(비록, 실질적으로 추구되는 기량에 관하여 지나치게 포괄적인 동시에 지나치게 적게 포함할 가능성이 있지만). 하지만 입사 지원자를 걸러내기 위해 시험을 치는 것은 비용이 들 수 있다. 비록 인종이 기술검사보다 업무 능력을 예측하는 데 덜 정확하겠지만, 만일 시험에 들어가는 비용이 더 나은 사원이라는 측면에서 얻어지는 편익보다 크다면, 고용주가 덜 정확한 인종적 대용물을 고수하는 것이 경제적으로 이치에 맞을 것이다.

　이런 정책은 분명 도덕적으로 문제가 되고 법적으로도 허용 불가능하다. 인종이 형편없는 기량에 대한 확실한 대용물일 수 있다는 제안 또한 모욕적인 것처럼 보인다. 어떤 이는 분류의 합리성을 부인하고 싶어 하는데, 이는 그것의 부당함을 강조하고 설명하기 위함이다. 그러나 그렇게 하는 것은 단지 사회정책을 기획할 때 강조해야 할 우리 사회에 관한 중요한 사실들을 부인할 수 있다. 인종이 형편없는 기량의 확실한 대용물일 수 있는 이유는 많은 아프리카계 미국인이 다니는 학교가 불충분한 교육을 제공하기 때문이다. 다른 말로 하면, 인종적 대용물을 사용하는 것이 합리적이라는 사실은 아마도 불평등의 결과일 것이다. 대용물의 합리성이 불평등에서부터 초래된다는 사실은 차별을 부당하게 만들 수는 있지만, 대용물로서의 그것의 '합리성'에 영향을 미치지 않는다.

　성별을 기반으로 한 분류 또한 종종 합리적이다. 성별에 따라 분류하는 것은 자료에 의해 뒷받침될 수 있는데, 이는 여자와 남자 사이에 "실질적인 차이들"이 존재하기 때문이거나, 여자를 위한 제한된 기회의 역사가 그들이 개발한 특성에 영향을 미쳤기 때문이거나, 또는 우리의 사회, 특히 직장에서 가족 부양 의무가 없는 이상적인 직원을 중심으로 계속해서 조직화되기 때문이다.[15] 예를 들어 남성은 부양 배우자가 있을 가능성이 더 높고, 결과적으로 '남성'이란 대용물은 표적이 '부양 배우자가 있다는 것'과 양의 상관관계를 이룬다는 것을 토대로, 군대가 성별을 "부양 배우자가 있는 사람"의 대용물로 사용한다고 가정해보자. 그렇다면 군대는 결혼한 남성 군인에게 추가적인 혜택을 제공하는 반면 결혼한 여성 군인에게는 혜택을 제공하기 전에 그들에게 그들의 배우자에 대한 부양 의무를 입증하도록 하는 정책을 합리적으로 채택할 것이다. 비록 대용물의 사용이 오늘날에는 합리적이지 않을지 몰라도, 1973년 연방대법원의 리처드슨Frontiero v. Richardson 사건에서 그런 정책에 대한 이의가 제기되었을 때,[16] 성별은 그런 의존과 꽤 강한 상관관계를 이뤘다.

흥미롭게도, 브레넌Brennan 대법관은 성별을 기반으로 한 분류의 사용을 무효화하라는 판결을 내리면서, 분류가 무효인 이유는 효율적이지 않기 때문이라고 주장했다. 단순히 남성 군인들이 그들의 배우자를 부양해야 한다고 추측하는 것이 행정 비용을 절감할 수 있다는 지방법원의 판결에 이의를 제기하면서, 그는 많은 군인의 아내들이 실제로 그들에게 의존하고 있지 않기 때문에, 군대는 모든 군인에게 혜택을 제공하기 전에 배우자 부양 의무를 입증하도록 요구함으로써 예산을 아낄 수 있다고 주장했다.[17] 흥미롭게도 브레넌 대법관이 인용한 자료는 자신의 주장을 입증하기에는 적절치 못하다. 그는 대부분의 남성 군인이 부인을 부양하고 있는지의 여부(그리고 결과적으로 남성 대용물은 의존적인 배우자를 가진 특성과 양의 상관관계를 이루는지의 여부)를 살펴보기보다는, 일반적으로 노동시장에 있는 여성의 비율에 관한 자료를 인용했다.[18] 아마도 남성 군인의 부인들이 다른 이들보다 전통적인 성역할을 담당할 가능성이 더 높을 것이다. 어쩌면 그들의 남편의 직업은 가족이 자주 이사를 다니게 하기 때문에, 결과적으로 그들의 직장 선택권이 제한될 수도 있다. 더 중요한 것은 브레넌 대법관은 그런 입증 절차를 시행하는 비용이 '얼마나 많은' 돈이 절약될 수 있는지에 관한 자료를 제시하지 않는다는 것인데, 만일 그가 군대가 모든 기혼 군인에게 그런 입증을 하게 함으로써 '전반적으로' 돈을 절약할 수 있다는 주장을 하고자 한다면 이런 자료는 반드시 제공해야만 한다.

브레넌 대법관이 자료를 제시하지 않은 것은 효과적인데, 그것은 이런 사실이 결과를 바꾸지 못했을 것이라는 점을 암시하기 때문이다. 만일 대부분의 남성 군인이 그들의 부인을 실제로 부양하여, 군대가 기혼 남성의 각각의 경우를 재검토하는 것보다 부양에 대한 성별 기반 대용물을 사용했을 때 돈을 절약할 수 있었다고 하더라도, 그것이 이 분류에 대한 반대 목소리를 감소시키는 것 같지는 않다. 리처드슨 사건에서의 잘못은 불합리성이나 비효율성 둘 중 하나로 분류한다 한들, 그것들에서 초래되는 것 같지는 않다. 캐서린 맥키넌은 앞선 성차별 사건Reed v. Reed에 대해 논의할 때 이 점을 명확히 했다.[19] 리드 사건에서는 피상속인이 유서를 남기지 않았을 때 어느 가족 구성원이 재산을 상속받을 것인지를 결정하는 데 여성 가족 구성원보다는 남성 가족 구성원에게 특혜를 주는 일리노이 주 법을 심사했다. 맥키넌은 "만일 대부분의 여성이 문맹이고 회사 업무로부터 완전히 배제되었다면 남성이 재산 관리자로서 더 나으리라는 가정이 보다 합리적이고 사실을 바탕으로 하고 자의적이지 않으며 정당한 의도와 실질적으로 관련이 있었을 것이다"라고 말했다.[20]

위의 예들이 보여주듯이, 명확히 도덕적으로 허용 불가능한 구별은 실제로 합리적이다. 미국 차별금지법은 합리적인 차별뿐만 아니라 비합리적인 차별을 금지함으로써 이 사실을 반영한다. 새뮤얼 배겐스토스 Samuel Bagenstos[21]는 미국 장애인차별금지법Americans with Disabilities Act: ADA은 다른 인권 법규들과 본질적으로 다르지 않다고 설명하며 이 점을 강조한다. 차별금지법과 편의 제공accommodation mandate 간의 차이를 폭로하기 위해서 배겐스토스가 채집한 증거의 일부는 대부분의 차별금지법이 단지 비합리적인 차별뿐 아니라 합리적인 차별 또한 금지한다는 사실이다. 배겐스토스는 "차별에 관한 오늘날의 중요한 문제점은, 고용주들이 낮은 생산성에 대한 대용물로서 보호 계층의 지위를 합리적으로 사용하는 통계적 차별을 포함한다"고 강조한다.[22] 그러나 법은 대용물이 의존하고 있는 일반화가 정확한지의 여부와 상관없이, 낮은 생산물의 대용물로 인종과 성별을 사용하는 것을 금지한다(그리고 마땅히 그래야 한다). 이것은 고용주가 소수인종 집단이나 여성에게 해를 끼치고자 하는 욕구에 따라서 행동하거나 잘못된 고정관념을 형성하는 경우에서뿐만 아니라, 고용주가 단순히 그의 사업을 가장 효율적으로 운영하고자 하는 경우에도 해당된다.[23]

많은 부당한 차별이 합리적이라는 관찰은 비록 이따금씩 간과되기는 하지만, 논쟁적이지는 않다. 예를 들어서 인종이나 성별을 다른 특성들에 대한 대용물로 사용하는 것이 비합리적일 수 있고, 이런 분류를 사용하고자 하는 경향이 반감에서 비롯되거나 문제가 있는 고정관념이 형성된 결과로 나타날 수 있기 때문에, 이런 방식으로 생각하고 행동하는 것을 불허하거나 방해하고자 하는 본능적인 욕구가 있다. 그러나 이런 경우들은 과잉 규정되어 있다. 그것들이 비합리적이고 부당하다는 사실은 그것들이 비합리적이기 '때문에' 부당한 것인지 아닌지의 여부를 말해 주지 않는다.

배겐스토스가 이에 대하여 훌륭한 분석을 제공했기에 이번 장의 주장은 그것을 기반으로 하겠다. 고용의 맥락에 집중하면서, 배겐스토스는 어떤 비판가도 고용주가 효율성과 관련하여 요구할 만한 것으로서 종업원이 대우받을 권리를 실질적으로 옹호하지 않는다는 것에 주목한다. 만일 법이 고용주로 하여금 종업원을 그런 자본가적 합리성 방식으로 대하도록 요구한다면, "적어도 일자리가 부족한 곳에서는, 회사의 사회적 책임의 실행이 그런 권리에 저촉될 것"이고 "우리는 시장이 그런 자본주의적 합리성에 반하는 위반을 처벌하리라고 기대할 수도 있는" 반면, "법은 '시장'이 작동하지 못한 곳에서만 그렇게 해야 한다"는 주장은 이상할 것이다.[24] 예를 들어 고용주가 지역사회에서 직원을 고용하기로 했을 때, 자본주의적 합리성이라는 규범으로부터의 탈선에 근거한 고용 차별을 주장할 권리가 종원업에게는 없고 있어서도 안 된다.

요약하자면, 배겐스토스는 헌법상의 그리고 법령에 근거한 차별금지법이 일반적으로 합리적 차별뿐만 아니라 불합리적 차별 또한 금지하고 있음을 강조한다. 비록 합리적 차별에 대한 금지의 중심적 역할에 대해서는 의견 차이가 있더라도, 이 사실 자체는 논쟁의 여지가 없다. 그것들은 차별금지법의 "핵심부"[25]를 구성하는가, 아니면 주변부의 예외들을 구성하는가?[26] 뿐만 아니라, 우리의 목적에 더 중요한 것은, 비록 이 관점에 제공된 근거들이 매우 다양할 수 있지만, 나는 그런 합리적 차별이 금지되어야 한다는 사실에 관해서는 논란이 없다고 믿는다. 위에 제시된 예들은 합리적 인종 차별과 성차별이 종종 정당하게 금지됨을 보여준다. 그러므로 분류의 정확성이 이 분류의 허용 가능성을 확립하기에는 충분치 못하다.

무능력과 어리석음: 부정확성 하나만으로는 평등에 대한 모욕이 될 수 없다

정확성이 분류의 이용을 허용 가능하게 해준다는 점에 있어서 충분하지 못하다는 점에 대해서는 논란의 여지가 없다. 대부분의 사람들은 올바르게 금지되는 합리적 차별의 경우가 존재한다는 점을 기꺼이 인정한다. 집단에 근거한 일반화를 하는 것이 허용될 수 있는지에 대한 합리성의 문제 이외에도 다른 것들이 존재한다는 것도 분명해 보인다. 더욱 논란이 되는 것은 분류의 정확성이 분류의 허용 가능성에 '필수적'이지 않다거나, 또는 부정확성이나 불합리성이 도덕적 문제를 불러일으키지 않는다는 주장이다. 예를 들어 평등보호 원칙은 합리성을 초석으로 여긴다. 의심되는 특성을 기반으로 한 분류는 합리적인 것 이상이어야 하지만, 확실한 특성을 기반으로 한 분류는 최소한의 합리성만 있어도 된다. 그러나 분류의 부정확성 또는 불합리성만으로도 그 분류를 허용 불가능한 것으로 만들 수 있을까?

먼저 간과해서는 안되는 점은 정확하지 않은 일반화를 토대로 사람들을 구별하는 것이 차별을 부당하게 만드는 다른 특성을 수반할 수 있다는 사실이다. 나는 분류가 부정확하면 무조건 부당한 것이라는 주장을 하려는 것이 아니다. 그보다, 부정확한 분류의 정확성, 또는 부정확성이 사람들을 도덕적으로 동등하게 대해야 한다는 요건에 위배되는지 아닌지의 여부에 대한 원인은 아니라는 것이다. 이 주장을 테스트해볼 수 있는 방법은 어떤 부당함을 일으키는 특성도 존재하지 않는 것으로 보이는 일터에서의 사례를 살펴보는 것이다.

예를 들어 어느 대학이 오직 수학과 과학 전공자에게만 졸업요건으로 수영 수업을 수강하게끔 하는 제도를 채택했다고 가정해보자. 우선 학생들은 그런 졸업요건과 관련하여 동등하게 대우받아야만 한다는 약속을 통해, 학생들에게 요구되는 각기 다른 졸업요건에 무언가 부당함이 존재한다는 것을 찾을 수 있다. 이 점은 모든 사람들이 그들의 건강 상태와 관계없이 건강보험을 들어야 한다는 주장과 비슷하다. 따라서 이 논거는 대학의 정의 또는 개념을 토대로 한 것이지, 사람들을 도덕적으로 동등한 존재로 대하는 것을 기반으로 한 것이 아니다. 모든 학생은 동일한 졸업요건의 대상이 되어야 한다는 주장이 옹호될 가능성은 낮다. 언어 전공자에게 언어 수업을 듣도록 하거나, 과학 전공자에게 과학 수업을 듣도록 하거나, 글 솜씨가 부족한 학생들에게 작문 수업을 듣게끔 할 만한 이유들도 있을 텐데 말이다. 그런 주장의 장점이 무엇이든 간에 이번에는 학생들에게 각기 다른 졸업요건을 요구하는 것이 일반적으로 허용된다고 가정해보자. 오직 수학과 과학 전공자에게만 수영 시험을 통과하도록 요구하는 제도는 문제가 될까?

이 제도의 기저에는 수학과 과학 전공자들이 다른 학생들보다 수영 실력이 형편없을 가능성이 더 높다는 일반화가 깔려 있다고 가정해보자. 또한 합리적이게도 이 일반화가 틀린 것으로 판명 났다고 가정해보자. 수학과 과학 전공자들이 수영을 못할 가능성은 다른 전공을 가진 학생들과 동일하다. 수영을 잘하는 수학 또는 과학 전공자가 갖는 불만의 본질은 무엇인가?

비록 위의 일반화가 수영을 잘하는 수학 또는 과학 전공자의 특성을 잘못 묘사했더라도, 이 주장 또한 정확한 일반화가 적용될 수도 있기 때문에 이것이 그의 불만의 근거가 될 수는 없다.[27] 결국 정확한 일반화는 부족하게, 또는 과하게 포괄적일 가능성 모두를 지닌다. 심지어, 만약 수학과 과학 전공자 대부분이 사회과학과 인문학 전공자보다 수영을 더 못한다고 하더라도, 여전히 몇몇 수학과 과학 전공자들은 수영을 잘할 것이고 나머지 일부 사회과학과 인문학 전공자들은 수영을 못할 것이기 때문이다. 대신에, 그녀(수영을 잘하는 수학 또는 과학 전공자)는 일반화라는 것은 종종 피할 수 없는 것이기 때문에, 정확하지만 다소 과하거나 부족하게 포괄적인 일반화에 의해 부과된 부담 또한 피할 수 없다고 말할 수도 있다. 하지만 부정확한 분류에 의한 부담은 피할 수 있거나, 적어도 최소화될 수 있다. 만일 분류를 맡은 이들이 단순히 그들의 사실관계를 확인한다면, 수영을 잘하는 수학 또는 과학 전공자는 수영 수업을 듣지 않아도 될 것이다.

이것은 법과 정책이 사람들을 동등한 도덕적 가치를 가진 존재로서 취급할 요건에 위배되는 심각한 불만인가? 이 질문에 답하기 위해서, 대학이 채택했을 법한 다른 정책들을 살펴보도록 하자. 대학은 수영 수업이라는 졸업요건 대신에 (a)수영을 하지 못하는 이들을 위한 정확한 대안을 사용하거나 또는 (b)(모든 이들이 수영 수업을 듣도록 하거나 또는 어느 누구에게도 그 수업을 듣도록 요구하지 않음으로써) 모든 이들을 똑같이 대할 수 있었을 것이다. 나는 각각의 가능성을 다음에서 검토해보겠다.

정확한 대용물 사용의 실패

예를 들어 수영 시험과 같이 대학이 대신 사용할 수 있었을 수영 능력의 정확한 대용물이 있다고 가정해보자.²⁸ 첫째, 수영 시험은 수영 실력을 예측하기 위해 학생의 전공을 사용하는 것과 마찬가지로 집단을 기반으로 한 일반화임을 기억하자. 프레드릭 샤우어가 핏불테리어의 소유를 금지하는 규제와 모든 개들의 위험성을 실험해야 하는 규제를 비교했을 때, 모든 실험은 "실험이나 임상조건에서의 공격성이 아닌 현실 세계에서의 공격성에 대해 흔히 명시되는 것에 관한 일반화"라는 배경적 가정에 근거할 것이라고 설명한다.²⁹ 그러므로 수영 시험 정책은, 그 시험을 통과하는 사람들은 수영을 능숙하게 하는 이들일 가능성이 더 높고, 수영 시험을 통과하는 것은 수영 능력에 대한 정확한 대용물이라는 일반화에 근거한다.

만일 학교가 수영 시험과 같은 더 정확한 대용물을 사용했더라면, (시험 통과자들과 시험을 통과하지 못한 자들 사이의) 이 구별은 우리의 학생이 수영 수업의 부담을 회피하는 결과가 '필연적으로' 이어지지는 않았을 것이다. 한편 수영 시험 그 자체는 비록 종합적으로는 정확할 수 있어도 불완전할 가능성이 있다. 시험을 통과한 사람은 그렇지 못한 사람보다 능숙한 수영 실력을 가진 이들일 가능성이 (훨씬) 높다. 그러나 한 사람은 시험을 응시해야 하고, 그 사람은 누가 수영 수업 졸업요건에서 면제될 수 있을 정도로 충분히 수영을 잘하는지를 판단하는 데 오류가 있을 수 있다. 게다가 우리의 학생은 시험 당일 날, 시험을 연기할 정도까지는 아니지만 몸이 좋지 않았을 수 있다. 어쩌면 그 학생은 반드시 휴식을 취해야 했으므로 수영장의 절반까지만 갔을 수도 있다. 다시 말하자면, 비록 학교가 정확한 대용물을 사용하는 것이 불필요한 수업을 들어야 하는 부담으로부터 많은 이들을 배제하더라도, 그것은 어느 특정한 사람의 특성이 잘못 묘사되지 않았음을 보장하지는 못했을 것이다.

둘째, 대학에서 수영 시험이 아닌 수학과 과학 전공자 유형의 일반화를 사용하는 데는 그만한 이유들이 있다. 수영은 비싸다. 어느 누군가는 각각의 학부생이 수영장을 가로질러 수영을 할 때마다 평가를 해야 한다. 그러나 당신은 그것이 비록 저렴하긴 해도 '부정확한' 대용물의 대체물로서 돈을 더 들일 만한 필요가 있다고 반박할 수 있다. 종합적인 비용과 관련한 논거는 더 많은 비용이 들지만 더 정확한 것과, 그에 대한 대안으로서 비용이 덜 들지만 덜 정확한 것이라는 심사의 두 가지 정확한 방법론을 비교할 때 보다 타당할 것이다. 그런 비교를 함으로써 덜 정확하지만 값이 더 싼 대용물이 선호되는 이유를 쉽게 이해할 수 있다. 만일 더 정확한 대용물을 사용하는 것의 비용이 그것을 사용함으로써 얻어지는 이익을 초과한다면, 덜 정확한 예측변수를 사용하는 것이 더 이치에 맞을 것이다. 예를 들어 학생들의 토론대회 점수가 그들의 대학수능시험SAT 점수보다 대학 학점을 더 정확히 예측한다고 가정해보자. 그럼에도 불구하고 대학은 전자를 분별 있게 사용하지는 않는데, 이는 이익의 측면에서 봤을 때 애쓴 정도의 보람이 없기 때문이다. 이런 대회들을 개최하고 점수를 매기는 것의 비용이 너무 높아지면 더 나은 입학 결정에 의해 얻어진 이익을 무색하게 할 수 있다.[30]

만일 더 정확하지만 값이 더 싼 대용물을 선택하는 것이 종종 이치에 맞는다면, 그런 대용물이 '채택될 당시에 그것이 부정확한지 아닌지를 사용자가 모르는' 대용물을 선택하는 것 또한 가끔 이치에 맞을 것이다. 부정확한 대용물은 합리적인 것처럼 보일 수 있는데, 그것이 결함 있는 자료에 의해 지지된 일반화를 근거로 하고 있어서 그렇거나, 또는 그것이 고정관념에서 초래된 검증되지 않은 일반화를 근거로 하고 있기 때문에 그렇다. 우리가 고려하는 경우에서는 후자일 가능성이 더 높다. 수학과 과학을 전공하는 사람들은 다른 대학생들보다 수영 실력이 뛰어날 가능성이 떨어지는, 서툴고 운동신경이 떨어지는 따분한 사람들이라는 일반적인 고정관념이 있다. 고정관념은 주로 비난받기 때문에, 이 검증되지 않고 불확실한 고정관념에 의존하는 것이 과연 분류를 허용할 수 없도록 만드는지의 여부를 확인하는 작업이 흥미로워지는 것이다. 만일 고정관념이 그렇지 않다면, 더 무해한 것으로 보이지만 결함 있는 자료에 의존하는 것 또한 허용되지 않을 가능성은 없어 보인다.

제안된 일반화의 정확성을 실험하는 것 자체가 비용이 든다고 가정해보자. 만일 많은 것들의 성패가 달려 있지 않는 한(결국 당신이 필요한 수영 수업을 듣도록 요구받는 것이 그렇게까지 끔찍한 것은 아니다), 대학이 검증되지 않고, 아마도 부정확할 수도 있는 일반화에 계속해서 의존하는 것은 타당할 수 있다. 물론 몇몇 고정관념에 의존하는 것이 도덕적으로 문제가 될 수 있다는 점은 지적되어야 하겠지만(여성은 수학과 과학을 잘 못한다, 아프리카계 미국인은 백인보다 범죄자가 될 가능성이 더 높다), 앞서 논의했듯이 이것은 이런 고정관념의 정확성 여부와는 상관없이 사실이다. 만일 한 고용주가 이런 일반화를 기반으로 여성이나 아프리카계 미국인의 채용을 거부했다면, 그가 어떤 자료(수학과 과학에 유달리 재능 있는 여성의 수는 더 적다거나 아프리카계 미국인은 불균형적으로 범인들을 대표한다는 주장을 담은)를 근거로 했다는 사실이 그것을 정당화해주는 것은 아니다.

그러나 만일 정책이 기초하고 있는 일반화가 부정확할 뿐만 아니라

(적은 비용으로) 쉽게 검증이 가능한 것으로 알려져 있다면 어떻게 될까? 이런 상황은 이 정책에 의해 잘못 특징지어진 사람은 불만을 제기할 근거가 있다는 결론을 지을 강력한 이유를 제시하는 것처럼 보인다. 그러나 그녀는 그렇게 하는가? 이런 각각의 경우에서 대학은 무언가 멍청하거나 무능력한 행동을 하고 있다. 대학이 정책을 평가하는 것이 쉽다는 점에서, 그들은 그렇게 해야 한다. 이미 수학과 과학 전공자들이 다른 이들만큼 수영을 잘한다는 자료가 주어졌으므로 대학은 그들의 정책을 수정할 필요가 있다. 그러나 '해야 한다'의 어떤 의미가 여기에 적용되는 것인가? 대학의 관점에서 그들의 목표가 주어졌을 때 그들의 정책을 수정하는 것은 타당하다. 학생이 불평을 할 때, 그녀는 부분적으로 "나는 이 정책 때문에 피해를 입었다"라고 말하는 것이고, 또 부분적으로는 "대학의 목표를 봤을 때 이것은 어리석은 정책이다"라고 말하는 것이다. 그러므로 그녀는 대학이 자신에게 유감스럽게도 영향을 미치는 어리석은 실수를 만들어낸다는 것을 말하는 것이지만, 이것은 공정한 대우라는 규범에 반하는 불평이 아니다. 어쨌든 실수가 전혀 없는 정책은 가능하지 않고 이 어리석은 실수를 결과적으로 받는 입장에서 그것은 피할 수 있는 권리가 있는 종류의 피해가 아니다. 차별금지는 어리석음을 수정하는 것이 아니다.

여기서 문제가 되는 실수는 국가, 기관, 또는 개인들이 만들어 사람들에게 불리하게 영향을 미칠 수 있는 실수와 전혀 다르지 않다. 비록 그런 실수들은 때때로 정당한 불평이 생기게 하지만, 그 불평은 평등에 제한되어 있지 않다. 예를 들어 대학(그리고 대학의 건축기들)이 새 도서관을 설계할 때 책의 무게를 고려하지 않았다고 가정해보자.[31] 결과적으로 대학은 도서관의 구조적 설계를 수정하기 위해 추가 비용을 지불해야 한다. 이런 추가 자금을 제공하기 위해 대학은 등록금을 올리든지 프로그램을 없애야 하며, 두 개의 선택사항 모두 어느 정도의 학생들에게 상당한 영향을 미칠 것이다. 이런 경우, 학생들은 쉽게 피할 수 있었던 어리석은 실수에 의해 부정적인 영향을 받았다. 학생들은 확실히 책임자들의 형편없는 일처리에 불만을 제기해야 하고, 대학 관계자들 모두는 그런 엄청난 실수를 허용한 의사결정과정을 바로잡으려고 시도해야 한다. 그러나 나는 불리한 영향을 받은 학생들이 '권리의 침해라고 인식할 만한, 특히 도덕과 관련하여 동등한 가치를 가진 존재로서 대우받을 권리를 침해당했다'는 불만을 가질 것이라고 생각하지는 않는다. 유감스럽게도 이런 것들은 우리가 감수하거나 피하려고 노력하거나 유능한 사람들이 그런 결정을 내리는 것을 담보할 수 있도록 노력함으로써 교정해야 할 오류의 유형이다.

하지만 도서관 설계의 실수와 수영 시험 실수 사이의 한 가지 차이는, 후자는 사람들 사이를 직접적으로 구별하는 정책과 관련된 것인 반면(수학과 과학 전공자들 그리고 다른 전공자) 전자는 그런 정책이 문제가 되지 않고 있다는 것이다. 이것은 확실한 사실이지만 문제는 그것이 과연 차이를 만드는지의 여부다. 도서관 설계의 실수와 유사점을 말함으로써 어떻게 두 경우가 그것들이 애초에 보이는 것보다 더 유사한지를 분명히 보여주겠다.

같은 요점을 나타내지만 학생들을 구별하는 맥락의 또 다른 예시를 검토해보자. 한 대학에서 모든 학생들에게 졸업 전에 외국어 능력 시험을 통과하도록 요구했다고 가정해보자. 대부분의 학생들은 그들이 어떤 언어를 공부할지 선택할 수 있다. 하지만 행정학과 학생들은 중국어나 러시아어 둘 중 하나만을 완전히 익히도록 요구된다. 이런 언어들은 프랑스어나 스페인어와 같은 다른 언어들보다 어려워서 이 요구조건은 행정학과 학생들에게 부담이 된다. 게다가 행정학과 학생들은 어떤 언어가 이 요구조건을 만족시킬지에 관한 선택의 폭이 적으므로 이것 또한 그들에게 부담이 된다.

이 정책이 의존하는 일반화는, 대부분의 행정학과 학생들은 그 분야의 직업이나 대학원 공부에서 중국어나 러시아어를 필요로 할 것이라는 것이다. 스페인어를 공부하고자 하는(그리고 스페인어에 숙달했음을 보여줌으로써 언어 요구조건을 충족시켜 추가적인 중국어나 러시아어 과목들을 듣지 않아도 되기를 원하는) 행정학과 학생이 있다고 가정해보자. 그는 라틴아메리카 지역에 영향을 미치는 사안들과 관련된 일을 하는 것에 관심이 있다. 정책의 기저에 깔려 있는 일반화는 명백히 그의 특성을 잘못 밝히고 있다. 덧붙여 정책이 오류에 기초하고 있다고 (이성적으로) 가정해보자. 대부분의 행정학과 학생들의 직업은 중국어나 러시아어를 필요로 하지 않는다. 오히려 그들의 미래 직업이나 대학원 공부를 위해서는 스페인어와 아랍어가 훨씬 더 유용하다. 게다가 이 정책이 지속적으로 중국어와 러시아어를 요구하는 것은 담당 교수들이 단순히 그들이 행정학 분야에 발을 들였을 때보다 세상이 어떻게 변했는지에 주의하지 않은 사실 때문이라고 가정해보자. 그 정책은 (쉽게 수정될 수 있는 부정확한 일반화를 토대로 하는) 실수였다. 쉽게 수정될 수 있는 부정확한 일반화를 토대로 하는 실수 말이다. 비록 학생들과 대학 관리자들이 정책을 수정하려고 노력하고 이런 시대에 뒤떨어지는 교수들이 변화하도록 촉구해야 하지만, 분명 학생들이 받는 취급 방식이 사람들의 동등한 도덕적 가치에 대한 권리에 반하는 것은 아니었다.

행정학과 학생들은 다른 이들보다 그들에게 더 많은 것을 요구하는 정책에 의해 불리한 영향을 받았다. 덧붙여 이것은 부정확한 일반화를 토대로 한 정책이고 쉽게 확인될 수 있는 것이다. 그것은 어리석은 정책이고 행정학과가 다소 약하고 시대에 뒤떨어졌다는 것을 보여주는 것이다. 그러나 우리가 부당한 차별에 관하여 불안해하기에는 무언가 필요조건이 부족해 보인다. 우리는 서투름에 대하여 불안해할 수 있겠지만 (행정학 교수들은 어떤 언어들이 현재의 정치적 맥락에서 가장 유용한지를 알아야 한다), 불공정성이나 평등한 대우의 부족은 무언가 더 많은 것을 요구한다. 심지어 수영 수업의 필요조건의 예조차 평등의 영역에 어느 정도 발을 걸치고 있었다. 내 생각에는, 그 평등의 영역에 포함되는 일부분은 그 경우에 작용하는 부정확한 일반화의 한 종류였을 것이다. 수학과 과학 전공자들은 따분하며 운동신경이 없다는 주장은 (심지어 그것이 정확하다고 할지라도) 수학과 과학 전공자들에게 모욕적으로 보인다. 내 생각에 이 일반화의 측면은 (비록 아주 강력한 것은 아니더라도) 그것을 부당한 차별이라고 주장할 가능성을 마련하는 것이고, 이는 부정확성에 관한 주장이 설명해내지 못하는 것이다.

모두를 동등하게 대우하지는 못하는 것

대학은 부정확한 대용물을 계속해서 사용할 수 있는 두 가지 대안이 있다. (위에서 논의했듯이) 정확한 대용물을 대체하거나, 모두를 동일하게 대하는 것이다. 왜 정책은 항상 가능한 범위에서 모두를 동일하게 대해야 한다고 말하지 않는가? 동일한 대우 정책들이 폭넓은 차별효과들을 가질 수 있는 많은 방법에 대한 광범위한 연구문헌이 있다.[32] 대부분의 그런 연구물은 심지어 우리가 모두를 동등하게 대하기로 결정했다고 하더라도 그 동등한 대우가 무엇인지에 관한 질문을 남겨둔다는 점을 강조한다. 예를 들어 필수로 수영 수업을 들어야 하는 경우에는, 대학은 모든 학생들이 수영 수업을 듣도록 하거나 아무도 그 수업을 듣지 않도록 요구할 수 있다. 직원의 권리에 관련한 법은 모든 직원이 그들의 아이가 태어났을 때나 아이를 입양한 뒤 휴직하는 것이 허용될 것을 명령하거나 아무도 휴직할 수 없도록 할 수 있는 법규를 만들 수 있다.[33] 페미니스트 비평가들 및 다른 이들은 우리가 어떤 종류의 정책을 채택하는지가 중요한 결과들을 가져올 수 있다는 것을 강조한다.

덧붙여 특정한 개인들에게 서로 다른 대우를 할 타당한 이유들이 종종 존재한다. 모두를 동등하게 대하는 정책은 일반적으로 비용을 필요로 한다. 예를 들어 수영 수업의 맥락에서 만일 우리 모두가 수영 수업을 들어야 한다면, 일정 수의 사람들(아마도 매우 많은 수의 사람들)은 불필요한 수업을 듣도록 요구받게 될 것이다. 만일 그 대신에 우리가 아무에게도 수영 수업을 수강할 것을 요구하지 않는다면, 수영을 배울 수 있었던 일정 수의 학생들은 그렇지 못하게 될 것이다.[34] 이런 대안들의 비용이 지나치게 높을 때, 차별대우 정책의 결함에도 불구하고 그 정책을 선택할 훌륭한 이유들이 있다.

비용이 많지 않을 때는 동일한 대우를 선호할 타당한 이유가 존재할 수 있다. 프레드릭 샤우어는 그런 선호에 대해 가끔 사람들을 평등하게 대하는 것은 우리가 다른 경우들을 같게 대할 것을 요구할 수도 있다고 주장한다. 샤우어는 그리스 신화에서 지나가는 행인들을 잡아 침대에 눕힌 뒤 키 큰 사람은 다리를 자르고, 작은 사람은 잡아 늘여 모두가 그가 가진 침대에 꼭 들어맞도록 한 악당 프로크루스테스를 언급한다. 샤우어가 연관시키기를, "프로크루스테스적"이 되는 것은 결과적으로 "비합리적으로 획일화에 사로잡혀 프로크루스테스가 모든 행인을 같은 침대에 꼭 들어맞도록 만든 것처럼 모든 상황을 같은 틀에 들어맞게 만들려고 하는 것"이다.[35] 샤우어는 단지 비슷한 경우들이 유사하게 대우받아야 한다는 이유 때문에 다른 경우는 다르게 대우받아야 한다는 것은 아니라고 주장한다. 오히려 그는 프로크루스테스와 마찬가지로 가끔 서로 다른 경우들은 동일하게 다루어져야 한다고 주장한다. 독자들에게 위와 같은 차별금지법을 제시하는 그의 논거 중 일부는 단지 이를 위한 것이다. 예를 들어 합리적이게도 인종차별과 성차별을 금지하는 차별금지법의 일부는 실제로 우리가 다른 경우들을 동일하게 다룰 것을 지시한다.[36]

이런 것들 간에 균형을 이루어야 할 필요성은, 예를 들어 공항 검색의 맥락과 특히 관련성이 있다. 여행자들은 한편으로는, 가지각색의 위험 요소들을 지니고 있을 수 있으므로 그들을 서로 다르게 대할 수 있다. 일정한 도시들 사이를 왔다 갔다 하는 특정한 연령대의 여행자들, 특정한 나라에 여행 경험이 있는 이들 등은 테러리스트나 마약 운반자일 가능성이 있다. 다른 한편으로는, 모든 여행객에게 똑같은 검색 절차를 거치게 함으로써 동등하게 대할 중요한 이유들이 있다. 모든 여행객들에게 그들의 신발과 재킷을 벗고 휴대 가능 수화물을 엑스레이 기계에 올려놓을 것을 요구함으로써 우리는 검색에 선정되는 것에 딸려오는 오명stigma을 근절한다. 결국 검색의 부담은 오직 부분적인 불편함과 사생활 침해의 기능일 뿐이다. 오직 일부만이 심사를 당하는 경우에서 검색에 선정되는 것이 미치는 낙인의 피해는 의심할 여지없이 가장 문제가 되는 측면 중 하나다.

하지만 모두를 동등하게 대하는 데는 상당한 비용이 든다. 왜냐하면 모든 항공기 이용자를 면밀히 탐색하는 것은 비현실적이기 때문에, 모두를 동등하게 대하는 것(면밀한 검색을 위해 어떤 승객들도 뽑아 가리지 않는 것)은 가장 위험할 수 있는 이들을 철저하게 탐색하지 않는 것을 의미한다. 어떤 승객들이 가장 위험할 가능성이 높은지에 관한 판단은 상당 부분 '지나치게 많이 포함하는 동시에 너무 적게 포함하는 일반화'를 토대로 하고 있기 때문에 면밀히 조사되는 승객 가운데 일부는 위험하지 않을 것이다. 어쩌면 대부분이 위험하지 않을 수도 있다. 그럼에도 불구하고 만일 우리가 어떤 승객 특성이 위험성과 강한 상관관계를 갖고 있는지에 관해 갖고 있는 정보를 활용하지 않는다면, 우리는 실질적인 비용을 지불하게 된다. 우리의 현재의 (모두를 조금씩 조사하고, 무작위 수의 사람들을 많이 조사하며, 어느 정도는 몹시 철저히 조사하는) 복합적 정책은 이런 우려들의 균형을 유지하려 노력한다. 그것은 각각의 검색 방법을 약간씩 사용함으로써 우려를 제거하지 않고, 오히려 서로 다른 대우에 대한 장벽을 꽤 높이 설정함으로써 중도를 취한다.

모두를 동일하게 대하는 것의 비용이 그렇게 하는 것의 이익보다 클 경우에 대한 보다 일상적인 사례가 있다. 운전자들에게 최소한의 연령 이상이어야 하고, 기본 기능 시험을 통과하도록 요구하는 법규가 그것이다. 이런 법은 최소연령 이상(예를 들어 16살)인 데다 시험을 통과한 사람들과, 그 연령 미만이거나 시험에 통과하지 못한 사람들 사이를 구별한다. 이 구별을 사람들 사이에 짓는 것보다(연령과 시험 통과를 토대로 구별하는 것), 우리는 모두를 동일하게 대하는 정책을 채택할 수 있다. 모두를 동일하게 대할 이 맥락의 두 대안에는 받아들일 수 없는 비용이 들 것이다. 첫째로, 우리는 모두가 운전하는 것을 허용할 수 있다. 즉, 모든 연령과 운전기술 요구조건을 폐지하는 것이다. 대안적으로, 우리는 운전하는 것 자체를 금지할 수 있다. 두 대안 모두 설득력 있어 보이지 않으므로 (비록 지구온난화, 교통체증으로 인한 분노, 그리고 스트레스 관련 질병들의 증가를 봤을 때 어떤 이는 이 결론에 의문을 제기할 수도 있겠다), 이것은 왜 우리가 다른 경우들을 동일하게 다루는 것보다 서로 다른 경우들을 차별적으로 대하려고 노력하는 제도로 재빠르게 바꾸는지를 쉽게 보여준다. 하지만 그렇게 하는 것은 분류를 요구하는데, 이는 부정확할 위험을 수반한다.

마지막으로 모두를 동등하게 대하는 것이 바람직하다고 하더라도 그렇게 하는 것이 불가능한 몇몇 상황들이 있다. 예를 들어 공석보다 지원자가 더 많은 학교나 기업에서 모두를 동일하게 대하는 것은 불가능하다. 만일 채워야 할 빈자리보다 일자리에 지원한 사람이 더 많다면, 지원한 모든 사람이 그 일자리를 얻을 수는 없다. 학교나 대학의 입학과 관련해서도 마찬가지다. 예를 들어 가장 높은 성적을 가진 이들의 입학이 허용되는 것과 같이 모두를 같은 기준들로 판단하는 것은 모두를 동일하게 대하는 것(모두가 일자리를 얻는 것)과 같지 않다. 오히려 모든 사람을 같은 기준으로 판단하는 것은, 이 경우에서 높은 성적을 가진 지원자들과 그렇지 못한 지원자를 구분하는 것 대신이다. 이 정책은 높은 성적을 받은 학생들이 다른 이들보다 (학교에서나 직장에서) 더 잘할 가능성이 높다는 일반화를 토대로 한다. 그러므로 희소한scarcity 상황에서 우리는 단순히 모두를 동일하게 대하는 것이 불가능할 수 있다. 만일 우리가 사람들을 그들이 가지거나 가지지 않은 특성들을 기반으로 구별해야 한다면, 우리는 그렇게 하는 것이 언제 허용되는지 또는 허용되지 않는지의 여부에 관한 질문을 고심해야 한다. 이 장은 이 질문에 답하는 데 분류의 정확성과의 연관성을 다룬다.

정확성을 고려해야 할 예방적 이유들

어쩌면 일반화의 정확성을 고려하는 것이 중요한 이유는 정확성 그 자체가 도덕적으로 관련이 있기 때문이 아니라, 정확성 요건이 예방적 목적으로 작용하기 때문이다. 정확성을 강제하고 불합리적인 구별을 금지함으로써, 우리는 결과적으로 다른 이유들로 인해 부당한 구별을 차단하는 꽤 타당한 일을 한 것일 수도 있다. 왜 그런가? 분류의 객관성을 담보하기 위해서 분류를 하는 사람이나 실체는 자신들의 분류가 추구되어야 할 특성들의 정확한 대용물임을 담보할 만한 충분한 근거가 있다. 종종 행위자는 부주의나 어리석음으로 인해 그렇게 하는 데 실패할 수 있다. 다른 경우에도, 부정확성은 여전히 남아 있게 되는데 그 이유는 부정확성의 기저에 깔려 있는 일반화가 이미 우리 사회에서 혜택을 받지 못한 사람들을 구속하는 유사한 고정관념들을 뒤쫓기 때문이다.

사람들은 그들의 믿음을 분명히 해주는 의견을 과대평가하는 경향이 있고, 그 믿음에 반대되는 의견은 과소평가하는 경향이 있다는 풍부한 증거들이 있다.[37] 예를 들어 만일 어떤 관리자가 여성은 출산 후에 주로 직장을 그만두거나 근무시간을 상당히 축소한다는 관점을 가진다면, 그는 여성이 대체로 이렇게 행동하는 것에 주목하고 이를 자신의 관점에 대한 확인으로 간주할 가능성이 높다. 하지만 또 다른 여성이 출산 후에도 계속해서 직장을 다닌다면, 이 경우는 그에게 덜 중요하고 그가 그것을 알아차린다고 하더라도 이를 이례적인 경우로 본다. 정확성 요건은 이른바 확증편향conformation bias이라는 것을 반대하는 데 도움을 주고, 부정확성에도 불구하고 지속될 수 있는 잘못된 고정관념에 도전하도록 도움을 준다. 물론 우리가 정확성의 중요성에 대한 이 예방적 논거가 믿을 만한 것인지 평가하기 위해서는, 구별 짓는 사례들 중에서 어떤 것이 부당한 것인지에 관한 이론이 필요하다. 그러나 정확성이 예방적 이유들에서 중요한 것으로 판명될 수도 있다. 다른 말로 하면, 부정확한 일반화의 금지는 다른 이유들로 인해 부당한 구별 짓기의 사례를 예방하는 데 도움이 될 수도 있다.

정확성 요건을 옹호하는 것이 합리성과 비합리성이 중요한 것으로 보이는지에 대한 이유를 설명하는 데 어느 정도 도움이 된다는 이 논거는 중요한 것처럼 '보인다.' 그렇긴 하지만 이 논거에 관하여 주목해야 할 첫 번째 요점은, 이 논거가 예방적 규칙에서 나온 것으로 예상되는 바람직한 결과들을 토대로 한다는 점이다. 이 논거가 부정확성이 타인을 도덕적으로 동등한 것으로 대우하는 규범에 반대된다는 주장에 근거하지 않으므로, 정확성을 요구하는 이 정당화는 "정확성은 분류의 도덕적 허용 가능성과는 관련이 없다"는 내 주장과 상충되지 않는다. 오히려 예방은 사람들을 평등하게 대하는 것의 규범의 특정한 원칙적 실행에 혹은 의사결정자들을 위한 세심한 지침에 관한 논거가 된다.

둘째, 정확성은 예방적 이유들로 인해 중요하다는 주장은 평가하기 어려운 경험적 추정들에 기초한다. 정확한 분류들을 요구하는 원칙적 제도는 부당함을 만들어내는 특징들에 직접적으로 중점을 두는 어떤 대안보다 실제로 부당한 더 많은 사례들을 방지하는 데 있어 성공적일까? 우리는 단지 짐작할 수밖에 없다. 나아가 이 제도가 부당하지 않은 경우들을 막을 수 있다는 사실은 문제가 되지 않을 수도 있는데(오히려 지나치게 많이 포함한 것이다), 이는 오직 부정확한 분류들만이 문제가 되기 때문이다. 하지만 원칙적 개요는 구별이 부당한 차별인지의 여부와 관련 있는 질문과 현안들을 감추는 역할을 할 수 있다.

다음의 예시를 고려해보자. 응우옌Nguyen v. I.N.S.사건[38]에서, 대법원은 시민권을 가진 아버지 밑에서 혼외자로 태어난 아이가 시민권을 가진 어머니 밑에서 혼외자로 태어난 아이보다 시민권을 획득하는 데 더 높은 자격기준을 충족시킬 것을 요구하는 법을 인정했다. 이 법은 시민권을 가진 어머니의 아이는 그 어머니가 최소한의 거주요건을 충족시키는 한 자동적으로 시민권을 획득하게 되는 반면, 시민권을 가진 아버지 밑에서 태어난 아이들은 그들이 18살이 되기 이전에 아버지가 정식으로 친자확인 관련 증거를 제공해야 한다.[39] 이 법에 따르면 시민권을 가진 부모의 성별이 아이의 두 가지 바람직한 특성에 대한 좋은 대용물이 된다는 것에 기초하여 옹호되었다. 첫째로, 국가는 이이가 시민권을 가진 부모와 생물학적으로 관련이 있을 것을 보증하는 것에 대한 관심을 표명했다. 둘째로, 국가는 아이와 시민권을 가진 부모 간에 관계가 형성되었음을 보증하는 데 관심을 표명했다. 이 법을 찬성했던 케네디 대법관은 시민권을 가진 부모의 성별이 이런 특성들의 좋은 대용물이 될 수 있음을 강조했다.

응우옌 사건이 성별에 기반을 둔 분류를 포함하므로, 그것은 합리성 그 이상을 요구하는 엄격한 심사기준을 통과해야만 했지만, 내가 여기서 주장하고자 하는 바는 이 사실에 의해 영향을 받지 않는다. 다수 견해인 케네디 대법관의 의견과 오코너 대법관의 반대 의견은 성별에 기반을 둔 대용물이 주장된 대상들 사이에서 그 적합성이 얼마나 유효한지에만 초점을 맞추었다. 만일 대용물과 그것의 대상들 간의 적합성이 성별에 기반을 둔 차별이 허용되는지의 여부에 관한 결정에 있어 필수적인 요소로 여겨지지 않았다면, 그의 의견은 아마도 다른 특성들에 초점을 맞췄을 것이다. 케네디의 의견은 "출생의 순간… 아이와의 친자관계에 대한 어머니의 지식이 미혼의 아버지의 경우에는 보장되지 않는 방식으로 확립되어온 왔다는 인식"은 "고정관념이 아님"을 강조하는데, 아마도 그는 불확실한 일반화를 의미했을 것이고, 그것이 "실제real"[40]이고 결과적으로 허용 가능하다는 것이다. 오코너의 다음과 같은 반대 의견은 법의 합리적 일반화뿐만 아니라 불확실한 일반화까지도 비난한다는 점에 주목한다. "이 재판은… 허용할 수 없는 고정관념이 경험에 의거한 지지를 기꺼이 받아들이므로 그런 의미에서 '합리적'이라는 것을 오래전부터 인지했다."[41] 그러나 그녀는 어떤 정확한 고정관념이 문제가 되고 어떤 것들이 그렇지 않은지를 판단하기 위한 일관성 있는 대안적인 기반을 제시하지는 않았다.

한편으로 오코너는 "재심 법원reviewing court이 어떤 계층에 대하여 '결례를 행하는 것'을 감안해준다는 지나친 일반화만이 금지된다는"[42]는 생각을 거부한다. 다른 한편으로 그녀는 "이런 법원의 판례에 영향을 받은 성별에 기반한 고정관념에 빠진 분류의 전형적 특징은 분류가 모욕을 나타내는지의 여부가 아니라, 이 분류가 보다 밀접한 분류의 다른 기반에 대한 대용물로서 사용되어야 한다는 간단하면서도 낡아빠진 가정에 근거하는지의 여부다."[43] 그러나 오코너가 단지 "'언제' 성별이 대용물로 사용될 수 있는가?"라는 질문을 반복한 것일까? 오코너는 합리적 차별이 종종 금지된다는 점을 인정했으나, 대안적 기준을 제시하는 데도 주저했는데, 억지로 끼워맞췄다는 것 외에는 오코너가 강조한 의견 대부분은 완전하지 못했다. 존중을 대안적 기준으로 삼는 것에 대하여 비록 분명히 거절했더라도, 오코너는 이 개념을 거의 지지할 것 같았던 배심원의 의견에 관한 논평으로 자신의 의견을 마무리 짓는다. 오코너는 배심원의 논의가 "그 자체로 단순히 여성의 '전통적인' 행동양식에 관한 편견도 아닌 동시에 분류의 유효성에 관한 근거도 아닌 남성의 (친자 확인에 대한) 자격 상실에 관한 편견을 반영하는 것일 수도 있다"고 지적했다.[44] 그러나 만일 남성의 자격 상실과 여성의 생물학적 친자와 관련한 자격은 실제로 단순히 정확한 것이 아니라 매우 정확한 것이라면 (따라서 분류는 적합성의 강화된 기준마저도 통과할 것이다), 이 일반화를 문제가 되게 만드는 것은 무엇인가? 오코너는 문제가 되는 것이 일반화의 내용이지 핵심이 되는 일반화의 정확성이 아니라고 주장하는 것으로 보였다. 그러나 정확성에 대한 집중은 이 사실을 심지어 오코너에게까지 애매하게 만든다.

적합성을 엄격하게 하는 것

지금까지의 논의는 정확성이 분류의 허용 가능성을 확립하기에 필수적이지도 않고 충분하지도 않다는 것을 보여주기 위한 목적이었다. 그럼에도 불구하고 어쩌면 이 논의는 유관한 요소일 것이다. 이번 절에서, 우리가 부당한 차별을 구성한다고 동의할 것으로 바라는 예시를 사용하여, 적합성을 엄격히 하는 것이 적합성의 문제가 되는 특징들을 개선하는 데 아무런 도움이 되지 않는다는 것을 보여줄 것이다. 그렇다면 그 이유는 무엇일까? 지금까지 나는 정확성이 차별금지법과 사람들을 구별하는 것이 도덕적으로 허용 가능한지의 여부와 시기에 관한 우리의 일반적인 이해에 있어서 특히 중요한 특징이 되어온 이유에 관해서 거의 언급하지 않았다. 비록 나는 지금 추측할 뿐이지만, 나는 이런 집중이 인종차별과 성차별(부당한 차별의 본질적인 예시들이며 따라서 우리가 모두 배운 도덕적 교훈이 된다)의 역사가 부당한 차별의 역사였다는 사실로부터 기인한다고 생각한다. 예를 들어 흑인들이 투표를 하거나 배심원단이 되지 못하도록 막는 법은 흑인들이 집단으로서 자치정부 참여 능력이 없고, 신중한 생각을 할 수도 없다는 잘못된 관점에서 기인한다. 여성의 전문직 진출이나 재산 소유 등을 금지하는 법들 또한 가정 밖에서의 여성의 능력에 관한 부정확한 관점에 기인한다(흑인과 여성 모두를 구속하는 법들은 그들의 능력과 상관없이 이런 영역에서 그들을 배제하고자하는 의도로 간주될 수도 있다). 이런 법들의 기저에 놓인 일반화의 부정확성은 가장 두드러진 것이며, 따라서 그 법들을 부당한 것으로 만드는 것과 관련이 있는 것으로 보인다.

그러나 이 상관관계가 인과관계를 갖는 것은 아니다. 남자 셋이 바에 들어갔다. 첫 번째 남자는 스카치와 물을, 두 번째 남자는 보드카와 물을, 세 번째 남자는 진과 물을 주문했다. 그들은 자신이 선호하는 술을 많이 마셨다. 그날 밤, 그들 모두는 결국 많이 취하게 되었다. 그들이 어떻게 만취했는지 자세히 이해할 필요도 없이, 어쨌든 그들 모두는 물을 마신 것이고 모두 취해버렸기 때문이다. 이게 바로 차별금지법의 초기 집행기와 관련된 이야기다. 부당한 차별의 두드러지는 예시들이 인종 그룹과 여성에 관한 부정확한 일반화에 근거했다는 사실에 반응하여, 우리는 이 부정확성이 이런 차별을 부당한 것으로 만드는 것의 원인이라고 오해하는 실수를 저지르고 있다.

이제 분류의 기저를 이루는 일반화의 정확성의 증대가 구별 짓기를 덜 부당한 것처럼 보이게 만드는지의 여부를 확인하기 위해, 부당한 차별의 두 가지 예시(하나는 실제이고, 하나는 허구다)를 살펴보자. 만일 그렇지 않다면, 이는 정확성은 차별의 부당함과 '우연히' 연관된 것이 아니라는 것을 보이게 될 것이다.

1995년, 국민과 술집, 입법부는 보험회사가 폭행당한 여성들에게 건강생명보험에서 더 높은 요금을 내고 있었다는 정보에 반응하기 시작했다. 이 실행은 합리적인 것이었는데, 그 이유는 남편이나 남자친구에게 폭행을 당하고 있는 여성들은 평균 여성들보다 상해나 심지어 살해당할 가능성이 더 높았기 때문이다. 사실 보험회사들은 자신을 학대한 이들로부터 도망간 학대 피해자와 그렇지 않은 피해자를 구별하지 않았는데, 그 자료에 학대받은 여성들이 도망간 이후에 가장 폭행당할 위험이 높다고 나타났기 때문이다.[45]

나의 관점이 공유되길 바라면서, 내가 보기에 이 실행은 부당하다. 보험회사들은 가정 내 폭력의 피해자인 개인의 지위를 보험에 가입시킬지, 요금은 어떻게 할지를 결정하는 기준으로 사용하지 말아야 한다. 이는 차별이 기저를 이루는 일반화가 정확한 경우에도 그렇다. 정확성을 엄격하게 하는 것(일반화의 정확성을 높이는 것)이 우리가 발견한 이 실행과 관련한 문제가 되는 것들을 개선시켜줄 수 있을까? 난 그렇게 생각하지 않는다. 만약 학대 피해자들이 특히 그들의 학대자로부터 도망간 이후에 갑작스럽게 평균적인 보험 구매자들보다 보험을 해지할 가능성이 높아졌다고 가정해보자. 이 정확성의 증가는 중요한 것으로 보이지 않는다. 오히려 무언가 중요한 것이 있다고 하더라도 이는 불평등과 잔혹행위의 피해자들에게 보험 판매를 거절함으로써 그 증가하지 않는 필요성을 강조할 뿐이다. 그러나 기본적인 요점은 정확성을 높이는 것이 그 실천을 정당화하는 데 도움이 되는 것으로 보이지 않는다는 점이다.

둘째로, 어떤 비즈니스 스쿨이 졸업한 지 10년 된 동문들에게 설문조사를 했고, 이들 중 여성 60%가 급여를 받는 노동을 하지 않고 있다는 점이 밝혀졌다고 생각해보자. 비즈니스 리더를 만들겠다는 학교의 목표를 고려할 때, 이 학교는 입학정책에 있어 남성을 더 선호하기로 결정할 것이다. 내 관점에서 보면 이 정책은 부당하다. 이제는 그 설문 자료가 80~90%의 여성이 급여를 지급받는 노동을 하지 않는다고 밝혔다고 가정해보자. 이 자료는 무엇을 말해주는가? 이 자료가 적합성과 허용 가능성 사이의 인과관계가 보여주는 대로, 남성과 여성 지원자들을 구별하는 것에 대한 정당성을 높여주는가? 난 그렇게 생각하지 않는다. 바라건대, 나는 이 자료가 우리로 하여금 애초에 여성들의 기회를 차단하는 정책들을 지지하는 것들을 찾는 것이 아니라, 여성들이 급여를 지급받는 일자리를 떠나고 있는 이유를 도출해주기를 바란다.

이런 두 가지 예시들은 정확성이 분류의 허용 가능성과 인과관계가 있지 않음을 나타낸다. 물을 더 준다고 해서 같이 마시는 사람들이 더 취하는 것은 아니다. 물이 문제를 일으키지 않는 다는 것은 분명하니까.

순전한 자의성

앞의 1장에서 나는 다음의 사례로 시작했다. 고용주가 성이 글자 A로 시작하는 어느 누구도 채용하지 않기로 결정했다. 그에 대한 결과로 애덤스Adams는 고용되지 않았다. 누군가는 5장에서 우리의 논의가 이런 종류의 경우에 대한 불합리성 또는 자의성을 다뤘는지의 여부를 궁금해할 것이다. 이번 장에서 나는 구별의 합리성 또는 불합리성(그리고 그것이 토대로 하는 일반화의 정확성 또는 부정확성)은 그런 구별 짓기가 도덕적으로 허용되는지 또는 허용되지 않는지의 여부에 중요하지 않다는 것을 주장했다. 그러나 심지어 불합리한 차별(수학과 과학 전공자들은 수영 시험들을 통과해야만 한다)은 어떤 근거를 토대로 한다. 심지어 만일 그 근거가 나쁜 것일지라도 말이다(부정확하다는 의미에 있어서). 'A로 시작하는 이름의 금지' 기준은 그 어떤 근거, 심지어 나쁜 근거에조차 기초하지 않는 것처럼 보인다는 점에 있어 달라 보인다. 우리는 이런 종류의 순전한 자의pure arbitrariness에 관하여 어떻게 생각해야 할까? 그것은 부당한 차별인가? 만일 그렇다면 순전한 자의는 비하하지 않는 것처럼 보이기 때문에 그것은 부당한 차별은 비하하는 구별이라는 이론에 대한 반례가 될 수 있을까?

결정이 자의적이라고 말하는 것은 (a)그것이 잘못된 일반화에 기반을 두고 있다는 것이거나, 또는 (b)추첨의 방식이나 또는 (c)심지어 나쁜 근거일지라도 근거도 없고, 따라서 추첨과 같은 결과도 나타내지 않는 방식, 이상의 두 가지 방식에 어떤 근거도 두지 않는다고 말하는 것이다. 세 번째 방식을 설명하는 데 분리적disjunctive일 수밖에 없는 이유는, 세 번째 방식이 아닌 것을 설명하는 것을 제외하고는, 그것이 무엇인지 포착하는 것이 어렵기 때문이다. (a)는 위에서 다루었으므로, 이번 절에서는 내가 "순전한 자의"라 부르는 (b)와 (c)에 집중할 것이다.

우선 추첨에 영향을 끼치는 유형의 자의성부터 시작해보도록 하자. 분배해야 할 한정된 숫자의 무언가가 있고 많은 사람들이 그것을 원할 때, 가끔씩은 추첨을 이용하는 것도 일리가 있다. 모자 안에서 뽑힌 이름을 가진 사람들은(또는 어떤 방식으로 진행을 했던 간에) 이익이 주어지는 사람들이다. 달리 말하자면, 우리는 그들이 자의적으로 선택되었는가 아닌가의 여부에 기반을 두며 사람들을 구별한다. 추첨은 추첨에 참여하는 사람에게 선택을 보장해주지 않는다는 점에서 자의적이지만, 그것은 추첨에 참여하는 사람들을 전부 어김없이 도덕적으로 동등하게 대우하기도 한다. 사실 의미상의 추첨은 각자에게 선택될 수 있는 동등한 기회를 부여한다. 그런 점에서 추첨은 공정성의 사례로 종종 거론된다.

자의성에 관한 세 번째 의미는 어떤가? 어떤 근거도 없고 추첨과 같은 결과도 없는 것은 어떤가? 이런 것들은 일종의 자의성의 도덕적 문제가 아닐까? 내가 이 책을 시작하며 들었던 예시에는(애덤스를 그의 이름 첫 글자가 A로 시작되기에 고용하지 않았다), 적절한 묘사로 보인다. 이 것은 완벽한 자의적 추첨을 얻는 것이 얼마나 어려운지를 나타낸다. 만약 정말로 전혀 인과에 맥락을 두지 않는다면, 자의적 추첨에 다가가기 시작하는 것이다. 우리는 선택을 절차화하는(A를 금지하라) 것을 이야기하고 있는데, 이것은 사람의 머릿속에는 그저 휙 떠오른다. 만약 사람들을 우연히 구별할 수 있는 방법이 결정권을 가진 사람들의 머릿속에 떠오른다면, 애덤스 대신에 베이커Baker를 선택하는 것은 비록 무의식중이긴 하지만 사실상 하나의 정책이 된다(B보다는 A를 선호하는 것). 그러나 만약 그렇지 않다면, A에 대한 부정적인 결정이 '진정으로' 우연이라면, B, C, D, 그리고 또 다른 성씨의 첫 글자들도 동등한 추첨이 될 것이고, 이는 추첨과 동등하게 된다.

이런 선택의 방법론은 추첨의 경우에서라도 우연한 선택이 아닌 특정한 기준을 적용해야 한다는 이유가 존재하는 경우에도 비판의 여지가 있다. 예를 들어 어느 법대생이 "학점이 자의적인 것이야"라고 불평하는 경우를 들어보자. 종종 추첨은 공평하며 실제로 공정성의 모델이기도 하나, 만약 구분을 짓기 위해 특정한 기준을 사용하는 데 중요한 도덕적인 이유가 있을 때는 공정하지 않다. 윌리엄 버로스William Burroughs가 어느 법관이 다른 법관에게 "정의로워져라. 그렇게 할 수 없다면 자의적이기라도 하라"[46]고 말했을 때, 이 말이 재미있는 이유는 법관이 자의적으로 판결한다는 것 자체가 정의롭더라도, 주어진 규범 안에서 판결을 해야 하기 때문이다. 어느 법대 교수가 학생들에게 점수를 배분하기 위해 추첨을 한다면(처음 둘은 A를 주고, 그다음 열 명은 A-를 주며, 그다음 열다섯 명은 B+를 주는 식으로), 학생들은 정당한 이의를 제기할 수 있을 것이다. 그러나 주목해야 할 것은 그 이의제기의 근원이 무엇이냐이다. 추첨의 문제점은 학생들을 도덕적으로 동등한 대상으로 대우하지 못한 방식으로 구별했다는 점이 아니다. 오히려 문제는 대학 내부의 중요성은 학생들의 성적이 학생들의 성취도를 반영하게끔 고안된 방식으로 부여되어야 하고, 그 학생들은 이 추첨이 이런 확약에 근거하여 일어날 것이라고 통보받아야 함을 요구한다는 것이다.

학생들은 소위 말해 즉흥적으로 A학점을 어떤 학생들에게 주기로 결정한 교수에 대하여 이와 유사한 불평을 가질 수 있다. 만일 그 결정이 아무런 근거 없이 이루어졌다는 점에서 정말로 자의적이라면, 교수는 아무런 근거 없이 학점을 부여하지 않고 대신에 몇 가지 타당한 교육적 목적을 달성하도록 설계된 방식으로 학점을 부여해야 할 자신의 역할이 요구된다는 점에서 부당하게 행동한 것이다.

그러나 이런 종류의 자의성이 언제나 금지된 것은 아니다. 많은 규칙과 맥락에서 특정한 기준의 사용이 요구되지 않는다. 더욱이 앞선 장에서 논의되었듯이, 기관들은 자신들이 보기에 적합한 내적 중요성이 무엇이든 (비하를 나타내는 구별 짓기를 금지하는 데 따른 제한된 범위 내에서) 자유롭게 선택할 수 있다. 따라서 예를 들어 어떤 대학은 추첨 방식을 통해서 학생의 성적과 시험 점수를 부여할 수도 있을 것이다. 그런 방법이 교육기관의 성격을 훼손하지 않는 한 교육기관은 자유로이 그런 방식을 택할 수 있다. 그렇게 하는 것이 (영재교육기관에서부터 다른 기관들까지) 그 기관의 특성을 바꿀 것이라는 것에는 의심의 여지가 없으나, 적어도 자유롭게 선택하고 있다. 사실 일부 마그넷 공립학교들은 이런 추첨 방식을 통해서 입학생을 뽑고 있다. 이 방식을 통해 그들은 특정한 유형의 기관으로서의 자신의 정체성을 확립해나간다.

결론

이번 장에서 나는 사람들 사이를 특정한 특성(인종, 성별, 연령, 장애 등)을 기반으로 구별하는 것이 종종 합리적이지만, 미국과 다른 나라들의 차별금지법에 반영되어 있듯이 그런 구별은 종종 그 구별의 합리성에도 불구하고 부당하다고 주장했다. 부당한 차별이 세상에 어떤 영향을 준다는 점에서, 현재 실제 사람의 역량에 지속적인 영향이 있을 가능성은 높다. 게다가 사람들의 동등한 도덕적 가치에 대한 헌신은 명백히 "다른 능력이 있는" 사람들에게까지 적용된다. 아동, 신체장애자들, 그리고 다른 이들에게 영향을 미치는 구별은 합리적일 수는 있지만, 그렇다고 해서 우리는 그것이 사람들의 동등한 도덕적 가치를 존중한다는 헌신과 일치하는지의 여부는 알 수 없다. 게다가, 어쩌면 더욱 논쟁의 여지가 있겠지만 사람들을 자의적이고 비합리적으로 구별하는 것은 그 자체로 사람들을 도덕적으로 동등한 대상으로 대우하는 데 실패하는 것이 아니다. 구별에 영향을 받는 이들에게 있어 단지 불운일 뿐 그 이상은 아니다. 가끔 기관들이나 행위자들은 자신들이 사람들을 구별하는 특정한 기준을 사용하도록 하는 자신들의 역할이나 의무로부터 기인한 특별한 의무를 가진다. 이런 규범을 지키지 못한다는 것은 부당한 것이지만, 이 점이 부당한 차별의 부당함은 아니다.

6장

중요한
것은
생각인가?

많은 사람들은 어떤 법이나 정책을 제정하는 이들의 의도가 법이나 정책, 관행 또는 행동에서 부당한 차별을 만드는 것에 결정적으로 관여한다고 믿는다. 행위자의 의도는 확실히 법적으로 중요하다. 그러나 과연 그런가? 차별의 맥락에서 중요한 것은 생각일까?

월마트의 여성 직원들은 성차별 문제로 회사를 고소했다. 그들은 누구를 승진 대상에 포함시킬지에 관하여 관리자들에게 폭넓은 재량권을 허용하는 회사의 정책이 문제가 된다고 주장했다. 관리자들은 여성의 능력과 특히 여성이 기꺼이 근무지 이동(종종 승진에 요구된다)을 받아들일지의 여부에 대한 편견에 좌우될 가능성이 높다. 여성 직원들과 그들의 변호사는 월마트의 관리자들이 의도적으로 여성을 차별한다고 주장하는 것이 아니다. 오히려 그들은 승진 체계가 의사결정에서 어떤 역할을 하게끔 허용하고 있다고 주장한다.[1]

일부 평론가들은 미국의 장애인차별금지법이 차별금지 법령으로 해석되어서는 안 된다고 주장한다. 만일 어떤 고용주가 문제가 되는 직업을 할 수 있을 것 같은 장애인 직원을 채용하지 않는 이유가 이 직원의 채용을 위해 작업장을 변경하는 데 많은 비용이 들기 때문이라면, 이를 "차별(그 비평가들은 이를 부당한 차별로 의미한다)"이라고 묘사하는 것은 적절하지 않다. 그 이유는 고용주는 단지 비용 대비 가장 효율적인 채용 결정을 내리고자 의도한 것이기 때문이다.

많은 사람들은 어떤 법이나 정책을 제정하는 이들의 의도가 법이나 정책, 관행 또는 행동에서 부당한 차별을 만드는 것에 결정적으로 관여한다고 믿는다. 행위자의 의도는 확실히 법적으로 중요하다. 그러나 과연 그런가? 차별의 맥락에서 중요한 것은 생각일까?

이 질문을 해결하려면, 우리는 먼저 행위자의 의도와 관련이 있을 수 있는 두 가지 다른 방법을 분리해야만 한다. 첫째, 혹자는 사람들을 구별 짓는 사람의 의도가 사실 그 사람이 특정한 특성에 근거하여 사람들을 구별하는지의 여부를 결정해준다고 생각할 수도 있다. 예를 들면 월마트의 감독관이 여성을 남성과 다르게 대우할 의도가 없고 실제로 성별에 기반을 둔 편견이 무의식적으로 나타난 것이라고 하더라도, 이 점이 월마트가 직원을 성별에 따라 다르게 대우하는 관행과 연관될 수 없다는 점을 의미할까?

둘째, 의도는 특정한 기준을 근거로 사람들을 구별하는 것이 부당한지의 여부를 결정하는 데 관련이 있다고 생각될 수도 있다. 만일 누군가가 사람들을 타당한 이유로 구별하여 대우하는 것이라면, 이는 좋지 못한 이유로 다르게 대우하는 것과는 매우 다를 것이다(혹은, 어떤 사람은 그렇게 생각할 수도 있다). 이런 시각은 평등보호의 헌법적 보장을 위반하는 것의 기준인 악의적 의도invidious intent라고 명한 것에 대하여 초점을 맞춘 미국 헌법 원칙의 기저를 이룬다. 브레넌Brennan 대법관은 U.S. Department of Agriculture V. Moreno 사건에서 다음과 같이 평했다. "만약 '법의 평등한 보호'라는 헌법적 개념이 어떤 것이라도 의미한다면, 이 개념은 '최소한도 정치적으로 인기가 없는 집단에게 위해를 가하고자 하는 의회의 원초적 욕망'은 정부의 정당한 이익을 구성하지 못한다는 것을 의미하는 것임에 틀림없다."[2] 그러나 만약 그렇다고 해도, 불법적 이익은 이 이익의 추구를 위하여 이미 행해진 행동의 정당성을 훼손하는가? 그 반대는 어떠한가? 악의적 의도가 없다는 것이 그 행동을 평등에 근거한 도덕적 비판으로부터 보호하는가? 예를 들어 고용주가 장애인 고용을 거부하는 것이 많은 비용을 필요로 하기 때문이라는 사실이 그 행동을 도덕적으로 허용 가능한 것으로 만들어주는가? 이런 질문들과 이런 주된 사항들과 관련된 다른 것들을 이번 장에서 집중적으로 논의할 것이다.

　앞으로의 내용에서 나는 행위자의 의도가 그 사람이 실제로 특정한 특성에 근거하여 구별을 하는지의 여부를 결정 짓지 못한다고 주장할 것이다. 우리는 할 수만 있다면 월마트 관리자들의 머릿속으로 들어가기 위해, 그리고 그들이 성을 기반으로 하여 직원들을 구별한지의 여부를 결정하기 위해 그들의 심리를 파악할 필요가 있을 수도 있지만, 이 결론에 이르기 위해 그들의 의도를 알아볼 필요는 없다. 직원들의 성별이 어떤 역할을 하는 것을 의미하는 것은 말할 필요도 없고, 그들의 성별을 관리자가 의식하지 못하더라도, 이는 관리자의 결정과 관련될 수 있다. 둘째, 행위자의 의도는 특정 맥락에서 특정한 특성을 근거로 하여 구분하는 것이 실제로 부당한지 아닌지의 여부를 결정해주지 못한다. 여기서 나는 의도의 중요성과 반대되는 단호한 태도를 두 가지 관점에서 취할 것이다. 나는 특정한 그룹에게 "위해를 가하려는 원초적 욕구"는 그 의도로부터 기인한 행동을 부당한 것으로 만드는 데 충분하지도 않고 필수적이지도 않다고 주장할 것이다. 게다가 유리한 결과를 위한 수단으로서 특정한 집단을 목표로 하는 의도 또한 도덕적으로 중요하지 않다고 주장할 것이다.

의도란 무엇인가?

내가 의도라는 용어를 사용할 때, 행위자의 의도란 그 사람이 목표로 하는 것이다. 이는 앤스컴G. E. M. Anscombe이 고전적 논의에서 제시한 의도의 세 가지 의미 중에 세 번째를 뜻한다. 그 내용은 다음과 같다. "한 남자가 자주 '난 이러이런 일을 할 거야'라고 말하는 경우, 우리는 이를 의도적 표현이라고 봐야만 한다. 우리는 또한 종종 어떤 행동이 의도적이라고 말하며, 이미 완료된 행위의 의도가 무엇인지 묻기도 한다."[3] 앤스컴이 입증한 의도의 첫 번째 의미는, 의도가 직접적으로 미래의 행동을 지휘하고 제약하는 방법이다. 두 번째 의미는 의도적 행동과 무의식적인 행동 혹은 자신도 모르게 한 행동을 대조하는 것이다. 세 번째 의미는 행위자가 한 행동의 목적이나 목표를 확인하는 것이다. 비록 종종 이런 의도의 의미들이 혼동되고 상호 관련되기도 하지만, 우리가 여기서 집중할 것은 세 번째 의미다. 이번 장에서는 행위자가 목표로 하는 것이 그 행동이 차별을 했는지의 여부를 결정함에 있어 중요한지에 관한 질문과, 그리고 그러하다면 이 행동이 부당하게 차별했는지의 여부에 관한 질문을 살펴볼 것이다.

목표로서의 의도는 동기와 다르며, 또한 나는 행위자의 동기가 행동의 도덕적 허용성과는 관련이 없다고 생각한다. '의도intention'와 '동기motive'라는 용어는 법정의 판결에서 동일한 의미처럼 종종 사용되지만, '동기'는 실제적으로 행위자를 행동하게끔 만드는 욕구에 빠진 상태를 지칭한다.[4] 또 다른 의미는 앤스컴이 밝힌 대로 "어떤 사람의 의도는 그가 목표로 하거나 선택하는 '것'이며, 따라서 그의 동기는 목표나 선택을 결정해주는 것이다."[5] 그러므로 행위자의 목적(그가 추구하는 것)이 행위자가 사람들을 구별하는지의 여부를 평가하는 데 중요한지 아니면 이 구별이 도덕적으로 허용 가능한 것을 평가하는 데 중요한지의 여부가 질문이 된다.

행위자의 의도는 그 행위자가 특정한 특성으로 사람들을 구별하는지의 여부를 결정하지도 못하며, 그 구별이 부당한지를 결정해주지도 못한다고 나는 주장한다. 그러므로 나는 행위자의 머릿속으로 들어가거나 하는 일이 아무 소용 없다는 맥락의 이야기를 하려는 것이 아니다. 내 주장은 더욱 한정적이다. 행위자의 목표나 목적은 무관한 것이며, 그의 사고 과정은 그렇지 않다는 것이다. 이 제한적 주장은 그럼에도 더욱 논란을 촉발한다.

의도와 확인

자주 인용되는 구절에서 홈즈Holmes 대법관은 "심지어 개조차도 발이 걸려서 밟히는 것과 걷어차이는 것의 차이는 구별할 줄 안다"[6]고 주장했다. 이 구절은 행위자의 의도가 어떤 유형의 행동이 일어났는지를 결정한다고 암시하는 것처럼 보인다. 행위자의 의도는 비틀거리는 행동을 걷어차는 행동으로 바꾸어줄 힘을 가지고 있다. 그리고 우리는 일반적으로 말해 걷어차는 것이 도덕적으로 부당하며, 실수로 밟는 것은 도덕적으로 부당하지 않다고 추정하기 때문에, 이 변화는 중요하다. 그러나 이 구절[7]의 의미에 관한 일반적 이해는 잘못된 것일 수도 있다. 어쨌든 홈즈에게 중요한 것이 그 행동의 수용자가 그 행동을 어떻게 해석할 것인지에 관한 것이라면, 그는 개들'조차'도 실수로 밟는 것과 걷어차는 것을 분간할 수 있다는 주장에만 신경 쓸 필요가 있다는 것이다. 이 구절에 관한 논리는 실제로 정반대로 작용한다. 만일 개가 그 차이를 알 수 있다면, 하물며 개보다 더 뛰어난 사람 또한 마찬가지로 알 수 있을 것이다. 따라서 홈즈는 행동이 인식되어지는 방식은 그 행동의 유형이 무엇이며 우리가 그 행동을 어떻게 판단해야 하는지를 결정해주는 데 중요하다고 인정했다.

법이나 정책, 행동이 몇 가지 특정한 특성을 근거로 하여 분류하는지의 여부를 '확인'하기 위해 행위자의 의도를 알아내야 할 필요가 있을까? 의도가 결정적이라는 주장 이면의 생각은 구별 짓는 것 그 자체가 의도적 행위이며, 따라서 누군가 의도적으로 행동하는 것이라면, 그는 단지 분류 혹은 구별을 할 수 있다는 것이다. 과연 그러할까?

그렇지 않다는 것을 보여주는 심리학 연구들[8]이 상당히 존재한다. 린다 해밀턴 크리거Linda Hamiloton Kreiger는 이렇게 설명한다. "인종, 민족, 성별은 우리의 역사와 경제, 인구통계학적·정치적 분포의 관측 가능한 패턴을 통해 핵심적인 역할로 굳어져왔기 때문에" "우리는 사회 지각과 집단 내의 의사결정에 편향을 심어주는 사회 지각과 판단 속에서 그 결과로 초래된 범주화와 관련된 왜곡을 예상할 수 있다."[9] 인지편향의 범위에 대해서는 논쟁의 여지가 있겠으나, 이런 유형의 무의식적 분류의 가능성을 부인하기란 상정하기 힘들다. 그러나 크리거가 근거로 삼은 심리학 연구로, 최근에 다른 연구자들이 논란을 일으킨 개념인 '무의식적 편향'[10]이라는 용어가 의미하는 바를 명확히 해보자.

만일 누군가가 어떤 의도도 없고, 위해를 가할 어떤 욕구도 없으며, 각 집단에 대하여 부정적인 감정도 없이, 한 집단을 다른 집단과는 다르게 대우한다면 그는 무의식적 편향을 가지고 행동한 것이다. 내가 여기서 사용하는 무의식적 편향은 사람들을 구별하거나 분류하기 위해 어떤 특성을 자신도 모르게 이용했다는 것이 아니다.

그리고 만일 무의식적 편향이 가능하다면, 그것에 관하여 뭐라고 말해야 할까? 예를 들어 성별에 관한 어떤 편견이 특정한 직원에 관한 자료의 의미를 만드는 고용주의 방식에 영향을 미친다면, 성별은 (거의 개념상) 의사결정과정에 영향을 미치고 있는 것이다. 그렇다면 월마트의 관리자들이 (여자든 남자든) 업무상 승진 기회를 누구에게 주어야 하는지를 고려하면서 무의식적으로 여성 직원을 고려하지 않는다면, 종업원의 성별은 (관리자의 의도나 그의 성별에 대한 인지와는 상관없이) 관리자의 의사결정과정에 어떤 역할을 하는 것이다. 고용주는 단지 의도적이거나 고의적이지 않게 성별에 따라 분류하는 것이다. 일단 우리가 기술적 탐구에 관한 우리의 이해로부터 규범적 평가를 떼어낸다면, 사람을 구별하는 데 어떤 특성을 의도치 않게 이용하는 것이 가능할 뿐만 아니라, 아주 일반적이라는 것이 분명해진다.

한 사람이 특정한 특성을 기반으로 사람들을 구별하는 것을 목적으로 하지 않고도 구별을 할 수 있는지의 여부에 관한 질문에 다가서는 또 다른 방법은 어떤 유형의 행동이 그런 행동을 의도적으로 하는지에 관한 보다 일반적인 질문을 던지는 것이다. 결국에는 행위자의 의도가 그 사람이 특정한 특성에 근거해 분류를 하는지의 여부를 결정한다는 주장은 한 사람이 분류하려는 목적을 가질 때만 행해질 수 있는 유형의 행동이 곧 분류라는 주장에 이르게 된다. 첫째, 우리는 의도와 행동 사이에 간극이 존재한다는 주장이 논쟁의 여지가 없음에 주목해야만 한다. 누군가가 특정한 행동을 하려는 의도를 가졌다는 사실이 곧바로 의도한 행동이 일어나리라는 것을 보장해주지는 않는다. 이는 일상의 행동에서도 그렇다. 내가 설득력 있는 책을 쓰려는 의도를 가진다는 사실이 이 책이 실제로 설득력을 가질 것임을 보장해주지는 않는다. 분류와 관련해서도 마찬가지다. 즉, 내가 능력에 기반을 두고 분류를 하겠다는 의도를 가질 수도 있지만, 몇 가지 이유들로 인해 그렇게 하지 못할 수도 있다.

그 반대의 경우는 무엇일까? 여기에도 행동의 본질이 행위자의 의도에 의존하지 않는 사례가 흔히 있다. 나는 의도치 않게 누군가를 죽일 수도 있다. 득점을 올릴 수도 있고, 의도치 않게 타인의 감정을 상하게 할 수도 있다. 그러나 행위자의 의도가 구성적으로 보이는 행동들도 존재한다. 어쩌면 누군가는 의도적으로만 살인을 할 수도 있다. 그러나 이는 전혀 올바른 것이 아니다. 내 행동은 자발적이었다는 점에서 의도적이었음에 틀림없지만 살인을 할 의도를 가질 필요는 없다. 그리고 홈즈에게 있어서 걷어차는 행위는 행위자의 의도에 관한 선행을 통해 비틀거리는 행위로부터 그 행위 자체를 구별한다. 분류는 이런 예시와 같은 것일까? 나는 그렇지 않다고 생각한다. 살인은 도덕화된 개념이다. 살인을 부당한 것으로 만드는 것의 일부는 행위자의 비난받을 만한 정신 상태로부터 기인한다는 점에서 살인은 부당한 것이다. 걷어차는 행위 또한 오해를 부르는 예시다. 종종 발차기는 "(방어행동이나 우울한 기분, 수영할 때 발차기를 하는 것과 같이) 발을 이용해 차내는 것"을 의미할 뿐이다."' 이런 종류의 걷어차는 행위는 의도나 목적을 통해 이루어질 필요가 없다. 그러나 '차다'를 발을 가지고 의도적으로 가격한다고 의미하는 경우에는, 이는 우리가 이 단어를 "의도적으로 발로 차다"라는 약칭의 일종으로 사용하는 방식의 일부에 지나지 않는다. 그렇다면, 이것은 차는 행위와 관련하여 어떤 심오한 의미도 시사하지 않으며, 우리가 '차다'란 단어를 의도적으로 가격한다는 뜻으로 쓸 수 있다는 점을 밝혀줄 뿐이다.

구체적인 의도를 가지는 행위자에 좌우되는 행동의 다른 유형들도 충분히 존재할 것이지만, 그것들 중의 하나가 분류라고 생각되는 이유는 무엇일까? 오히려 그런 종류가 아니라는 것에 관한 타당한 이유들이 존재한다. 오케스트라에서는 오디션을 볼 때 크리거가 설명한 인지편향으로부터 음악가들을 보호하기 위해 장막을 친다. 만일 당신이 오케스트라 지휘자이고 인지편향이라는 현상을 인식하고 있고 따라서 그것을 경계한다면, 왜 여전히 장막을 이용하려 할까? 동기 부여가 잘된 지휘자라면 인식과 판단에 있어 이런 오류들을 피하기 어렵기 때문에 장막을 사용하기로 선택할 것이다. 인지편향은 이를 사용하려는 의도 없이도 분류를 하기가 쉽기 때문에 쉽게 제거하기 어렵다. 분류는 종종 그리고 쉽게 의도치 않게 행해진다.

왜 다르게 사고해야 하는가?

래리 알렉산더Larry Alexander는 내가 앞서 제시한 관점에 반대하는 주장을 편다. 그는 행위자의 의도가 어떤 행동이 X라는 특성 혹은 Y라는 특성에 근거하여 구분을 하는지의 여부를 결정한다고 믿는다. 그는 난해한 논문인 〈규칙, 권리, 선택과 시간Rules, Rights, Options and Time〉[12]에서 이 논거를 제시했는데, 이는 아주 유용한 글이다. 이어지는 단락에서 나는 그의 논거를 간략히 설명하고 이에 대해 반론을 제기하고자 한다.

알렉산더는 사람들을 배제하는 효과를 지닌 허용 가능한 헌법적 규칙이 많이 존재한다고 주장한다.[13] 예를 들어 "수영장을 이제 폐장한다"는 규칙은 지금 수영을 하고 싶은 사람들을 배제한다.[14] 게다가 그는 국가 행위자가 헌법적으로 허용 가능한 규칙으로 어떤 걸 채택할지에 있어서 그의 마음을 바꾸는 것 또한 허용 가능하다고 주장한다. 예를 들어 "수영장 개장"과 "수영장 폐장"은 모두 헌법적으로 허용 가능한 규칙들이다. 그러나 만일 다른 규칙들이 특정 집단의 사람들에게 반대로 영향을 준다면, 헌법적으로 허용 가능한 규칙을 '계산된' 방식으로 교차시키는 것은 문제가 될 만한 결과를 만들어낼 것이다. 비록 알렉산더가 그의 논거를 '헌법적으로' 허용 가능한 규칙이라는 관점에서 제시하더라도, 이 논거는 도덕적으로 허용 가능한 규칙으로까지 확장 적용될 수 있다. 어떤 마을에서는 그곳의 수영장을 개장하고 폐장하는 것이 도덕적으로 허용된다. 그러나 특정한 사람들을 배제하기 위해 수영장을 폐장하는 것은 도덕적으로 문제가 되는 것처럼 보인다.

예를 들어 그 마을의 수영장을 개장하고 폐장하는 시기를 결정하는 사람이 백인 고객이 방문하는 것을 보면 수영장을 개장하고, 흑인 고객이 방문하는 것을 보면 수영장을 폐장한다고 가정해보자. 알렉산더는 여기에서 백인은 수영할 수 있고 흑인은 할 수 없다는 것이 '실제' 규칙이라고 주장한다. 그의 관점에서 보면, "이 규칙은 헌법적 (혹은 도덕적) 평가를 위해 작동하는 규칙이다."[15] 그리고 여기에서의 핵심주장은 행위자의 의도를 살피는 것이 실제 규칙을 수정할 수 있는 유일한 방식이라는 것이다. "헌법적으로 반드시 평가되어야만 하는 실제 규칙을 (행위자의) 목적이 근본적으로 규정한다."[16] 비록 '목적'이라는 용어의 쓰임이 모호하기는 하지만(개인이 목적을 인식했을 때는 목적이 개인의 목적을 지칭하기도 하며, 객관적으로 보는 경우에는 정책적 목적에 관한 가장 적절한 이해를 지칭하기도 한다), 알렉산더는 자신에게 핵심이 되는 것은 행위자의 목적 혹은 내적 동기라는 점을 분명히 했다. 그는 중요한 것은 동기 그 자체이고, '어떤 정책'이 채택되었는지에 관한 이유를 반복해서 강조했다.[17]

이는 중요한 논거이다. 만일 실제로 의도가 헌법적으로 허용 가능한 규칙들을 교차에 관한 예시들로부터 이 경우를 구별하는 데 필수적이라면, 알렉산더가 옳은 것이며 중요한 것은 생각이다. 그러나 이는 그렇지 않다. 다음의 내용에서 나는 의도의 분석이 위에서 묘사된 사례들을 확인하는 데 필수적이라는 알렉산더의 견해에 반대되는 두 개의 논거를 제시할 것이다.

그러나 그러기에 앞서, 알렉산더의 주장을 상당히 완화된 (그리고 더욱 그럴듯한) 두 가지 관련된 주장들과 구별하는 것이 중요하다. 알렉산더는 "목적은 근본적으로 실제 규칙을 규정한다"고 주장한다.[18] 다른 말로 하면, 우리는 규칙이 무엇인지에 관하여 알기 위해 목적을 살펴볼 필요가 있는데, 그 이유는 의도가 행동의 구성적 요소이기 때문이다. 이런 시각을 보다 완화된 인식론적 주장과 혼동해서는 안 된다. 일부 사람들은 한 사람이 인종, 성별 등 다른 특성에 근거하여 구분 짓는지의 여부는 그 사람의 의도와는 별개로 결정되는 것이라고 믿기도 하지만, 행위자의 의도를 연구하는 것이 그 행동의 실제 본성을 알아내는 매우 좋은 방법이라고도 믿는다. 만일 사람들이 일반적으로 자신들이 의도한 대로 행한다면, 이는 매우 합리적일 것이다. 법이론이 불법적 차별을 보여주기 위해서는 무엇을 해야만 하는지에 대한 주장과 알렉산더의 관점이 혼동되어서는 안 된다. 의도에 기반을 둔 연구는 어떤 타당한 대안보다도 올바른 결과(올바른 것은 독립적으로 정의되었다)에 이르게 된다.[19] 의도와 분류 간의 관계에 관한 알렉산더의 주장은 훨씬 더 기본적이고 구성적이다.

필수적이지도 충분하지도 않은 것

X라는 특성에 근거하여 구분을 하려는 의도는 어떤 행위자가 그 특성을 근거로 구별했는지의 여부를 확립하는 데 충분하지도 필수적이지도 않다. 알렉산더는 자신이 '메타 규칙'(여기서는 백인은 수영할 수 있고, 흑인은 금지되는 것을 뜻한다)이라고 부르는 것이 무엇인지 결정 내리기 위해 의도를 분석할 필요가 있다고 주장한다. 알렉산더의 논거에 관하여 주목할 첫 번째 요점은 그 논거가 순환논리로 이루어졌다는 것이다. 알렉산더는 실제 규칙은 행위자가 의도하는 바라고 추정한다. 이것이 바로 수영장 인명구조원이 백인들이 방문할 때는 수영장 개장이라는 표시를 보여주고, 흑인들이 방문할 때는 수영장 폐장이라는 표시를 보

여주라고 교육받았다는 것을 독자들에게 밝히는 이유다. 그러나 제시된 예시가 의도가 관련된 이유에 관한 '논거'라면, 우리는 반드시 실제 규칙이 무엇인지에 관한 어떤 가정도 내려지지 않는 곳에서 논의를 '시작해야만' 한다.[20] 이 주제를 보여주는 더욱 정당한 방법은 아래의 세 가지 시나리오를 고려하고, 알렉산더가 가정한 것처럼 의도가 중요한지의 여부를 스스로에게 질문하는 것이다.

> 시나리오 1: 근무 중인 인명구조원은 백인들이 수영하기 위해 도착했을 땐 수영장 개장을 보여주고, 흑인이 도착했을 땐 수영장 폐장을 보여준다.
>
> 시나리오 2: 1과 동일한 동시에, 인명구조원은 흑인들을 내보내기 위해 규칙을 바꾼다.
>
> 시나리오 3: 시나리오 1과 동일한 동시에, 인명구조원은 흑인들을 내보내기 위해 규칙을 바꾸지 않는다.

(알렉산더가 제시한 예시가 가정한 대로) 만일 다른 그럴듯한 설명이 제시되지 않는다면, 세 가지 경우에 있어서의 규칙은 동일할 것이다. 여기에는 두 가지 요점이 있다. 첫째로, 우리는 메타 규칙을 정의하기 위해 행위자의 의도를 알 필요가 없다. 종종 메타 규칙은 그 행위가 발생한 것으로부터 결정된다. 둘째로, '실제 규칙'은 행위자가 의도한 바와는 다를 수 있다. 시나리오 3에서 행위자가 흑인의 수영을 금지하려는 의도를 가지지 않을 수도 있다는 사실에도 불구하고, 만일 그가 백인에게는 수영장을 개방하고 흑인에겐 그러지 않는다면, 수영장이 백인들만을 위해 개방되었다는 것이 실제 규칙이 된다. 물론 이 시나리오는 난해하다. 우리가 묻고 싶은 것은 그렇다면 왜 그는 백인에게는 수영장을 개장하고 흑인에게는 폐장하는 것인가이다. 그가 수영장이 너무 붐빈다고

생각했을 때 흑인들이 도착해 혼잡을 줄이고자 실제로 수영장을 닫고자 의도한 것일 수도 있다. 그러나 무의식적으로 그는 흑인들만 도착했을 때는 수영장이 너무 붐비는 것으로 인식하고 백인들만 도착했을 때는 크게 붐비지 않는 것으로 인식한다(그리고 어쩌면 그들이 동시에 도착했을 때도 그렇게 생각할 수도 있다).

이런 주장을 성립시키기 위해 나는 무엇이 규칙이며, 따라서 부당한 차별에서 중요한 것이 무엇인가에 대한 실험으로서 "차별효과disparate impact"[21]를 지지할 것이다. 이 질문에 대하여 긍정과 부정으로 답할 수 있다. 내가 제시한 해석에서 중요한 것은 행동, 법, 정책의 특징들이며 차별효과는 이런 특징 중 하나라는 점에서 보면, 대답은 긍정이다. 그러나 이 접근법은 차별효과가 중요한 '유일'하거나 심지어는 '중심적'인 특징이라는 관점에 대하여 내가 집중하지 못하도록 만든다는 점에서 보면, 대답은 부정이다.[22] 만일 인종이 행위자의 의사결정에서 그가 이것을 인식하지 못했더라도 어떤 역할을 수행했다면, 인종을 기반으로 하여 구별을 하려는 의도가 충분치 않았음에도 이는 실제 규칙을 확립한다. 게다가 인종이 의식적 혹은 무의식적 수준에서 의사결정에 어떤 역할을 하지 않았다 하더라도, 백인들이 수영하러 온 경우엔 계속해서 개장되어 있고 흑인들이 온 경우엔 폐장되어 있다면, 이런 패턴에 대한 명확히 타당한 근거는 없으며 따라서 알렉산더의 용어를 빌리자면 "실제 규칙"은 백인들에겐 개방되고 흑인들에겐 개방되지 않는 것이다.

알렉산더는 더욱 모호한 경우를 제시함으로써 이 비판에 대하여 대응할 수도 있다. 래리 알렉산더(그리고 케빈 콜)의 시사하는 바가 많은 또 다른 논문을 예시로 살펴보자.[23] 어느 가상의 주립 로스쿨이 지역 응시자를 우대하는 정책을 채택하고 있다. 그러나 이 정책을 채택하는 이유는 이 정책이 소수자의 입학을 억제할 것이며, 이 학교가 그렇게 하는 이유는 로스쿨입학시험LSAT이 소수 응시자들의 성과를 과대평가한 것으로 드러났기 때문이다(이 가정은 괴상하긴 하지만 알렉산더와 콜이 그들의 논문에서 가정한 것이다). 소수자 집단 학생들의 입학 숫자를 낮춤으로써, 로스쿨은 자신의 학생들의 성과를 강화시킬 수 있을 것이다.[24]

이 가설에서 두 가지 질문이 가능하다. 첫째, 위에서 '실제 규칙'은 "지역 응시자들을 선호"하기보다는 "(의도 분석이 시사하는 대로) 소수 지원자들을 제한"하는 것이라는 알렉산더의 가설은 옳은 것인가? 만일 우리의 의도가 실제 규칙을 정의한다고 '가정'하지 않는다면, 실제 규칙이 "소수자를 제한"한다는 것은 전혀 명확하지 않다. 규칙과 그 규칙을 채택하는 근거를 구별하는 것은 중요하다. 이 가설을 설명하기 위한 보다 자연스런 방법은 이 규칙을 채택하는 의도가 (전체 학생들의 성과를 높이기 위해) 소수집단 지원자들을 제한하는 것이 아니라 "지역 응시자를 우대"하는 것이라고 말할 수 있을 것이다. 이 정책의 외적 특징들은 의도를 드러내지 않으며, 실제 규칙이 그것을 채택하게끔 만든 목적에 의해 정의된다고 말하는 것은 반직관적인 구조를 이용하면서까지 단순히 그의 관점을 확고히 해주는 것이다.

두 번째 질문은 보다 진지하다. 만일 "지역 응시자를 우대"하는 규칙이 소수자 학생들의 입학을 제한하기 위해 채택된 것이라면, 이 이유 자체가 그 정책을 허용 불가능하게 해주는 근거를 제공해주는가? 이 문제(문제가 되는 의도들이 법, 정책, 혹은 결정의 '평가'와 관련됐는지의 여부)는 아래에서 논의될 것이다.

표면상의 차별, 차별효과, 의도

알렉산더에게 실제 규칙을 정의하는 데 있어서 의도는 중요한 것이다. 이를 통해 그는 의도가 법 혹은 정책이 의심되는 특성(즉, 인종, 성별, 혹은 법에 의해 법원이 면밀히 살펴야 하는 무언가)을 근거로 하여 분류를 하는지의 여부를 결정하는 데 필수적이라고 말했다. 알렉산더는 분류하도록 만드는 동기(차별철폐 조처가 종종 긍정적 차별로 묘사되는 방식)에는 관심이 없다. 대신에 그는 오로지 실제 규칙이 (그 이유가 무엇이건 간에) 의심되는 특성을 근거로 해 분류를 하는지의 여부를 결정하는 의도를 사용하는 것에만 관심을 가졌다. 그 결과, 알렉산더의 법이론에서 "차별대우"와 "차별효과"라고 불리는 경우들 사이에 매우 확고한 구분이 존재한다.[25] 차별효과와 관련된 경우들은 법, 정책, 행동들이 의심되는 특성을 근거로 하여 명백히 분류하지 않지만, 법, 정책, 행동의 효과가 소외된 집단에게 부정적이고 불균형하게 느껴지는 경우를 말한다.

차별대우는 알렉산더가 중점을 둔 것이 아닌데, 아마도 그 이유는 이런 법과 정책에 있어 법이 의심되는 특성을 근거로 하여 분류를 한다는 사실이 분명하고 따라서 의도에 대한 연구가 필요하지 않기 때문이다. 그러나 알렉산더는 엄밀한 방식으로 차별효과와 차별대우를 구별하고 차별효과와 관련된 경우들에 대한 의도 분석의 이용을 한정할 수 있을까? 만일 그럴 수 없다면, 행위자의 의도가 실제 규칙이 무엇인지를 결정한다는 주장에 대한 알렉산더의 논거는 무언가 문제가 있다고 드러날 것이다.

이제 알렉산더가 차별효과의 경우들에서 어떻게 연구 중에 "실제 규칙"을 발견했는지에 대하여 좀 더 면밀히 살펴보도록 하자. 제209조(인종에 기반을 둔 적극적 평등조치를 금지함)에 뒤이어 다양성을 증진시키기 위해 캘리포니아의 대학들이 채택한 정책들에 관하여 논의하면서, 알렉산더는 다음과 같이 말한다.

> 인종적 다양성을 증진시키기 위해 표면적으로 비인종적 입학기준을 선택하는 입학관리자들은 법을 회피하는 것이 아니라 위반하는 것이다. 그들은 인종적 이유들로 인해 인종을 밀접한 대용물로 선택하고 있으며, 우리는 시간이 흘러도 그 이유들이 지속적으로 유지된다면 그 대용물이 필요한 경우에는 변화할 것이라고 반드시 가정해야만 한다. … 실제 규칙은 인종적 다양성을 증진시키기 위해 숨겨진 무엇인가를 허락한다.[26]

실제 규칙을 규정하기 위해 알렉산더는 행위자의 의도에 주목한다. 만약 어느 대학에서 소수자 학생의 비율을 늘리기를 원하지만 인종을 근거로 공공연하게 분류하는 것이 금지되었다면, 그 대학은 대신에 "고등학교 졸업성적이 상위 10%인 응시자 우대"와 같은 표면적으로는 중립적인 정책을 채택할 것이다. 알렉산더는 이 정책은 인종적 분류 그 자체라고 주장했다. 이 주장은 내가 앞의 절에서 강조했던 그의 관점에 대한 이상하고도 강력한 반직관적인 주장이다. 그 정책에 의해 제시된 증거에도 불구하고, 어떤 '근거'로 그는 이것이 실제 규칙이라고 결정했는가? 그는 실제 규칙이 "인종적 다양성을 증진시키기 위해 허락하는 것"인데, 그 이유는 시간이 흘러 이 목적을 달성하기 위해 이용된 내용물들이 변화할 것이기 때문이라고 결론 내렸다. 다시 말해서 상위 10%라는 규칙이 다양성의 목표로 작용하는 한 유지될 가능성이 높기 때문에, 실제 규칙은 "상위 10%를 입학시키는 것"이라기보다는 "인종적 다양성을 증진시키는 것을 허용하는 것"이라고 결론 내려야만 한다.

그러나 이 분석은 또한 합리적 인종 혹은 성차별이 실제로는 전혀 차별이 아니라는 것을 보여주기 위해 사용될 수도 있다. 소위 합리적 인종 혹은 성차별은 인종이나 성별을 다른 특성과 긍정적으로 상호 관련 맺는 일부 다른 특성들에 대한 대용물로 사용하는 것을 지칭한다. 예를 들어 일반적으로 여성들이 업무에 필요한 충분한 시간만큼을 근무하지 않으려고 하기 때문에 여성 채용을 거부한다고 가정해보자. 여기서 성별은 장시간 근무를 기꺼이 하려는 마음에 대한 대용물로 이용되고 있다.[27] 이 정책이 성을 기반으로 하여 구직자들을 구별하는 예시인가? 이에 대한 알렉산더의 분석은 아니라고 답하는 것으로 보인다. 제209조의 사례에서, 알렉산더는 누군가 반드시 "실제 규칙"을 발견해야만 한다고 말하기보다는, 그가 단순히 규칙이나 정책의 표면만을 살펴볼 수 없다고 말해야만 했을 것이다. 알렉산더에 따르면, 그러기 위해서 그는 행위자의 의도를 파악해야 한다. 특히 기저에 놓인 목적을 수용하기 위해서 "그 대용물이 필요에 따라 변화"할 것인지의 여부를 살펴봐야 한다. 합리적 성차별(혹은 합리적 인종차별)의 경우에서, 기저에 놓인 목적은 비용 대비 가장 효율적인 근무자를 고용하는 것이다. 따라서 알렉산더의 분석은 실제 규칙이 "어떤 여성도 고용하지 않는 것"이라기보다는 "장시간 근무하기를 꺼려하는 사람들을 고용하지 않는 것"이라는 점을 암시한다. 알렉산더의 논거에서 이용된 논리에 따르면, 이는 단순히 성별에 근거해 구직자들을 선별하는 경우가 전혀 아닌 것이다.

여기서의 문제는 알렉산더의 분석이 차별이 허용 가능한가에 대한 규범적 질문과 어떤 유형의 분류가 사용되고 있는가에 대한 해석적 질문(즉, 그의 용어를 빌리자면 "실제 규칙"이 무엇인가)을 합쳐버린다는 것이다. 알렉산더는 여성들이 장시간 근무하지 않을 것이기 때문에 그들의 고용을 거부하는 고용주는 성별을 근거로 구별한 것이 아니라는 결론을 내렸어야 했을 것이다. 이는 여러 모로 부당한 것으로 보인다. 분류의 합리성이 중요하다면(일부 비평가들에게는 중요하지만, 다른 이들에게는 그렇지 않다) 이것이 성별 분류인지 여부가 아니라, 분류의 법적 혹은 도덕적 허용 가능성과 분명히 관련된다. 지금까지 논의된 요점들을 정리해 보자. 첫째, 의도는 법에서 논의 중인 실제 규칙을 확인하는 데 '필수'적인 것이 아니다. 행동 자체에 대한 증거는 문제가 되는 경우들을 살펴보는 것만으로도 충분할 것이다. 의도도 충분하지 않다. 흑인들을 내보내기 위한 의도에 의해 동기가 부여된 규칙 변화의 패턴은 그렇지 않은 규칙 변화의 패턴과 반드시 다를 필요는 없다. 다르다고 주장하는 것은 작용하고 있는 규칙을 '확인'하기 위한 의도를 찾아볼 필요성에 관하여 실제로 주장을 하는 것이 아니며, 대신에 어떻게 규칙을 '평가'해야만 하는가에 관한 주장을 하는 것은 나쁜 이유들로 인해 동기부여 받은 것이다(이는 아래에서 설명될 것이다). 둘째, "실제 규칙"을 발견하기 위한 행위자의 의도를 살펴볼 필요가 있다는 주장은 합리적으로 차별하는, 표면적으로는 차별적인 법(그리고 어쩌면 다른 법들)이 실제로는 성별이나 인종 (혹은 다른 무엇이든 간에) 등을 근거로 분류하지 않는다는 반직관적인 결론에 도달하게 만든다. 이 관점에서 보면, 실제 규칙은 내용물의 대상 (예를 들면, 가장 생산적인 직원의 고용)에 의해 정의된다. 하지만 이 설명은 틀린 것처럼 보인다. 차별대우에 있어서 행위자의 의도와 관련된 문제들이나 실제 규칙이 무엇인지를 결정함에 있어 차별효과와 관련된 경우들은, 지지할 수 없는 결론들이나 행위 자체에 관한 증거들로 이끌어준다.

개인적 편견

내가 제시해온 설명에 계속 문제가 되는 사례가 하나 있는데, 행위자가 발견되는 것을 피하는 방식으로 인종이나 성별(또는 뭔가 문제시될 만한 것)을 이용하는 것이다. 어떤 고용주가 자신이 판단하기에 가장 적임인 구직자를 고용하는 정책을 준수함에도 불구하고, 만약 조건이 동등한 경우에는 백인을 고용한다고 가정해보자. 고용주가 인종을 (구직자의) 조건이 동등한 경우에만 사용하기 때문에, 이 정책의 표면적인 의미는 인종이 어떤 역할을 해왔다고 나타내지 않는다. 인종이 어떤 결정 요소가 아니었던 고용주라면 동등한 지원자들 중에 첫 번째 직원을 고용하기로 쉽게 선택했겠지만, 그 이유는 다르다. 이 예시에 관하여 우리가 밝혀야 하는 것은 "실제 규칙"에서 선택 과정 중 인종이 중요한 역할을 했다는 것이다. 그러나 그러기 위해서는 알렉산더가 가정한 대로 행위자의 의도를 살펴보아야만 하는가?

이 질문에 답하기 위해 A와 B라는 두 명의 다른 고용주들을 생각해보자. 고용주 A는 두 명의 구직자가 동등한 관련 자격을 가지고 있을 때 백인 구직자를 선호하기로 결정한다. 이 방법을 채택함에 있어, 그는 자신의 고용 결정에 인종이 어떤 역할을 하는 고의적 선택을 한 것이다. 이와는 대조적으로 고용주 B는 그가 생각하기에 제일 능력 있는 지원자를 선택한다. 하지만 그는 지속적으로 백인이 아닌 지원자들의 성과를 저평가하고 그렇게 하는 것을 인식하지 못한다. 편견은 미미하고(이것이 B가 그것을 계속 인식하지 못하고 계속되는지 설명해준다), 시간이 지남에 따라 고용주 A처럼 동일한 직원들이 선택되게끔 만든다. 이런 경우들에서 나는 고용주 A가 고용주 B와는 달리 의도적으로 의사결정과정에 인종을 하나의 요소로 사용하고 있다고 말하는 것이 타당하다고 생각한다. 고용주 B가 인종이 그의 의사결정과정에 관련이 있다는 사실을 인지하지 못한다 하더라도, 그는 분명히 행동의 이유로서 백인이 아닌 지원자에 대한 우대를 해오지 않았다. 만약 알렉산더의 말대로, 우리가 고용주 A의 경우에서 "실제 규칙"이 "최고의 구직자를 선택하되, 조건이 동등할 경우에는 백인을 선택한다"이며, 그 이유는 고용주 A가 의도한 것이기 때문이라고 말한다면, 고용주 B에 대해서는 뭐라고 말해야만 할까? 고용주 B가 이용한 "실제 규칙"은 그가 의도한 대로 "최고의 구직자를 선택"하는 것이라고 말해야만 할 것이다. 그러나 이는 옳지 않은 것이다.

두 사례에서 실제 규칙은 인종을 의사결정과정과 관련된 요소로 사용한다. 우리가 비록 고용주 A를 비난하고 B를 비난하진 않더라도, 행위자의 의도는 행위자의 판단과 관련될 수 있으므로(이 문제에 대하여 나는 어떤 입장도 취하지 않겠다), 이 점이 행위자의 의도가 행위자가 실제로 취한 행동이 무엇인지 결정한다는 것을 의미하진 않는다. 고용주 A와 B 모두 구직자의 인종을 그들의 의사결정에서 하나의 요소로 사용한다.

실제 규칙이 무엇인지를 결정하기 위해 필요한 것은 고용주가 인종을 하나의 요소로 의도했는지의 여부가 아닌, 인종이 하나의 요소였는지의 여부를 알아내는 것이다. 비록 고용주 B의 의도가 충분치 않다고 하더라도, 고용주 A처럼 B에게도 인종은 하나의 (결정) 요소였다.

이 예시는 최고의 지원자를 뽑되, 조건이 동등할 경우 백인을 선택하는 것과 같은 규칙과 최적의 지원자를 선택한다는 규칙의 편견이 개입한 적용 사이에 차이가 있는지에 대한 의문을 불러일으킨다. 그 사이에 차이가 있는지 나는 확신할 수 없다. 만일 편향이 개입한 적용이 (예를 들어 의사결정자가 대리인이기 때문에) 1회에 그치는 것이라면, 우리는 이것을 더욱 최고의 구직자를 선택하는 규칙이 개입한 적용이라고 묘사하기 쉽다. 그러나 의사결정자가 일상적으로 편향에 빠져 있다면, 그 규칙은 최고의 구직자를 선택하되, 조건이 동등할 경우 백인을 선택한다고 말하는 것이 더욱 타당하다. 규칙 자체의 개념은 약간의 일반성을 필요로 한다. 이 논의는 보다 심화된 하나의 요점을 제기한다. 만일 인종 기준이 특별히 미미한 역할을 한다면, 일정 지점에서 이 기준의 역할은 가장 축소될 것이다.

요약하자면, 의도에 중점을 두는 접근법은 (알렉산더의 용어를 빌리자면) 행위자의 의식적 선택이 실제 규칙의 결정요소가 되도록 허용한다. 그러나 행위자가 행하는 것은 (수영장 폐장의 경우처럼) 그가 의도한 바와는 다를 수 있고, 인지편향이 인식과 판단에 영향을 미칠 수 있기 때문에, 행위자의 의도가 자신이 따르고자 하는 실제 규칙을 결정짓지는 않는다.

물론 한 가지 중요한 실질적인 문제가 남아 있기는 하다. 법원은 (또는 상대방의 행동을 평가하는 다른 누군가는) 실제 규칙이 무엇인지 어떻게 판단해야만 하는가? 기준은 개인적인 것이고 심지어 이를 사용하는 사람에게조차 모호한데, 인종이 고용주 A, B 모두의 의사결정에서 하나의 기준이었다는 것을 어떻게 알 수 있을까? 이 문제에 관하여 주목해야 할 첫 번째 사항은 이 문제가 실제 규칙이 무엇인지의 결정에서 어떤 요소들이 실제로 중요한 것인지가 아닌, 학술적 성취의 수준에서만 문제를 제시한다는 것이다. 이번 장의 목적은 의도가 실제로 중요하다는 주장에 반대하는 것이었으므로, 여기서 논의된 철학적 문제들에 대해 이 정도로 확증하는 것만으로도 충분하다.

그렇긴 하지만, 학술적 성취 문제에 관하여 간략한 생각들을 제시해 보겠다. 혹자는 의도에 초점을 맞추는 학술적 접근법이 실제 규칙이 무엇인지 결정해주는 요소들과 가장 비슷한 것이라고 주장할 수도 있다. 어쨌든 많은 경우들에서 행위자가 의도한 것과 그가 행한 것은 동일할 것이다. 비록 이 접근법이 본래 타당한 것으로 보였을지라도, 시간이 지남에 따라 처음보다 훨씬 덜 타당한 것으로 보이게 된다. 첫째, 의도 그 자체는 공공연한 것이 아니므로 규명하기가 쉽지 않다. 그러므로 이 접근법은 관리적 특성의 법적 장점조차 지니지 못한다. 둘째, 의도된 행위와 실제 행위가 종종 어긋날 수 있다고 생각할 만한 타당한 이유들이 있는데, 이는 인지편향이 만연했기 때문이거나 사람들이 행동하는 사회적 맥락이 실제 행동이 무엇인지에 관한 강력한 영향력을 지니기 때문이다.

의도와 평가

만일 행위자의 의도가 법, 정책, 결정이 특정한 특성을 근거로 하여 분류를 하는지의 여부를 결정하지 않는다면, 아마도 행위자의 의도는 분류가 부당한 것인지의 여부를 결정해줄 것이다. 이 주장은 타당해 보인다. 이를 논의하기 위해, 관련된 논의를 검토하면서 시작해보자. 행위자의 의도가 어떤 행동이 허용 가능한지 아닌지의 여부에 영향을 미친다는 주장은 철학 관련 저서에서 이중결과 원칙DDE: Doctrine of Double Effect이라고 알려진 것에서 두드러진 역할을 한다. 이 원칙과 이 원칙에 깔려 있는 주장은 상당한 논란을 불러일으켰다. 이 논쟁은 행위자의 의도가 그 행동의 부당함의 여부에 영향을 미칠 수 있는지에 크게 할애하고 있기 때문에, 여기서 이 논쟁을 살펴보는 것이 유용할 것이다.

DDE에 따르면, 피해를 끼칠 행동들은 종종 부당하며, 때로는 그 피해가 의도되었는지 아니면 예측되었는지의 여부에 좌우되지 않는다. 피해를 끼칠 행위들은 가끔은 잘못되었으며 가끔은 그 피해가 의도되었건 그저 예견되었건 간에 좌우되지 않는다. DDE는 가톨릭의 정전正戰 원칙에서 유래되었고, 따라서 전시의 전략 폭격과 전시 폭격 사이의 대조를 보여주기 위해 가장 빈번하게 사용되는 예시이다.[28] 전략폭격은 정당한 군사목표(예를 들면 군수공장)의 폭격을 의도로 하지만, 이 폭격으로 인해 근처의 민간인들이 죽을 것이란 것도 예견할 수 있다. 이와는 대조적으로 전시폭격은 민간인들의 살상을 목표로 한다. 각 사례들을 동등하게 만들기 위해 이 예시는 우리에게, 행위자들의 의도는 제외하고 이 전쟁은 일반적으로 정의로운 전쟁이고, 각각의 경우에서 동일한 숫자의 민간인들이 사망할 것이며, 민간인의 사망확률도 또한 동일할 것이라고 가정하도록 요구한다. 이중결과 원칙에 따르면, 전략폭격은 도덕적으로 허용 가능한 반면 전시폭격은 그렇지 않는데(이는 널리 공유된다고 추정되는 직관이다), 그 이유는 전략폭격은 민간인들의 살상을 의도로 하지 않고 그렇게 예견만 할 수 있는 반면에 전시폭격은 민간인들의 살상을 의도하고 있기 때문이다. 주디스 톰슨이 원칙을 다시 말했듯이(그녀는 이중결과 원칙PDE: Principle of Double Effect이라고 말했다), "PDE는 행위의 긍정적 결과가 이와 비례하여 충분히 긍정적이라면 행위자가 그 행위를 도덕적으로 허용 가능하게 수행할 수 있고, 부정적 결과를 예측하면서도 긍정적 결과만을 의도로 하고 부정적 결과를 의도로 하지 않는다면, 각각의 경우는 목적(즉, 긍정적 결과 자체를 위한 목적)이나 긍정적 결과를 위한 수단이 될 것이라고 우리에게 말해준다."²⁹ 전략폭력이 민간인 살상을 그 자체의 목적이나 여타 다른 목적에 대한 수단으로 의도하지 않기 때문에, 군수공장을 폭격하는 것은 허용 가능하다. 민간인 살상은 엄밀히는 부수적 피해이고 정당한 목적의 유감스러운 부작용이다. 대조적으로 전시폭격은 민간인 살상을 목적으로 한다. (이 폭격 결정자의) 의도는 그들의 죽음을 야기함으로, 그의 행동은 허용 가능하지 않다.

이중결과 원칙이 두 개의 사례들 사이의 도덕적 차이라고 불리는 것을 설명해주고 정당화하는 데 이용되는, 보다 논쟁을 일으키는 유형의 두 번째 사례는 의사의 도움을 받은 안락사와 관련된 영역에서 찾을 수 있다. 여기서 안락사를 비판하는 이들은 죽음이 예측 가능한 결과("임종 전 진정"으로 일컬어진다)로 도출되는 경우에, 죽음을 앞당기는 약물의 투여와 충분한 고식요법을 위해 약물을 투여하는 것 간의 구분이 중요하다고 주장한다. 이런 경우가 유의미하게 도덕적으로 다른 이들에게는, 이 차이가 DDE를 사용함으로써 설명될 수 있을 것이다. 죽음을 야기하는 약물 투여의 경우, 행위자의 의도는 환자를 죽이는 것이다. 이와는 대조적으로, 임종 전 진정의 경우에서는 행위자의 목적이 환자의 고통을 완화해주는 것이다. 고식요법을 위한 약물 투여 결과가 예측할 수 있기는 하지만, 따라서 환자의 죽음은 합법적 목표의 결과일 뿐이다.

렌퀴스트 대법관은 이 설명에 근거하여, 안락사를 금지하는 뉴욕시의 법을 인정하는 바코 대 킬Vacco v. Quill 사건[30]의 판결이 임종 전 진정을 불법화하지 않는 이유를 설명한다. 그는 일반적으로 법체계가 행동을 구별하기 위한 방법으로 행위자의 의도를 사용한다고 주장하며 시작했다.[31] 이 주장을 뒷받침하기 위해, 그는 행위자의 심리 상태가 범죄의 정도를 결정 짓는다는 형법에서 유래한 예시와 사람들 사이의 구별이 어떤 정책이 단순히 "의도치 않았지만 예측 가능한 결과들에도 불구하고"가 아니라 그런 결과들 "때문에" 채택된 경우에 허용 가능하지 않다는 원칙의 주장에 근거했는데 그 이유는 아마도 바코 사건이 평등보호 사례였기 때문일 것이다.[32] 노골적으로 이중결과 원칙에 의존하면서, 렘키스트 대법관은 임종 전 진정이 안락사와는 의미적으로 다르다고 주장했는데, 그 이유는 (환자의) 상태가 "의료 처치의 거부와 연결되는 고통 완화 처치를 허용할 수 있지만, 이는 예측 가능하지만 의도치 않은 환자의 죽음을 앞당기는 '이중결과'를 지닐 것이기 때문이다."[33]

DDE를 비판하는 이들은 도덕적 차이를 만드는 것이 행위자의 의도라는 주장이 아주 노골적으로 터무니없는 것이 아니라면 이상한 것으로 보인다고 지적하며, 두 가지 사례 간의 도덕적 차이에 관한 이 설명을 반대한다. 이런 반대는 다음과 같은 것들에서 유래한다.[34] 어떤 의사가 자신의 환자에게 높은 용량의 진통제를 투여하는 것을 고려하고 당신에게 충고를 얻기 위해 왔다고 가정해보자(당신은 병원 윤리위원회 회원이다). 그 의사는 당신에게 환자가 그만큼의 약물을 요구했으며 환자는 고식요법을 위한 약물의 투여가 자신을 죽음에까지 이르게 할 수 있다는 것을 인지하고 있다고 말한다. 그 의사는 또한 환자의 상태는 가망이 없으며 가능한 대안요법이 없다고 밝힌다(그리고 환자와 환자의 상태에 관한 모든 정보를 제공한다). 이 경우에 관한 당신의 의견을 전달하기에 앞서, 당신은 의사에게 그의 의도에 관하여 더 부가적인 질문을 물어야 하지 않을까? '글쎄요, 처방은 당신의 의도에 달려 있는 것 같네요. 만일 당신이 환자의 죽음을 의도하고자 한다면, 그 약을 처방해선 안 되겠지만 단순히 고통의 완화를 의도한다면 그렇게 해도 될 것 같은데요'라고 말해야 할까?

이 반대 의견이 강력한 이유는 약물 투여의 허용 가능성이 이를 처방하는 사람의 생각 밖의 요소들에 달려 있는 것처럼 보이기 때문이다. 대신 문제가 되는 것은 환자와 환자의 상태에 관한 요소들이다. 그가 약물을 요청했는가? 그의 상태는 가망이 없는가? 그가 극심한 고통을 겪는가 등의 요소들이다. 의사에게 그의 의도가 무엇이냐고 묻는 것은 쓸데 없는 짓이다.

이는 행위자의 의도가 안락사의 도덕적 허용 가능성과 관련 있다는 주장에 대한 설득력 있는 반대이다. 언뜻 보기에는 여전히 이 요점을 차별과 관련한 맥락으로 바꾸기는 어려워 보인다. 차별은 행위자가 선택할 수 있는 잠재적 사람들 혹은 채택할 수 있는 정책들에 관한 '재량'을 가지고 있는 상황에서 종종 발생한다는 점에서 다르다. 종종 도덕적으로 요구되거나 금지되는 (환자에게 약을 처방하는 것과 유사한) 유일한 올바른 결과가 존재하지 않는 경우도 있다. 오히려 일부 정책이나 결정이 허용 가능하기도 하다. 더욱이 금지된 것이 특정한 결과가 아닌 의사결정에서 특정한 기준을 이용하는 것일 때도 있다.

그러나 이 사실이 행위자의 의도가 행위가 부당한지의 여부를 결정짓는다는 것을 나타낼 필요는 없다. DDE가 잘못됐다는 팀 스캔런Tim Scanlon의 설명은 그 이유를 설명하는 데 유용하다. 스캔런에게 도덕원칙은 DDE에 대한 예외로 인정되는 이유들에 대한 자세한 설명을 DDE 안에 담고 있다. 우리가 이 원칙을 따른다면, 행동에 대한 지침으로서 일반 명제에 대한 예외로 인정받는 이유들을 받아들이는 것이다. 만일 우리가 우리 행동에 대한 지침으로 이런 이유들을 받아들이지 못한다면(즉, 다른 의도로 행동하고자 한다면), 우리는 부당하게 행동하는 것이다. 하지만 스캔런이 설명한 대로, "우리의 행동을 부당하게 만드는 것은 우리가 행동의 근거로 삼은 이유(즉, 의도)가 아니라 그 원칙이 행동에 반대되는 결정적 이유들로 확인하는 '행동의 특징과 행동 환경'인 것이다."[35] 스캔런은 다음의 사례를 제시하여, 그가 만든 미묘한 차이를 보다 명쾌하게 설명한다.

내가 무엇인가를 하겠다고 약속했고, 이 상황에서 이 약속은 그것을 해야만 하는 결정적 이유로서 중요한 것이라고 가정해보자. 특히 내가 그 약속을 어김으로써 금전적으로 이익을 얻을 수 있다는 사실이 약속을 깨는 것에 대한 충분한 이유가 되지 못한다. 그러나 어쨌든 내가 금전적 이익을 위해 약속을 깼다고 가정해보자. 내 행동의 결점은 내가 한 약속을 깨기 위한 충분한 근거로서 내 자신의 이익을 얻음으로 하여 부당하게 행동한 것이라고 말할 수 있을 것이다. 그러나 보다 근본적인 수준에서 보면, 내 행동을 부당하게 만든 것은 내가 행동의 근거로 삼은 이유가 아니라 그런 행동에 불리한 것으로 여겨지는 이유 때문이다. 그 행위가 부당한 이유는 내가 약속을 했던 사실이 그 상황에서 내가 무언가를 반드시 행해야만 하는 경우를 성립시키기 때문이다.[36]

이와 유사한 해석은 부당한 차별과 관련된 경우들의 부당함을 설명해줄 수 있다. 어떤 고용주가 백인 구직자를 우대한다고 가정해보자. 그는 의식적으로 그리고 의도적으로 유색인종 구직자들 중에서 백인 지원자들을 선택한다. 스캔런의 설명에 따르면, 이를 부당하게 만드는 것은 고용주가 백인을 고용하려고 '의도'했다는 사실이 아니다. 대신에 이 행동을 부당하게 만든 것은 피부 색깔이 고용 결정에 영향을 미치는 요소가 되어서는 안 된다는 점이다. 관련 있는 것은 의도가 아니라 구직자의 인종이 의사결정에 영향을 미쳐서는 안 되는 경우에 영향을 미쳤다는 사실이다.[37]

이제 인지편향에 관한 사실과 이 해석을 비교해보자. 위의 절에서 우리는 사람들이 의도하지 않고 인종, 성별, 다른 특성 등을 근거로 하여 분류한다고 확립했다. 다르게 말하면, 인종 혹은 성별에 기반을 둔 특성들은 인지적 인식 없이 의사결정에 영향을 미칠 수 있다는 것이다. 그리고 만일 어떤 행동을 부당하게 만드는 것이 인종이 어떤 역할을 하지 말아야 함에도 그러하다는 사실이라면, 이런 행동을 부당한 것으로 만드는 것은 행위자의 의도가 아니라, 인종 범주화가 의사결정에서 어떤 역할을 담당하지 말았어야 함에도 불구하고 그렇게 했다는 사실이다.

이 쟁점에서 잠시 멈추고 살펴볼 필요가 있는데, 그 이유는 이 유형의 사례는 의도가 부당한 차별에 관한 주장의 평가와 반드시 관련된다는 관점을 강화하기 때문이다. 대부분의 사람들은, 예를 들어 물에 빠져 있는 사람에게 구명조끼를 던져주는 것과 같이 도덕적으로 요구되는 행동에 있어서, 행위자의 의도가 누군가를 구하려 한 것인지 아니면 기대되는 보상을 얻기 위해서 한 것인지 상관없이 옳다는 것에 동의한다. 그러나 사람들을 구별하는 것은 이와는 다른 것으로 보인다. 그 이유는 부당한 차별이 종종 어떤 특정한 행동이 요구되지 않는 맥락에서도 발생하기 때문이다. 고용과 관련한 맥락에서, 종종 아무도 가장 적임의 구직자가 아니거나, 또는 고용주가 가장 적임의 구직자를 선택하지 않는 경우도 있다. 이런 경우에서 이에 따라 금지되는 것은 특정한 의도(백인을 고용하는 것)나 특정한 동기(인종차별)에 따라 행동하는 것으로 보일 수도 있다. 스캔런의 직관은 (비록 다양한 허용 가능한 행동들이 존재하는 맥락을 다루지는 않지만) 이 직관 이면에 존재하는 혼동을 잘 나타내준다. 예를 들면 비록 다양한 행동이 허용된다고 하더라도, 인종을 구직자 선정의 기준으로 사용하는 것과 같은 적절히 묘사된 일부 행동은 (명확히 규정되고 제한적인 상황을 제외하고는) 금지되었다.

그러나 스티븐 스베르딕Steven Sverdik은 이에 동의하지 않는다.[38] 그는 차별이 동기가 도덕적 의미를 지니는 사례들 중 하나를 보여준다고 주장한다. 그는 구매자가 흑인이라는 이유로 자신의 주택의 판매를 거절하는 판매자의 예를 든다. 스베르딕은 판매가자 다른 이유(예를 들면 신용도 부족)로 인해 구매자에게 판매를 거부할 수 있고 또한 (그가 다른 생각이 있어 집을 보유하기로 결정했기 때문에) 단순히 시장에서 자신의 주택 판매를 완전히 중단했을 수도 있으며 따라서 이 구매희망자에게 자신의 주택을 판매해야 할 의무가 없고, 행위자의 동기가 도덕적 차이를 만드는 것, 즉 도덕적으로 허용 가능한 행위(위의 두 가지 이유로 판매를 거절하는 것)를 도덕적으로 부당한 행위(구매가자 흑인이기 때문에 판매를 거절하는 것)로 만드는 것이 바로 이 사례임에 틀림없다고 믿는다. 그러나 (스베르딕이 생각하는 대로) 정말로 행위자의 동기나 의도가 중요한 것일까?

다양한 행위들(예를 들면 구매자에게 판매를 거부하거나 판매하는 것)이 허용 가능한 이유들은 중요하지만, 이 이유들이 어떻게 중요한지 더욱 면밀히 살펴보도록 하자. 구매자의 인종이 판매의 결정에 영향을 미치는 것은 도덕적으로 허용 가능하지 않다. 그러므로 판매자는 허용 가능한 수많은 이유들로 인해 판매 여부를 결정할 것이지만, 그는 구매자의 인종을 이유만으로 판매를 거부할 수는 없다. 만일 구매자의 인종이 판매자의 결정에 영향을 미친다면, 부당한 행동이 발생한 것이다. 행위자가 (부당한 행동을) 바랐는지 혹은 인종에 의해 동기부여가 되었는지의 여부도 중요하지 않고 또한 그의 목표가 흑인 구매자에게 판매를 거절하는 것인지의 여부도 중요하지 않다는 점에서 동기나 의도 모두 중요하지 않다. 중요한 것은 구매자의 인종이 실제로 판매자의 결정에 영향을 준 요소였는지, 그리고 그가 요소가 되기를 원했었는지 아니면 그렇게 되기를 의도했었는지의 여부이다. 만일 인종이 이런 역할을 했다면, 그 행동은 부당한 것이다.

누군가 부당하게 차별하기 위해서는 그렇게 의도해야만 한다는 주장은 부당하게 분류하기 위해선 그렇게 의도해야만 한다는 주장에 근거한다. 그러나 만일 누군가 의도하지 않고서도 '분류'할 수 있다면, 그 '부당한' 분류가 특정한 근거를 기반으로 분류하겠다는 의도를 요구한다고 생각하는 것일까? 행위자의 의도의 중요성에 반대되는 이 논거는 행위자의 자율성과 그 행동의 부당함 간의 관련성을 깨뜨려버린다. 우리는 그렇게 하려는 의도가 없었음에도 타인을 불공평하게 대우할 때가 가끔 있다. 중요한 것은 사고가 아닌 경우도 있다.

부당한 의도의 관련성

차별이 부당한지의 여부에 의도가 중요하다는 주장에는 중요한 모호성이 존재한다. 종종 우리가 사람들을 특정한 특성을 기반으로 구별하는 경우, 우리는 그 특성을 다른 특성에 대한 대용물로 사용하는데, 나는 이를 '표적target'이라고 부른다. 우리는 X라는 특성을 기반으로 하여 구분하려는 행위자의 의도는 사람들을 Y라는 특성(표적)으로 구별하는 것이라고 말할 수 있다. 그러므로 행위자의 의도는 표적 특성 Y를 통해 사람들을 선정하는 것이다. 게다가 행위자가 Y를 목표로 하는 이유가 존재한다. 그 이유는 행위자의 목적으로 설명될 수 있다. 그는 Z라는 이유로 Y라는 특성을 통해 사람들을 선별하기 위해 X라는 특성을 기반으로 하여 구별하려는 의도를 지닌다.[39] 예를 들어 만일 어떤 주립 로스쿨이 입학하는 흑인 학생들의 숫자를 줄이고 학생성취도를 높이기 위해 지역우대정책을 채택한다면, 그 학교는 "비흑인"이라는 표적을 겨냥하기 위해 "지방"이라는 대용물을 이용한 것인데, 그 이유는 그 학교가 학생들의 성취도(즉, 목적 혹은 목표)를 높이길 원하기 때문이다.[40] 만일 어떤 고용주가 장애인인 구직자의 고용을 거부하는데 이는 회사의 수익성 증대를 위해 높은 의료비용이 들어가는 직원의 고용을 회피하기 위함이라면, 그 고용주는 회사의 수익성(목적 또는 목표)을 증대시키기 위해 "높은 의료비용이 필요로 되는 직원"이라는 표적을 겨냥하며 "장애인"이라는 대용물을 이용한 것이다. 만일 행위자의 의도가 그 행위의 도덕적 허용 가능성에 중요한 것이라면, 이는 의도된 표적이 중요하다는 이유이거나 목적이나 목표가 중요하다는 이유 때문일까?[41] 아래에서 각각의 가능성을 차례대로 살펴보도록 하겠다.

표적

문제가 되는 표적을 겨냥하는 것이 어떤 법 혹은 정책의 허용 가능성의 여부와 관련되는지의 여부와 구분하기 위해, 타당한(혹은 최소한도 허용 가능한) 이유로 인해 문제가 되는 표적을 목표로 하는 선한 대용물을 이용하는 법과 관련한 예시로 시작해보자. 알렉산더가 제시한 지방 로스쿨도 적절한 예시가 될 수 있다. 상기해보면, 이 경우에서 학교 당국자들은 입학하는 흑인 학생들의 숫자를 줄이기 위해 지역우대정책을 채택하기로 결정했다. 이는 지방 학생들은 비흑인이라는 표적의 대용물로 이용되기 때문에 문제가 될 만한 표적이다. 그러나 이 결정을 내리게끔 동기를 부여한 이유는 선한 것이다. 이 학교는 (인근 주의 로스쿨 경험을 통해) 로스쿨입학시험LSAT이 백인 학생과 비교했을 때 흑인 학생의 성취도를 과대평가한다는 걸 발견했다. 비록 이 사실이 거의 일어날 것 같지 않은 시나리오이긴 하지만, 의심되는 표적의 이용이 얼마나 중요한지 그리고 그 여부가 사실인지에 관한 우리의 직관을 실험하기에는 유용한 가설이 된다.

만일 우리가 흑인을 배제하려는 의도가 정책의 부당성 여부의 결정에 있어 중요한지 여부를 평가하고자 한다면, 우선 그 정책이 바라던 효과를 지니고 있지 않다고 가정해야만 한다. 명시된 이유들로 인해 그 정책이 채택되었으나, 두 개 주의 인구통계자료는 이 지역정책이 사실은 흑인에게 부정적 효과를 주지 않는다고 할 수 있을 만큼 충분히 다르다고 가정해보자. 여기에서 대용물의 표적이 그 법을 허용 불가능한 것으로 만든다는 점을 견지한다는 것은 행위자의 동기의 순수함에 집착하는 것으로 보일수도 있다. 만일 우리가 정책 입안자의 덕목을 판단하는 것과 관련이 없다고 한다면, 흑인을 배제하고자 하는 아무런 목표도 이루지 못하는 시도는 무관한 것으로 보일 것이다. 더 흥미롭고 문제가 되는 것은 희망했던 표적에 도달하는 경우, 즉 소수의 흑인들만이 입학하는 경우다. 이런 경우에, 흑인 학생의 숫자를 줄임으로써 학생성취도를 높이고자 하는 의도는 이 정책의 허용 가능성을 평가하는 데 중요한 것일까?

알렉산더와 콜은 이런 경우에서 의도가 결정적이라고 믿는데 그 이유는 의도를 알지 못하고서는 이 정책과 지역우대정책과 같은 선한 채택을 구별할 수 없기 때문이다. 다른 말로 하면, 알렉산더와 콜은 일부 합리적인 인종차별과 성차별이 금지되게끔 하는 규칙을 의미하는 "차별금지원칙"이라고 불리는 것을 강화하기 위해서는 의도 기준intent stan-dard이 필요하다고 믿는다.⁴² 만일 누군가가 합리적 인종차별과 성차별을 인종과 성별에 대한 밀접한 대용물로 대체함으로써 '피해간다면', 이 금지는 쓸모없는 것이라고 그들은 주장할 것이다. 따라서 그들은 의도 원칙이 "차별금지원칙을 쉽게 피해나가는 것을 방지하는 데 필수적"이라고 주장한다.⁴³

그러나 이게 정말 옳은 것일까? 로스쿨이 (학생성취도를 높이려는 목적으로) 흑인들의 숫자를 제한하기 위해 거주지라는 기반을 이용해 구별 짓는지 여부를 알 수 있는 유일한 방법은 의도를 살펴보는 것이다. 그러나 이는 단순히 명백한 사실만을 언급한 것에 불과하다. 로스쿨의 의도를 알 수 있는 유일한 방법은 학교의 의도를 정말 살펴보는 것이다. 이런 의도들이 관련된 이유에 관한 논거에서처럼, 이는 애초에 무의미한 일이다.

의도가 위의 정책의 허용 가능성과 관련이 확실히 있는지의 여부를 생각해보기 위해, 다음의 알렉산더의 다양한 사례를 검토해보기로 하자. 학생성취도를 증진시키기 위해서 대학 당사자들은 지역 응시자들을 우대하는 정책을 채택했는데 그 이유는 인식하지 못한다고 가정해보자. 그러나 이후에 지역우대정책이 학생성취도를 높인 이유는 이 정책이 소수 지원자들의 입학 숫자를 낮췄고, 이에 따라 학생들의 성취도를 높인 것이라고 많은 연구들이 밝혀냈다. 이젠 어떻게 해야 할까? 로스쿨은 이 정책을 폐지해야만 할까? 만일 당신이 무엇을 해야 하는지를 결정하는 교직원이라면, 이 질문에 대하여 어떻게 생각해야만 할까? 만일 문제가 되는 것은 인종을 지방locality의 대용물로 사용한 의도라는 알렉산더와 콜의 주장이 옳다면, 교직원은 이 경우에 관해서 고려할 필요가 없는 것처럼 보인다. 이 학교 정책은 소수 지원자들의 입학 숫자를 낮추려는 의도 없이 채택되었고, 따라서 부당하지도 않다. 중요한 점은 나는 지금 어떤 종류의 행위가 현실에서 적합할 것인지 아니면 어떤 예방책이나 어떤 방어적 행동이 신중할 것인지에 관한 주제에 대해서 논하려 하는 게 아니라는 것이다. 오히려 고려하고자 하는 목적은 언제 사람들을 구별하는 것이 부당하고 부당하지 않은가이다.

대신에 스캔런의 사례를 살펴보면, 학교 관리자는 그 문제를 다음의 방식으로 생각해보아야만 한다. 이 정책이 소수자 지원자의 숫자를 낮춤으로써 학생성취도를 증진시키는 것이 지방 출신 학생들을 우대하는 것에 대한 적절한 이유가 되는가? 물론 지금은 그 정책이 이런 방식으로 작용하리라는 점을 모르는 학교 관리자가 단지 스스로 다음의 질문만을 할 수 있을 뿐이다. 학생성취도를 높이는 것이 지방 출신 학생들을 우대하는 것에 대한 타당한 이유가 되는가? 그의 충분치 못한 정보는 그 사람을 칭찬하거나 비판하는 것에 대한 우리의 평가와 관련이 될 수도 있으나, 그 정책에 대한 우리의 평가와는 관련이 없다. 만일 이 정책이 소수자의 등록을 제한함으로써 성취도를 높이는 방식으로 작용한다면, 이 정책이 행위자에 의해 의도되었는지 혹은 인지되었는지에 관한 허용 가능성에 대한 우리의 평가와 관련이 있음에 틀림없는 특징이다. 따라서 이 사실이 밝혀지게 되면, 정책의 허용 가능성을 판단하는 학교 관리자 자신이 그 정책을 폐기해야만 하는지에 대한 여부를 결정하기 위해 자신의(혹은 학교의) 의도를 살펴볼 필요가 없다. 대신에, 그는 앞서 제시되었던 첫 번째 질문에 대해 물어봐야만 한다. 이 정책이 소수자 지원자의 숫자를 낮춤으로써 학생성취도를 증진시키는 것이 지역 출신 학생들을 우대하는 것에 대한 적절한 이유가 되는가?

소수자의 입학을 '고의적으로' 줄이는 것은 더 잘못된worse 것이 아닌가? 이는 "더 잘못된"이 의미가 무엇인지에 달려 있다. 위의 질문에 대한 답변이 학생성취도를 높이는 것이 소수자의 입학을 낮추는 지방 우대정책을 통해 이루어진다면, 이는 부당한 것이라고 한다면, 법을 회피하기 위한 노력은 (이것이 부당한 만큼 불법적이라고 가정해본다면) 행위자의 인격에 있는 악랄한 무언가를 드러내는 것이다. 그는 자신이 법 위에 군림하는 것이라고 생각한다는 점을 보여주는 방식으로 행동한 것이다. 그러나 만일 소수자의 입학을 낮추는 지방 우대정책을 통해 학생성취도를 높이는 것이 부당한 것이라면, 이를 의도적으로 행하는 것뿐만 아니라 의도치 않게 행하는 것 모두 부당한 것이며, 이 두 가지 '행동' 모두 다른 경우보다 더 잘못될 순 없다. 마찬가지로, 이것이 만일 허용 가능하다고 한다면, 의도적으로 행하는 것은 허용 가능한 것이다.

알렉산더와 콜은 행위자와 행동을 어떻게 판단해야만 하는지에 대한 질문들을 '교묘한 회피'circumvention라는 용어를 사용함으로써 하나로 결합시켰다. 이 용어는 행위자의 불쾌한 어떤 것을 드러내는 법의 교활한 회피를 암시한다. 만일 우리가 행위자에 대한 이 불쾌감이 행위에 대한 우리의 판단에 스며드는 것을 주의하지 않는다면, 교묘한 회피에 관한 질문을 보다 조심스럽게 언급할 수 있을 것이다.[44] 인종의 대용물로서 지역을 이용하는 것, 즉 학생성취도에 대한 대용물로 이용하는 것이 실제로 합리적 인종차별을 금지하는 것에 대한 교묘한 회피인지의 여부는 합리적인 인종차별에 대한 금지로부터 금지된 것이 무엇인지에 좌우된다.

최소한 두 가지의 가능성을 떠올릴 수 있는데, 각각의 가능성은 지역을 인종에 대한 대용물로 이용하는 것, 즉 나중엔 학생성취도의 대용물로 이용하는 것이 금지되어야 하는가에 대한 질문에 각기 다른 함의를 지닌다. 이를 논의하기에 앞서, 비록 이 예시와 논의가 합리적 인종차별에 초점을 맞추고 있긴 하지만 동일한 관찰 자료와 질문들이 합리적인 성차별, 장애인 차별, 또는 다른 형태의 합리적 차별에 적용될 수 있으리라는 점을 우선 강조하고 싶다. 설명의 편의를 위해, 합리적 인종차별에 초점을 맞출 것이다. 합리적 차별에 대한 금지는 인종의 일반화를 금지하는데, 심지어 일반화가 이용 가능한 자료를 통해 보강되는 경우에도 그렇다. 따라서 인종이 학점이나 경험과 같은 다른 지표만큼이나 요구되는 결과(예를 들면, 직무 성과 또는 학교 성취도)에 대한 대용물로 좋은 것일지라도, 우리는 대부분의 경우에서 대용물로 인종을 이용하는 것을 금한다. 그러나 그런 금지를 통해 우리는 정확히 무엇을 금지해야 하는가? 최소한 두 가지 가능성이 존재하는데, 어쩌면 우리는 (a)불이익을 주기 위한 하나의 대용물로 인종을 이용하는 것을 금지하거나 (b)불이익을 주기 위한 하나의 대용물로 인종을 노골적으로 또는 거의 노골적으로 이용하는 것을 금지해야 한다.

합리적 인종차별이 무엇을 금지해야 하는지에 대한 두 가지 개념 간의 선택은 합리적 차별 그 자체가 금지되어야 한다고 믿는 이유에 좌우될 것이다. 합리적 차별과 관련된 문제가 우리 사회의 인종 계층(차별금지 규범에 대한 반카스트적 이해)[45]을 강화시키고 보강한다면, 합리적 인종차별에 대한 금지는 (a)를 금지한다. 만일 대신에 합리적 차별과 관련된 문제가 인종의 일반화가 인종 범주를 구체화하는 경향이 있거나 소수 인종의 격하를 표현하는 경향이 있다는 점이라면,[46] 합리적 차별에 대한 금지는 (b)와 같은 좀 더 제한적인 무엇인가를 금지할 것이다. 이 사항들은 철저한 공식이나 설명이라기보다는 단지 모범 예시일 뿐이다.

만일 합리적 인종차별에 대한 금지가 (a)를 금지한다면, 성취도에 대한 대용물인 인종에 대한 대용물로 지역을 이용하는 것은 마찬가지로 금지되어야만 한다. 이런 방식으로 인종에 대한 대용물로 지역을 이용하려는 경향은 실제로 발견되기 어려운 방식으로 이를 시행함으로써 합리적 차별에 대한 금지를 교묘히 회피하기 위한 시도가 될 수 있다. 그러나 이를 부당하게 만드는 것이 교묘한 회피를 하고자 하는 의도는 아니다. 합리적 인종차별을 부당한 것으로 만드는 것에 대한 이런 이해와 관련하여, 인종에 대한 대용물로 지역을 이용하는 것은, 의도되었건 의도되지 않았건 간에 부당한 것이다.

다른 한편으로는, 만일 합리적 인종차별에 대한 금지가 (b)를 금지시킨다면, 성취도의 대용물인 인종에 대한 대용물로 지역을 이용하는 것은 부당하지 않다. 학생성취도를 높이기 위한 방편으로 지역 지원자들에게 특혜를 주는 정책은 소수 인종에 대한 격하를 표현하지 않으며 또한 인종 범주를 구체화하지도 않는데, 그 이유는 인종이 노골적으로 이용되지 않았으며 지역 우대정책이 인종차별적인 방식으로 이해되지도 않았기 때문이다. 무엇이 합리적 인종차별을 부당하게 만드는지에 대한 이런 이해에 관하여, 학생성취도의 강화는 이 정책이 소수 지원자들의 숫자를 낮추는 방식으로 작용하는 경우라도 지역 지원자들에게 특혜를 주는 타당한 이유가 된다.

아마도 몇 가지의 예시들이 이 점을 더욱 명확히 해줄 것이다. 일부 지역의 주택 구매자들에게 대출을 거절하는 모기지 은행에 관련된 특정 경계지역 지정redlining 과정을 살펴보자. 이 일은 대출 실적을 전체적으로 높여주고, 그 이유는 (특정) 지역이 인종과 연관되어 있으며, 이 점이 대출 실적과 관련되어 있다고 가정해보자. 내가 이것이 사실이라는 점을 주장하려는 것이 아니다. 대신에 나는 이 예시를 이용해 이 전제들을 사실이라고 가정하는 것이다. 행위자의 의도를 관련 있는 것으로 만드는 접근법을 거부하면서, 나는 우리가 특정지역 제외(특정경계지역지정)를 채택함에 있어 대출자가 유색인종의 구매자를 배제하고자 하는 의도를 가지는지의 여부는 물을 필요가 없다고 주장한다. 대신에 관련 있는 질문은 다음과 같다. 유색인종의 주택 구매자들에게 제공되는 대출의 숫자를 제한함으로써 이 실행이 대출 실적을 개선시키는 데 성공하는 경우에는 대출 실적의 개선이 특정 지역의 주택을 구매하는 사람들에 대한 대출 거절에 대한 타당한 이유가 되는가? 이 접근법을 통해 특정경계지역 지정의 도덕적 허용 가능성은 행위자의 의도에 좌우되지 않는다.

내가 여기서 옹호하는 객관적인 접근방식은 또한 행위자가 문제가 될 것으로 예상되는 대용물/표적 관계를 분명히 의도할 것 같지 않은 유형의 사례들을 이해하는 데 더욱 도움을 준다. 가임기의 여성을 배제하는 것을 고려해보자. 어떤 고용주는 가임기의 사람을 특정 업무에서 배제시켰는데, 그 이유는 그 특성이 해당 업무에서 상해를 입기 쉽다는 것과 잘 연관되기 때문이라고 가정해보자. 만일 가임기의 사람들이 위험한 업무환경으로 인해 일반적인 직원들보다 더 상해를 입기가 쉽고,

혹은 일단 상해가 발생하면 중한 상해(유산이나 태아 발달의 방해)를 입을 가능성이 높다면, '가임기의 사람'이라는 대용물은 작업장에서 '상해를 입기 쉬움'이라는 표적과 쉽게 관련지어질 것이다. 만일 우리가 단순히 산업재해의 심각함과 숫자를 제한하는 것이 가임기 여성의 고용을 거부하는 것에 대한 충분한 정당화가 되는지의 여부에 관하여 질문한다면, 이 관행과 관련한 중요한 무엇인가를 놓친 것이다. 사실 '가임기의 사람'이라는 분류를 '여성'이라는 범주와 교차시켜 인식하지 않고는 이해할 수 없기 때문에 우리가 이를 놓치기란 쉽지 않다. 그러나 만일 우리가 어떻게든 가임기의 사람을 그렇게만 바라볼 수 있다면, 이 관행의 허용 가능성과 관련된 무엇인가를 놓칠 수도 있다. 도덕적 허용 가능성을 고려함에 있어 우리가 질문해야 하는 것은 다음과 같다. 산업 재해의 수와 심각성을 줄이는 것은 (가임기의 사람이라는) 대용물이 여성을 배제함으로써 작용하는 경우라도, 가임기의 사람을 배제하는 것에 대한 충분한 이유가 되는가? 이 질문에 대한 해답이 무엇이든 간에, 여성만이 임신을 할 수 있다는 사실은 분명히 중요한 요소다. 게다가 고용주가 여성을 표적으로 하여 가임기 사람의 배제를 시행했는지의 여부도 중요하다.

이제 이 논거를 종합해보자. 행위자가 법이나 정책에서 의도적으로 의심스러운 다른 특성(성별이나 인종)에 대한 대용물로 다른 특성을 이용한다는 사실은 그 법이나 정책의 도덕적 허용 가능성과는 관련이 없다. 정책이 성공적이거나 효율적인 이유는 그 특성이 그 표적에 도달하는 대용물을 통해 작용하기 때문이라는 점이 분명 중요하긴 하지만, 이 사실은 이 점이 의도되었는지의 여부와 관련 있는 것이다. 법, 정책, 결정을 살펴보는 데서, 우리는 행위자가 올바른 의도를 가졌는지의 여부를 물을 것이 아니라 행위자가 그 의도가 작용하는 방식을 고려해보면 정당화될 수 있는지의 여부를 살펴보아야 한다.

목적

법, 정책, 결정 등이 부당한 차별을 구성하는지의 여부와 관련한 평가와 관련될 수 있는 의도의 두 번째 의미는 그 법이나 정책이 채택되게끔 만든 항구적 '목적'이다. 이번 절에서 우리는 부정적 이유로 인해 어떤 법이나 정책이 채택되었다는 사실이 그 법과 정책을 허용 불가능한 것으로 만드는 데 충분한지의 여부를 살펴볼 것이다. '목적'은 '동기'와 자주 호환되어 쓰인다. 목적이라는 용어를 사용할 때는 행위자가 목표한 바를 의미한다. 대조적으로 동기라는 용어를 사용할 때는 실제적으로 행위자를 움직이게 하는 근거와 연관되어 있다. 그러나 여기서 지나치게 다양한 구별을 짓진 않을 것이다. 내가 여기서 지지하는 관점은 행위자의 의도가 사람을 구별 짓는 어떤 행위의 도덕적 허용 가능성과는 관련 없다는 것이다. 비록 내가 그의 동기(행위자를 실제로 움직이게끔 하는 욕구 상태)를 마찬가지로 관련이 없다고 주장하지만, 이 주장은 여기서 제시된 논거에서 기인한 것이다. 아래에 인용된 사례들에서 나온 단락들을 보면, 이 두 가지 용어들('목적'과 '동기')은 종종 상호 환원되어 사용되지만 행위자가 목적으로 하는 것 또는 행위자가 욕망하는 것이 바로 중심이 되는 사고인지의 여부에 대해서는 충분한 주의가 기울여지지 않고 있다. 두 용어 모두 법이나 정책이 부당하게 차별했는지 여부의 평가와 도덕적으로 관련이 있지 않다고 내가 주장하고자 한 것처럼, 아래의 단락에서 이 용어들을 상호 환원하여 다루어주기를 독자들에게 부탁한다.

부정적 목적은 어떤 법이 평등보호에 대한 헌법적 보호를 침해하는지의 여부와 관련이 있다는 관점은 1973년 농업부 사건U.S. Dept. of Agriculture v. Moreno에서 브레넌 대법관의 주장의 기저를 이루는 주장에서 확인할 수 있다. "만약 '법의 평등보호'라는 헌법적 개념이 그저 무엇이든지 뜻한다면, 그것은 적어도 정치적으로 인기가 없는 집단에게 위해를 가하고자 하는 명백한 의회의 욕구는 정당한 정부 이익을 구성할 수 없다는 것을 의미함에 틀림없다."[47] 이 최소한의 평등보호는 로머 사건 Romer v. Evans에서도 되풀이된다.[48] 여기에서 법원은 콜로라도 주법 제2조(성적 취향에 의한 차별 금지를 법으로 명시하며 주 정부 차원에서 더욱 강력하게 다름을 보호하도록 기능함)를 지지하는 근거의 하나로 평등보호 조항의 위반은 "이와 같은 종류의 법들은 우리가 지금까지 경험했던, 사람들에게 영향을 끼치는 당면한 계급이 증오를 부른다는 피할 수 없는 추론에 의해서 탄생했다"고 설명했다.[49]

마찬가지로 일부 학자들도 부당한 차별을 부당한 것으로 만드는 것의 핵심이 적대감이라는 관점을 지지한다. 그 일례로 리처드 아네슨은 "본질적으로, 도덕적으로 부당한 차별은 행위자가 자신이 다른 경우에 해오던 것과는 달리 특정 유형의 사람에 대하여 불필요한 적대감이나 편견을 가지고, 그런 유형으로 인식된 사람을 다르게 대우하는 경우에 발생한다"고 주장한다.[50] 그러나 부정적인 목적이나 동기(해를 끼치려는 단순한 욕구)가 분류가 부당하게 차별하는지의 여부나, 이 분류가 인용되는 사례들이 과잉규정에 의한 것이기 때문에 그렇게 보이는 것인지와 관련이 있을까? 어쩌면 이런 경우들에 그 문제를 혼동하게 만드는 다른 부당함을 만들어내는 특성들이 존재할 수도 있다.

부당한 목적이나 동기가 관련이 있다는 주장을 검증하기 위해, 우리는 부정적인 동기가 다른 부당함을 만들어내는 특성들을 수반하지 않는 경우를 살펴볼 필요가 있으며, 그렇지 않다면 만일 실제로 작용하게 하는 것이 동기인지의 여부를 알 수가 없다. 다음의 사례를 생각해보자. 대도시의 오케스트라 악단에서 새로 단원을 고용하고자 한다. 음향감독은 최대한 많은 동양인 또는 동양계 미국인을 고용하고 또 유지하려는 목표를 가지고 있다. 음향감독에게는 불행하게도, 오디션은 지원자가 장막 뒤에서 연주하는 것이며 이는 여러 가지 종류의 편향이 생기는 것을 방지하기 위함이다. 자신의 목표를 달성하기 위해 음향감독은 단원을 기술보다는 열정에 따라서 선출하고자 하나, 그녀가 (잘못) 믿는 접근방식은 가능한 한 많은 동양인을 떨어뜨리게 될 것이다. 그 결과로 음향감독은 자신의 행동을 부정확한 일반화에 근거한 것이다. 동양계 음악가들은 다른 음악가들보다 덜 열정적이지도 않으며, 기술적으로 오히려 더 뛰어났다. 그 결과, 선발된 오케스트라 단원들은 열정적인 음악가들이 매우 기술적인 음악가들보다 숫자가 더 많게 구성되었으면서도 동일한 인종 구성을 지녔는데(이렇게 간주해보자), 이는 음향감독이 다른 고용정책을 채택했어도 나올 경우와 동일한 것이었다. 해를 가하고자 하는 그의 단순한 욕구는 고용절차를 무효화하는 것일까?

나의 직감으로는(이는 내가 공유되었으면 하고 바라는 것이다), 그렇지 않다고 본다. 만약 어떤 욕망이나 동기가 어떤 방식으로든 실체화되지 않는다면, 그 욕망이 분명히 음향감독의 성격의 뭔가 불미스러운 것을 드러내더라도 무엇이 잘못된 행동을 하게끔 했는지를 알기 어렵다. 물론 그의 욕망이나 동기는 '다른' 음악가들은 다른 선택기준을 이용할 때 선택되었을 기술보다는 열정에 가치를 둠으로써 선택되었다는 점에서 몇몇 방식으로 실체화되었지만, 동양인들을 배제하고자 하는 의도는 아시아인이라는 특성을 기반으로 사람들을 구별하는 정책의 형태에서는 실체화되지 않았고, 다른 경우에서라면 선택되었을 아시아인들이 더 적게 구성된 오케스트라를 만듦으로써 실체화되지도 않았다.

아마도 감독의 행동에는 부당한 것이 없다고 말하는 것은 지나치게 강할 수도 있다. 오케스트라 감독의 행동에 관하여 무언가 잘못이 존재하지만, 이는 부당한 차별의 부당함은 아니다. 우리가 1장과 4장에서 논의했던 대로, 평등이라는 도덕적 요구로부터 기인한 것이 아닌 관련된 기관의 내부목적으로부터 기인한 의사결정에서 사람들이 이용하는 기준에 대한 제약이 종종 존재하기도 한다. 여기에서 음향감독이 명백하든 암묵적이든 그의 업무 분석으로부터 기인한 관행의 기준들에 얽매여 있음에는 의심의 여지가 없다. 예를 들어 오케스트라의 감독이라는 직업은 최고의 오케스트라를 만드는 것이다. 만일 그가 오케스트라의 인종 구성에 영향을 미치고자 시도한다면, 자신의 역할을 넘어서서 행동하는 것이고, 자신의 재량이나 그와 같은 것을 남용하는 것이다. 다른 말로 해서, 오케스트라 감독으로서 그의 의무적인 역할은 부당하게 차별하려는 시도를 금지하는 일일 것이다. 따라서 행동 그 자체는 부당한 차별이 아니지만 오케스트라 감독이 부당하게 차별하고자 했기 때문에[5] 그는 자신의 업무에 의해 규정된 의무를 위반한 것인데, 그 이유는 그의 고용계약이 명시적이건 암묵적이건 그가 부당하게 차별하도록 하는 것을 금지하기 때문이라고 가정하는 것이 분명 타당하기 때문이다.

만일 부정적인 목적이나 동기가 어떤 법, 정책, 결정을 부당한 것으로 만드는 데 불충분하다면, 아마도 이것은 그럼에도 불구하고 관련이 없을 것이다. 부정적인 의도는 분류의 사용을 부당한 것으로 만드는 데 기여하는가? 이 문제를 검증해주는 유형의 사례는 부정적 의도와 부정적 효과가 존재하지만, 그 효과 단독으로 분류를 부당한 것으로 만들지는 못한다. 예를 들어 어떤 고용주가 일주일에 70시간을 일하고자 하는 직원들만 고용하기로 결정했다고 가정해보자. 게다가 비이성적이진 않지만 이 선발기준이 노동자들을 거의 남성으로만 구성하는 효과를 지닌다고 가정해보자. 여성, 특히 자녀를 가진 여성은 단순히 고용주가 요구하는 장시간의 업무를 하고자 하지 않을 것이다. 누군가가 이 정책이 여성이나 어머니를 부당하게 차별하지 않는다고 생각한다고 가정해보자. 만일 고용주가 여성을 배제하기 위해 의도적으로 이 정책을 채택한다면, 이 판단은 바뀔까? 언뜻 보기에, 이 의도는 그 정책이 부당한지의 여부에 중요한 것처럼 보인다. 허용 가능하거나 모호한 경우를 부당한 차별의 사례로 바꾸어주는 것처럼 보인다. 이 점이 행위자의 의도가 정말로 관련된 것이라는 점을 의미할까?[52]

이 예시는 의도에 관한 철학 저서들, 특히 이중결과 원칙DDE에 초점을 맞추는 문헌들에서 논의된 것과 유사하다. 예를 들어 알렉 월렌은 강제적인 폭탄 테러범의 사례를 논했다. 그의 목표는 민간인들에게 폭탄을 터뜨리는 것이었지만, 이기적self-interested이고 신중한 이유들로 인해 합법적인 군사목표들에만 폭탄을 터뜨리기로 결정했는데, 이 군사목표들 중 일부는 민간인들에게 폭탄을 터뜨리는 것을 가능하게 해주는 것이었다. 이 강제적인 폭탄 테러범이 합법적인 군사목표에 폭탄을 터뜨리는 경우, 정당한 행동의 개별적 기준에 의해 언제든지 허용되는 민간인 살상의도에 따르면 그는 허용 불가능한 행동을 한 것인가? 월렌은 그렇지 않다고 주장했고 나도 이에 동의한다. 강제적인 폭탄테러범이 단지 정당한 목표만을 터뜨리고 그렇게 한다는 약속을 한 이상, 민간인을 살상하려는 그의 목표는 그의 행동에서 도덕적 허용 가능성을 손상시키지 못한다. 월렌은 다음과 같이 설명했다.

> 만약 어떤 의도가 행위자로 하여금 독자적으로 허용된 행위를 수행하게 한다면, 이는 직관적으로 우리가 말할 수 있는 가장 나쁜 것은 그가 부정적 이유로 인해 그런 행위를 했다는 것에 대하여 비판받아 마땅하다는 것처럼 보일 것이다. 최소한 일반적인 문제에서처럼, 행위자가 무엇인가를 하도록 요구하는 것은 그가 타당한 이유로 '인해' 무엇인가를 하려는 타당한 이유를 '지닌다'는 점에서 지나치게 부담되는 것이다.[53]

그러나 폭탄 테러범의 예시와 장시간 노동의 예시는 다음의 이유로 인해 다른 것처럼 보인다. 정당한 군사표적은 부분적으로는 이용 가능한 다른 표적 중 하나일 뿐이다. 만일 군사목표에 폭탄을 터뜨리는 것이 민간인 살상을 야기할 가능성이 크고 또 다른 표적은 상당히 적은 민간인의 희생으로도 동일한 군사적 이익을 제공한다면, 첫 번째 목적은 정당한 표적으로서 자격이 없을 것이다. 그 결과, 강제적인 폭탄테러가 수용하는 한계는 상당하다. 사람들을 구별하는 맥락에서, 이 상대적인 요소는 항상 존재하지 않는다. 이것이 존재하지 않는 곳에서 행위자의 의도는 더욱 관련된 것'처럼 보인다.'

첫째, 우리가 종종 사람들을 구별하는 것에 관한 허용 가능성이 유사한 상대적인 요소를 포함한다는 점에 주목해야만 한다. 장시간 근무의 예시의 경우에는, 이 정책의 여성과 어머니에 대한 부정적 효과에도 불구하고 그 정책을 정당하게 만드는 것은 아마도 이 정책이 유효한 사업적 필요로 작용하기 때문일 것이다. 정책이 여성과 어머니를 비하하지 않는다면, 이는 부분적으로는 논의가 된 사업이 장시간 근무가 가능한 직원을 필요로 한다는 사실 때문이다. 만일 그렇지 않고 그 기업이 여성에게 엄청나게 영향을 미치지 않고 덜 부담되는 업무 방침을 통해 효율적으로 직원을 제공하고 목표를 달성한다면, 장시간의 업무 정책은 비하를 나타내는 것이다(그러므로 허용 가능하지 않다). 다시 말해, 사람들을 구별하는 것이 언제 도덕적으로 (그리고 법적으로)[54] 허용 가능한지를 분석하는 것은 종종 상대적인 분석에 좌우된다.

그러나 항상 그런 것은 아니다. 수단과 목적 사이의 잘못된 적합성은 이로 인해 영향을 받는 이들의 이익에 대한 무시를 나타내긴 하지만 항상 그런 것은 아니다. 만일 그렇지 않다면, 의사결정자가 어떤 선발기준을 채택할지에 관한 재량을 갖는다는 사실이 의도를 관련 있는 것으로 만들어주는가? 여전히 나는 그렇지 않다고 생각한다. 만일 행위자가 재량을 가진다면, 그는 현명하고 지혜롭게 행사해야 할, 그렇지 않다면 멍청하고 악의적으로 사용할 재량을 가진다는 것이다. 리처드 아네슨은 이런 재량을 가진 행위들의 예시를 차별 맥락과 관련 없는 것으로 생각했다. 그는 아이스크림을 정말 먹고 싶어 했던 자신의 남동생과 아이스크림을 악의적으로 나눠 먹지 않았던 것과 관련하여, 우리가 무엇인가 반드시 말해야 한다고 했다. 그는 그의 동생이 아이스크림을 먹을 권리가 없으며 따라서 자신은 그것을 나눠 먹을 어떤 의무도 지지 않는다고 생각한다. 그러나 그는 자신이 악의적으로 그렇게 했기 때문에 나눠먹기를 거절한 것은 부당하게 행동한 것이라고 생각한다.[55] 나는 이에 동의하지 않는다. 아네슨은 악의로 나누어 먹지 않았기 때문에 부당하게 '행동'한 것이 아니라, 그렇게 함으로써 옹졸한 사람임을 보였기 때문에 부당하게 행동한 것이다.

이 요점을 차별과 관련된 맥락으로 전환시키면 다음과 같은 결과가 나온다. 어떤 고용주가 개별적으로는 도덕적으로 허용 가능한 방침을 채택하여 구직자들을 선별하는데(영향과 대안, 사회적 의미 등을 고려해보면 이는 비하가 아니다) 부정적 이유로 이렇게 한다면(예를 들어 여성이나 소수자를 배제하는 것), 이 부정적인 의도는 그 정책을 허용 불가능한 것으로 만들지 못한다. 그러나 행동이 허용 가능하다는 사실은 그 행동에 관한 도덕적으로 나쁜 무언가를 반영하지 못하도록 막지 못한다. 어떤 그룹에 미칠 부정적인 영향 '때문에' 정당한 정책을 채택하는 고용주는 분명히 나쁜 사람으로 보일 수 있다.

비하와 의도

아마도 지금쯤 독자들은 지금의 논의와 이 책의 핵심명제인 부당한 차별이 비하를 나타내는 구별과는 다르다는 점 사이의 관련성에 대하여 당혹스러워하고 있을 것이다. 이번 장에서 나는 사람들을 구별하는 의도는 그 구별이 특정한 특성을 기반으로 구별하고 있는지의 여부와 무관하며, 또한 사람을 구별하는 행위자의 의도가 그 행동의 도덕적 평가와 무관하다고 주장해왔다. 따라서 어떤 사람이 상당한 잠재적 비하를 내포한 (성별이나 인종 같은) 어떤 특성을 기반으로 구별하고 있는지 아닌지는 그의 의도에 의해 결정되지 않는다. 누군가는 어떤 의도 없이 인종이나 성별 (또한 다른 특성들)을 기반으로 구별할 수 있다. 마찬가지로 그 사람의 의도에도 불구하고 그렇게 구별하지 못할 수도 있다. 더욱 논쟁이 되는 것은, 사람들을 긍정적 이유로 인해 어떤 특성을 기반으로 구별하는 것이 그 행동이 도덕적으로 허용 가능한지를 보장해주지 못한다는 것이다. 마지막으로, 그리고 어쩌면 가장 논쟁이 될 수도 있는데, 부정적인 의도(어떤 집단에 대한 악의와 심지어는 집단을 비하하려는 의도도 포함한다)가 그 행동 자체를 도덕적으로 부당한 것으로 보장하지 못한다. 만일 (행동이 기인한 의도에 관한 지칭 없이 설명된) 행동 자체가 허용 가능하다면, 비하나 피해를 가하려는 의도는 그것의 도덕적 유의성誘意性을 바꾸지 못한다.

결론

문제가 되는 법, 정책 혹은 결정에 의해 영향을 받은 이들에게 다음의 질문을 제시한다고 상상해보자. 누군가가 가지고 있거나 부족한 특성을 기반으로 하여 사람들을 구별하는 것은 언제 부당한가? 이 관점에 집중하게 되면, 구별 짓는 행위자에게 도덕적 판단을 내리는 것보다는 '사람들이 어떻게 대우받는가'에 더 관계되는 것은 타당하다. 사람들이 어떻게 대우받는지를 알기 위해서는 정책과 법을 제정하거나 채택하는 행위자의 의도(혹은 동기) 대신에 정책이나 법 자체의 특성에 초점을 맞추어야만 한다. 아마도 이에 대해서는 홈즈 또한 동의할 것이다. "초기 형태의 책임"이라는 제목이 붙은 보통법 강의에서 개가 자신이 걸어차인 것을 어떻게 느끼는가라는 아포리즘을 다루었던 자신의 논의를 통해 홈즈는 다음과 같이 말한다.

> 다음과 같은 사항은 입증해야 할 부분이다. 도덕 용어가 여전히 유지되고, 반면에 법이 여전히 계속해서 특정한 의미에서 도덕 기준들과 그 특성의 필요성에 의해 법적 책임을 측정하고, 도덕적 용어는 그럼에도 불구하고 계속해서 이런 도덕 기준들을 외부적 혹은 객관적인 기준으로 변화시키며, 이로 인해 당사자의 실질적인 죄가 완전히 소거된다.[56]

홈즈의 마지막 문장이 의미하는 바는 명백하다. "도덕"은 "당사자들의 실질적인 죄"를 지칭한다. 다시 말하면, 홈즈는 우리가 행위자의 도덕적 특성에 관한 판단과 행동의 도덕적 허용 가능성에 관한 판단을 종종 혼동한다고 생각한다. 차별의 부당함을 평가함에 있어 중요한 것은 사고가 아니다.

이와 같은 관점에는 중요하고도 실질적인 장점이 있다. 부당한 차별은 반드시 인종차별, 성차별, 그리고 그 외의 중대한 과실이 있는 행동에서만 발생하지는 않는다. 법과 정책이 무심결에 부당한 차별을 저지를 수 있다는 것을 깨달음으로써, 우리는 공정하지 않게 처신했다는 이유로 비난받을 만한 행위자를 색출해내는 작업에 연루되거나 그에 대한 해결책을 고심하는 중요한 작업으로부터 해방될 수 있다. 우리의 문화와 관련되고 사회적으로 뿌리 깊은 사안들을 바꾸는 것은 굉장히 어려운 일이다. 만약 누군가가 나쁜 행동으로 인해 비난받을 만하다는 결론을 도출하게 될 때 우리가 이런 방향으로만 접근했다면 그 기준을 너무나 높게 잡은 것이다.

결론

이 책은 어떤 특성에 의한 구별인지에 관계없이 사람들을 차별할 때 어떤 도덕적인 잘못이 있는지에 관한 질문을 다루었다. 논증을 전개하면서 최초로 전제한 것은 사람들은 모두 동등한 도덕적 가치를 지니고 있다는 것이다. 사람들을 차별하여 결과적으로 그들을 다르게 대우할 때, 이것은 종종 필요하며 또한 대단히 바람직하다. 사람들을 변별하는 이런 관행은 위험이 따르며, 이렇게 사람을 대하는 것은 최소한 명예로운 선언인 동등한 도덕적 가치와 상반된다. 이 책에서 전개된 이론은 이런 도덕적 고려에 답을 제공하려는 목적을 갖고 있다. 차별적인 대우가 필요하며 사람들은 동등한 가치를 지닌다면 어떻게, 그리고 언제 차별은 도덕적으로 허용되는가?

여기서 제시된 답은 다음과 같다. 사람들을 차별할 때 그런 행동이 누군가를 해치거나 손상시키지 않는다면 그것은 도덕적으로 허용된다. 우리는 사람들을 다르게 대할 수 있으며, 그리고 만약 그렇게 한다 해도 우리는 그 누구도 비하하는 것이 아니다. 어떤 특성에 근거하는, 어떤 맥락에 근거하든, 어떤 종류의 차별이 누군가를 깎아내리느냐에 관한 질문의 무수히 많은 해답들은 분명 논쟁의 여지가 있을 수 있다. 이 책에서 다루었던 사례들을 검토하고 나서, 나는 어떤 특정한 관행들이 사람들에게 해를 끼치는지에 관한 나만의 해석을 여기서 특정 지어 규정하지는 않는다. 나는 여기서 한 가지만을 주장하며, 이것은 반드시 제기할 만한 질문이라는 입장을 옹호하고자 한다.

차별이 개개인에 대한 도덕적 평등을 침해하는 것은 언제인가에 관한 질문이 바로 '차별퍼즐'이다. 차별퍼즐이라고 정의했던 바로 이런 접근방식은 경험적 관찰에서 영감을 얻었다. 어떤 명백한 특성에 의하여 사람들을 차별하는지, 그리고 어떻게 다르게 대우하는지에 관한 사안들은 몇몇 특성과 대응 때문에 우리에게는 사회적으로 중대한 의미를 갖는 문제가 된다. 어떤 다른 문화에서 보이는 특성은 그들이 우리보다 뒤처져 있는 부분 때문에 그들에게 도입해야 할 의미 있는 고민거리가 된다. 이것은 매우 중요한데, 만약 우리가 다른 누군가를 '동등하게' 대하는 것이 도덕적으로 요구된다면, 여러 상황을 고려하여 평등을 옹호하는 것이 반드시 요구되며, 문화도 그중 하나이기 때문이다. 이것은 내가 상대주의자라는 관점을 견지하게 해주지 않으며, 오히려 반대이다. 지금 내가 제시하려는 주장은 차별을 하는 것은 누군가를 비하할 때 도덕적으로 잘못되었다는 것이며, 더 나아가서 모든 곳에서 응용되는 도덕적 진리에 관한 논증이다. 그러나 어떤 특성에 근거해서 차별을 한다는 것은 기본적으로 어떤 맥락과 문화에서는 비하가 되겠지만 다른 맥락과 문화에서는 그렇지 않다. 나의 이론은 비하를 하는 사회적 관행의 전통적인 속성에 민감하다고 할 수 있다 .어떤 관행이 비하를 하는지는 그것이 작동하는 사회적 조건에 달려 있는 것이다.

물론 이런 경험적 관찰은 도덕적 주장과 관련되어 있다. 이 책에서는 근본적으로 동등한 도덕적 가치에 입각하여 누군가를 차별할 때 어떻게 대하는 것이 도덕적 책무로서 바람직한 것인가에 관한 문제를 다루고 있다. 그 문제들은 이것이 정의로운 정치적·경제적 제도라는 관점에서 평등의 속성에 관한 더욱 많은 일반적인 논변들과 도덕적으로 동등한 가치에 관한 임무와 관련이 있다. 이 책에서는 평등과 정의에 관한 더 많은 일반적 쟁점들은 다루지 않으나, 여기서 부당한 차별을 지적하는 시각은 '정의를 실현하기 위해 필요한 것이 무엇인가'라는 질문에 대답하는 상세한 방식과 밀접한 관계가 있다.

어떤 사람의 동등한 도덕적 가치에 대한 임무는 사람들은 평등하게 자격'이 있다고 선언하는 것이다. 자유, 자원, 후생, 역량, 그리고 그 외의 것들. 이른바 평등주의자들은 자원, 후생, 역량, 그리고 그런 것들의 본성과 같은 것들에 초점을 맞춘다. 개개의 비판에 대응하며 차별의 필요성에 중점을 둔 시각이 발전해가면서, 후생, 자원, 역량 등은 개개인의 노력에 따른 결과인지 또는 자유롭게 선택한 위험인지에 관한 견해가 대립했으며, 이것은 또한 단순한 운의 결과인지 또는 어떤 개인의 통제 외부의 결과인지에 관한 견해도 서로 대립했다. 부지런한 사람으로부터 이익을 취하지 않으면서 게으르거나 경솔한 사람에게 이익을 주지 않는 차별이 이루어질 필요가 있다. 그리고 또한 후생과 자원과 그 외의 평등주의자가 제안하는 결과들을 평등화하게 되면 공정하지 않은 결과를 가져오게 되리라는 우려와 비판에 대해서도 대답해야 한다. 이를테면 다음과 같은 경우를 생각할 수 있다. 고되게 일하는 어떤 사람은 외식을 하거나 옷을 입는 것에도 돈을 쓰기를 삼가면서 건강보험을 구매하려 노력할 때, 건강보험 구입하기를 선택하기보다는 더 많은 돈을 외출을 하거나 파티에 참가하며 사용했던 사람에게 건강보험을 위한 보조금을 지급하는 것은 공정하지 않아 보인다. 그러므로 평등주의자는 평등한 X 의 결핍이 선택이 아니라 운으로부터 발생할 때만 평등화해야 한다.[2]

차별을 할 때는, 이른바 운에 의한 평등주의자들은 어떤 사람들이 가난하다고 했을 때, 재능이 부족했는지 아니면 나쁜 운 등으로 기회가 부족했다거나 하는 것을 결정해야만 하며, 그리고 어떤 사람이 노력(이나 선택)에 의해서 가난했는지를 반드시 결정해야만 한다. 최근 운에 의한 평등주의자들을 비판하는 정치이론들은 위에 서술한 형태들에 곤혹스러운 관점이 있음을 알게 되었다. 예를 들어 조너선 울프는 이것이 개인의 재능 여하에 따라서 자원에 접근하게 되는 현재의 상태를 훼손하게 될 것이라고 주장했다.[3] 비슷하게, 엘리자베스 앤더슨Elizabeth Anderson 은 평등주의자들의 이론에는 불행한 사람들에 대한 동정심 또는 겸양을 표출할 도덕적 행위자가 필요하다고 보았는데, 우위에 있는 사람이 다른 사람들을 자신과 같은 도덕적으로 가치가 있는 사람으로 대하는 도덕적 태도가 필요하다고 주장했다.[4] 반면에, 위의 두 명의 운에 의한 평등주의의 비판자들은 다음과 같이 주장하고 있다. 최소한의 사회 후생을 반드시 모두에게 보장해야만 하며, 누군가의 가난이 그의 운인가 선택인가 하는 문제는 고려할 필요가 없다고 주장한다. 더 상세한 설명을 위해 덧붙이자면, 앤더슨은 개개인이 소득, 재산, 또는 후생에서 최소한의 기준을 넘기는 지점이 다르다는 것에 구애받지 않는다.

운/선택의 구별에 관한 평등주의자들의 도덕 이론에 관한 논쟁들을 인용하는 나의 요지는, 그 이론을 승인했기 때문이 아니라 견해를 살펴보며 나의 고유한 시각과 평등주의에 대한 비판들 사이에서 어떤 유사성이 있는지를 찾는 접근 방식이다. 이런 시각들뿐만 아니라 나의 사람들 사이에서 '서로' 행해지는 차별에 관한 강조점들은, 동등한 도덕적 가치를 사람들이 존중하느냐 하는 문제와 관련이 없다. 그보다 더 문제는 이런 차별이 언제든 일어나기 때문에 사회적으로 중대한 의미를 갖는다는 점이다. 앤더슨은 일부 사람들은 다른 사람보다 더 적은 재능과 능력을 가질 수도 있지만, 그렇다고 해서 그들의 삶이 덜 만족스러워도, 그들이 필요한 보상을 받을 자격이 없다고 간주되어서도 안 된다.[5] 사람들을 차별하는 것 자체는 그다지 문제가 되지 않는다. 도덕적 문제는 차별이 지배 또는 억압을 유발할 때 발생한다. 이런 접근방식과 나의 고유한 접근방식이 공통으로 가진 핵심적인 유사성은 사회적·정치적 차이의 차원들이 대단히 중요하다는 것이다. 내가 제시한 부당한 차별에 관한 개념에 따르면, 사람을 차별하는 것이 도덕적으로 부당한 경우는 그러함으로써 영향을 받는 누군가를 비하할 때이다. 그렇지 않으면 이는 그저 단순히 훌륭한 사업이고(효율적인 경우) 제도의 목표와 상응하는 것이며(가치에 근거할 경우) 아니면 나쁜 사업이거나, 단순한 어리석음인 것이다(비합리적인 경우).

둘째로, 이런 시각에서는, 또한 나의 고유의 시각으로도, 나쁜 운에 대해서 평등의 규범에 관련된 근본적인 문제라고 보지 않는다. 운에 의한 평등주의자들에 대한 비판자 중 한 명인 새뮤얼 셰플러Samuel Scheffler는 평등의 이상적인 목표가 "불운에 대한 보상"이라고 보는 시각을 거부하며, 그 대신에 "사람들이 서로에 대해서 취하는 도덕적으로 이상적인 통치"를 제시한다.[6] 내가 이 책을 통해서 옹호하려는 부당한 차별이라는 개념은, 불합리한 척도에 의해 판단되거나 우스꽝스런 구별이 자신에게 적용되었을 때, 그를 단순히 운이 나빴다고만 하는 것과 비슷하다. 만약 제도의 목적과 무관한 선별적 척도에 의해서, 누군가가 취직하지 못하거나 학교에 진학하지 못하거나, 그 외의 다른 일들이 일어난다면 이것은 그저 운이 나쁜 것이며 그 이상은 없다. 운이 나쁨은 우리가 서로를 평등하게 대할 필요성을 공박하는 종류의 어떤 것이 아니다. 만약 선별적 척도가 그저 불합리하거나 우스꽝스러울 뿐이며 누군가를 비하하지 않는다면, 그저 운이 나쁜 것 이상도 이하도 아닌 것이다.

불운이 우리가 서로 다른 이를 평등하게 대해야 한다는 요소와 도덕적으로 관련이 있다는 점을 거부하는 것은, 시장에 의해 가치가 부여되는 그런 특징을 갖지 못한 불운 그 자체는 도덕적 연관성이 없다는 앤더슨의 주장과 유사하다고 할 수 있다. 그러므로 누군가가 착취당하거나 2급 시민이 되는 결과를 낳지 않는 한, 이런 운이 나쁘다는 것은 평등주의자의 주요 관심이 되어서는 안 되며, 그런 주장이 되어서도 안 된다.

사람들 사이에서 차별을 할 때, 차별이 문제가 되기 시작하는 것은 우리가 몇몇 방식으로 그들을 좌절시키는 지점부터이다. 차별이 비하를 불러올 때, 이는 부당한 것이고, 이는 우리가 서로를 평등하게 대해야 한다는 도덕규범과 충돌하게 되는 것이다. 앤더슨은 다음과 같이 질문하며 강조했다. "평등의 핵심은 무엇인가?" 나는 차별을 없애는 것의 요점은 사람들 사이를 구별하는 것을 금지하는 것이 아니라고 말하겠다. 차이를 인정하는 것은 중요하며 심지어 어떤 경우에는 반드시 필요하기까지 하다. 또한 우리가 언제나 효율적이고 합당하게 행동한다고 확신할 수는 없다. 어리석거나 부주의한 판단들은, 단지 그뿐이라면 평등의 관점에서는 특별한 고려가 될 수 없는 것이다. 오히려 평등의 핵심은 사람들을 서로 평등하게 대해야 한다는 것이며, 부당한 차별은 사람들을 평등하게 대하는 것에 실패한 것이다. 우리는 사람들을 차별할 때 어떤 사람들에 대해서는 그들이 남보다 도덕적 가치가 덜하다는 투로 등급을 매긴다. 바로 이것이 분류와 구별에 관해 우리들이 우려하는 문제를 만들어내는 것이다. 그런 억압들을 없애는 것은 차별금지의 배제에 대한 요점일 뿐만 아니라, 그러므로 누군가를 비하하는 행동은 부당한 차별의 부당함이라고 할 수 있다.

옮긴이의 말

1 김대근, 〈Amartya Sen의 정의론의 방법과 구조〉, 《법철학연구》 제14권 제1호 2011년; 김대근, 〈평등의 한 개념과 방법〉, 《형사정책연구소식》 제134호, 2015년.

2 정의가 무엇인지에 대해 가장 오래되고 역사적인 개념은 이를테면 '각자에게 그의 것을 주는 것'이라는 표현일 것이다. 이러한 고대의 정의 개념은 개인에게 주어져야 할 그의 것이 무엇인지에 대한 옛사람들의 오래된 고민을 매우 잘 보여준다. 또한 이 표현에서는 그 무엇인가가 반드시 특정한 개인에게 귀속되어야 할 것이라는 점을 분명하게 보여준다. 예를 들어 어떤 사람이 잘한 일이 있다면 그 잘한 일에 대한 칭찬(사회적 승인)과 보상(재화의 분배)을 통해서 평가를 받게 된다. 혹은 누군가가 잘못을 했다면 사회적 비난이나 재화의 박탈을 통해 그 행위를 평가하는 것이다. 플라톤이 정의를 "잡다한 다른 것들이 아니라, 바로 자기 몫을 행하는 것"이라고 하거나(Platon, *Politeia* IV, 433a, dt. Übers., S.321) 아리스토텔레스가 "모든 사람이 각자 자기의 것을 갖게 된다"는 것을 정의라고 했을 때(Aristotles, Rhetorik, Buch a, Kap.9., 1366b, dt. Übers., S.47f.) 여기서 각 개인의 '자기의 것'은 공동체 내의 구체적인 지위(신분)에 따라 결정된다고 한다.

3 김대근, 〈자유지상주의의 인권과 정의에 대한 시론〉, 《법철학연구》 14권 3호, 2011, 117~118면 참조.

4 같은 견해로 Neil MacCormick, *Legal Reasoning and Legal Theory*, Oxford University Press, 1978, pp.73-75. "형식적 정의의 요구조건은 우리가 각 사안을 같게 대우하고, 서로 다른 사안을 다르게 다루며, 모두에게 그의 몫을 주는 것이다. … 사안을 같게 대우한다는 말은, 과거의 유사한 사안에 따라서 현재의 결정이 내려진 것처럼 내가 오늘 당장의 사안을 미래의 비슷한 사안에도 적용할 수 있는 근거에 따라 결정해야 한다는 것을 의미한다. 이러한 점은 형식적 정의의 원칙을 고수해야 한다는 것을 의미

한다.; 그리고 누가 뭐라고 하든 간에 법관들은 형식적 정의의 원칙을 고수해야 한다."

5   센은 롤스와 같은 논리 전개를 '선험적 제도주의transcendental institutionalism'라고 비판
    한다. Sen, *The Idea of Justice*, Belknap Press of Harvard University Press, 2009,
    p.5 이하 참조.

6   Sen, *The Idea of Justice*, p.295.

7   Sen, 이상호·이덕재 역, *Inequality Reexamined*(《불평등의 재검토》, 한울, 1992), 49쪽.

서문

1   실제로 피부색은 사람이 어떠한 옷을 입어야 하는지에 대한 것과 관련이 있을 수 있다.
    백인은 흑인보다 피부를 옷이나 선크림으로 더 조심스럽게 보호해야 한다. 이 사실은
    관련성에 의존하는 것에 대한 어떠한 문제도 즉시 나타내지 않는다.

2   "동등한 배려와 존중"라는 문구는 로널드 드워킨의 말이다. Ronald Dworkin, *Taking
    Rights Seriously*(Cambridge, Mass.: Harvard University Press, 1977), 273쪽을 참고하라.
    그것이 내보이는 각각의 사람은 단지 사람이라는 사실만으로 배려와 존중받을 가치가
    있다는 개념은 널리 공유된다. 몇몇의 사람들, 특히 조셉 라즈는 각각의 사람은 동등한
    배려와 존중을 받을 자격이 있다고 말하는 것이 각각의 사람은 동등한 배려와 존중을
    받을 자격이 있다고 하는 주장과 눈에 띄게 다른 것이 없다고 주장했다. Joseph Raz,
    The Morality of Freedom(New York: Oxford University Press, 1986), 228쪽을 참고하
    라. 이것에 관하여 나는 라즈에 동의하지 않는다. 우리 각각이 존중을 받을 자격이 있다
    고 말하는 것은 불충분하다. 어떤 이에게 그녀가 사람으로서 당연하게 받을 만한 존중
    을 보이는 것이 무슨 의미가 있겠는가? 이것을 풀어낼 가장 좋은 방법은 각각의 사람은
    어느 다른 사람과 마찬가지로 동등한 가치가 있는 존재로서 대우받을 자격이 있다고 말
    하는 것이다. 다른 말로 하자면, 인간성이 요구하는 사람을 존중으로 대한다는 기본개
    념에 살을 붙이는 것은 상대적인 측면이다.

3   City of Cleburne v. Cleburne Living Center, 473 U.S. 432, 468-469(1985)(Marshall,
    J., 판결의 일부에 동의하고 일부에 반대함).

1장

1   Owen Fiss, "Groups and the Equal Protection Clause," *Philosophy and Public
    Affairs* 5(1976): 107-177. Cass R. Sunstein, "The Anticaste Principle," *Michigan
    Law Review* 92(1994): 2410-2455, 2411(反계급제도의 원칙을 "사회가 그러할 만한 충
    분한 이유가 있지 않은 이상 매우 뚜렷하고 도덕적으로 무관한 차이들을 사회 전체에 영향을 주
    는 사회적 불이익으로 해석하는 사회적이고 법적인 실천을 금하는 것"이라고 정의 내림). 선스

타인은 남북전쟁 개정안들이 원래 의회를 "14차 개정안을 시행하기 위한 주된 기관"으로 만들려는 의도에서 제정되었지만, 20세기에 그 원칙은 개정안이 사회적 약자(2등 시민)를 제거하기 위한 입법부의 광범위한 노력보다는 법원들에서 그때그때에 따라 강요됨에 따라 "반계급제도 원칙에서 반차별 정책으로 변형되었다". Id, at 2439-2440. John Hart Ely, *Democracy and Distrust: A Theory of Judicial Review*(Cambridge, Mass.: Harvard University Press, 1980).

2   이 가정은 자디 스미스의 '미에 관하여On Beauty'를 각색하여 만들었다. Zadie Smith, *On Beauty: A Novel*(New York: Penguin Press, 2005)을 참고하라.

3   Azar Nafisi, *Reading Lolita in Tehran: A Memoir in Books*(New York: Random House, 2003).

4   앰넌 라이크만은 전문직에 관한 비슷한 주장을 한다. 그는 관습법에서 전문직의 구성원들이 서비스를 추구하는 개인들의 집단적 특징에 근거하여 그들을 구별하지 말 것을 요구하는데, 이는 전문직 종사자가 되기 위해서는 모든 고객들에게 서비스를 제공해야 하기 때문이라고 말한다. Amnon Reichman, "Professional Status and the Freedom to Contract: Toward a Common Law Duty of Non-Discrimination," *Canadian Journal of Law and Jurisprudence 14*(2001): 79-132를 참고하라.

5   물론 어떤 이는 보험 지원자들을 유전적 특성에 기반을 두어 구별하는 것이 그러한 지원자들 사이를 더 일반적으로 건강 상태에 근거하여 구별하는 것과는 의미 있게 다르고, 그러므로 보험에서의 유전적 차별은 부당한 차별이라고 주장할 수 있다. 나는 이 입장에서 사람들이 주장할 수 있는 의견들을 살펴보았다. 나의 논문인 "What Makes Genetic Discrimination Exceptional?" *American Journal of Law and Medicine 29*(2003): 77-116을 참고하라. 나아가 이 입장은 건강보험에서 유전적 차별을 금지하는 제정법에 대한 자극제가 될 수 있는데, 이는 많은 주들에서 채택되었고 현재 의회에서 검토 중이다(제안된 H.R. 493 and S. 358, "Genetic Information Nondiscrimination Act of 2007,"을 보라). 흥미롭게도, 발의된 제정법은 제안된 법이 왜 필요한지에 대한 근거들 중 하나로 유전적 "결함"이 있는 이들에 대한 불임수술의 역사를 인용한다(finding2).

6   알파벳의 앞쪽 글자들로 시작하는 성씨를 가진 법대 교수들이 그렇지 않은 교수들보다 다른 로스쿨에 방문교수로 갈 가능성이 더 높다는 것을 주목한 논문에서, 저자는 "방문에 있어서의 알파벳상의 편견은 근심보다는 호기심을 불러일으킨다. 심지어 알파벳의 뒤쪽 글자로 시작하는 성씨를 가진 이들에게조차도"라고 말한다. Deborah Jones Merritt, "Calling Professor AAA: How to Visit at the School of Your Choice", *Journal of Legal Education 49*(1992): 557-563, 561-563을 참고하라. 이 불균형에

대한 가설적 설명은 강의들을 대신할 교수를 찾고자 하는 학장들이 알파벳 순서로 제시된 대기 후보자들의 목록을 처음부터 살펴보기 때문이다.

7 법원들이 실제로 불합리성 그 자체만을 근거로 구분들을 무효화하는지의 여부는 내 생각엔 논란의 여지가 있다.

8 실제로 아이비리그 기관들의 입학정책들은 지적 능력만을 시험하는 기준(고등학교 성적과 표준화된 시험 성적들)을 이용하다 1920년대에 더 무형적인 자질을 평가하기 위한 기준으로 변했다. 이러한 기준들은 유대인 학생의 비율이 용납할 수 없을 정도의 수준으로 증가하고 있는 사실에 대한 반응과 입학 허가된 유대인 학생의 수를 제한하기 위해 채택되었다. Malcolm Gladwell, "Getting In: The Social Logic of Ivy League Admissions," *The New Yorker*, Oct. 10, 2005, 80-86을 참고하라.

9 오언 피스와 글렌 라우리도 이런 입장을 지지한다. Fiss, "Equal Protection Clause," 107-177; Glenn C. Loury, *The Anatomy of Racial Inequality*(Cambridge, Mass.: Harvard University Press, 2002)를 참고하라.

10 오언 피스는 그의 집단 불이익 원칙에 대한 설명에서 사회적 집단이라는 개념을 사용한다. Fiss, "Equal Protection Clause," 125-126을 참고하라. 평등보호권에 대한 피스의 이해는 반계급제도 접근법의 한 사례이다.

11 예를 들어 피스의 평등보호조항 개념에 따르면, 이 조항은 개인이 아니라 집단을 보호한다: "흑인들은 특별히 불이익을 당하는 집단으로 불릴 만하고, 그래서 나는 평등보호조항을 그러한 집단에 대한 보호로 보고자 한다." Fiss, "Equal Protection Clause," 132.

12 왜 그리고 어떻게 역사성이 문제가 되는지에 관한 위와 같은 이해는 명백하게 가장 영향력 있고 정통한 존 하트 일리의 평등보호조항을 고무하는 원리에서 영감을 얻었다. 일리는 고립된 소수파 집단은 정치 과정과 법률적 결과에서 충분한 영향력을 끼칠 정치적 방법이 없을 수도 있으며, 따라서 공평한 이익을 얻을 수 없다는 점을 논의했다. Ely, Democracy and Distrust, 135-179. 최근에 논의된 비슷한 관점으로는 다음을 참조. Kasper Lippert-Rasmussen, "Private Discrimination: A Prioritarian, Desert-Accommodating Account," *San Diego Law Review 43*(2006): 817-856, 836("사회적으로 특출한 그룹의 결속력에 기반한 불리한 차별대우는 개별적 행위에 분포되어 있으며, 또한 개별적 행위에 겹쳐 있다는 점과 연관된 유해성"이 아니며, 또한 "마찬가지로 불리한 차별대우는, 사회적으로 특출나지 않은 집단의 결속력 또는 개인의 고유한 특성에 기반하여 있다는 것은 진실이 아니다.")

13 머사이어스 리세·리처드 제크하우저는 인종분류에 대한 그들의 옹호를 위해 이와 같은 종류의 논변을 사용했다. Mathias Risse·Richard Zeckhauser, "Racial Profiling,"

Philosophy and Public Affairs 32(2004): 131-170, 157-159.

14 Loury, *Racial Inequality*, 113, 117.

15 언어철학자들이 일반적으로 말해지거나 쓰인 단어들의 집단을 언급할 때 쓰는 용어다.

16 François Recanati, *Literal Meaning*(Cambridge; New York: Cambridge University Press, 2004), 5-6.

17 Paul Brest, *Processes of Constitutional Decisionmaking*(Boston: Little, Brown, 1975), 489. Ely, Democracy and Distrust, 148.

18 Ronald Dworkin, *A Matter of Principle*(Cambridge, Mass.: Harvard University Press, 1985), 293-303면에 실려 있는 논문 "Bakke's Case: Are Quotas Unfair?"에서 드워킨은 앨런 배키 사건Regents of the University of California v. Bakke 438 U.S. 265(1978)에 대한 대법원 판결을 지지하고 있다. 드워킨의 관점에 의하면, 부분적으로 인종 때문에 앨런 배키 학생에게 입학을 거부하는 것은 아프리카계 미국인에게 그의 인종 때문에 입학을 거부하는 것과는 의미적으로 다른데, 이는 배키의 경우 "인종은 공연한 모욕의 특별한 특징에 의해 구별되지 않기 때문"이다. 위의 책 301. 이 관점은 1960년대에 찰스 블랙에 의해 제기된 Brown v. Board of Education 논쟁을 기반으로 한다. 블랙은 차별을 평가하기 위해서는 그것의 사회적 의미를 살피는 수밖에 없다고 강조하는데, 이 차별은 부분적으로 전후 맥락에 의해 판단된다. Charles L. Black, Jr., "The Lawfulness of the Segregation Decisions," *Yale Law Journal 69*(1960): 421-430를 참고하라.

19 347 U.S. 483, 494(1954).

20 Erving Goffman, *The Presentation of Slef in Everyday Life*(Garden City, N.Y.: Doubleday, 1959). Loury, Racial Inequality, 67.

21 언제 차별은 잘못되었는지, 또는 언제 그것이 평등보호조항을 위반하는지에 대한 많은 설명들은 분류의 결과, 즉 그것에 의해 영향을 받은 이들이 낙인찍힌 것처럼 느끼게 될 가능성이 있음을 강조한다. 매튜 애들러는 그의 논문에서 이를 강조하면서 법에 대한 진정한 표현적 설명이 있는지의 여부에 대한 회의적인 목소리를 낸다. Matthew D. Adler, "Expressive Theories of Law: A Skeptical Overview," *University of Pennsylvania La Review 148*(2000): 1363-1502, 1428-1438을 참고하라. 그러나 애들러에 대한 엘리자베스 앤더슨과 리처드 필즈의 답변에서 그들은 언어가 발화의 힘뿐만 아니라 발화 매개적인 힘도 가지고 있음을 지적한다. Elizabeth S. Anderson and Richard H. Pildes, "Expressive Theories of Law: A General Restatement," *University of Pennsylvania Law Review 148*(2000): 1503-1575, 1571을 참고하라.

22 Nelson Mandela, *Long Walk to Freedom: The Autobiography of Nelson Mandela*(Boston: Little, Brown, 1994), 334-335, 338-339.

23 물론 'sinister'는 '해로운 또는 사악한'을 의미하는 동시에 왼편의 또는 왼쪽을 의미한다. *The American Heritage Dictionary*, 2nd College Edition(Boston: Houghton Mifflin, 1985), 1143을 참고하라.

24 Jean Hampton, "Forgiveness, Resentment and Hatred," in Jeffrie G. Murphy and Jean Hampton, eds., *Forgiveness and Mercy*(New York: Cambridge University Press 1988), 35-87, 52.

25 위의 책 44-45와 같은 내용.

26 예를 들어 Peter Westen, "The Empty Idea of Equality," *Harvard Law Review* 95(1982), 537-596을 참고하라.

2장

1 Jespersen v. Harrah's Operating Co., Inc., 444 F.3d 1104, 1107(9th Cir. 2004) (en banc).

2 447. F Supp. 1346(D. Del. 1978), aff'd, 591 F.2d 1334(3rd Cir. 1979). 로버트 포스트 Robert Post는 그의 논문 "Prejudicial Appearances: The Logic of American Antidis-crimination Law," *California Law Review 88*(2000): 1-40에서 이 사건을 논의했고, 나는 이 논문 덕에 이 사건에 관심을 가지게 되었다.

3 나의 행위가 비하인지의 여부는 또한 그것에 의해 영향을 받은 사람이 그것을 비하라고 인식하는지의 여부에 달려 있지 않다. 어떠한 행위는 그것이 비하하는 것이라고 가장 잘 이해될 때 비하하는 것이고, 고로 영향을 받은 사람이 실제로 비하를 받았는지의 여부와 관계없이 그녀는 비하를 당했다고 인식해야 한다.

4 내가 노숙자처럼 보이지만 실제로는 노숙자인 체하는 누군가에게 침을 뱉었다고 가정해보자. 그는 사실 노숙자의 생활에 대한 더 나은 이해를 하고자 노력하는 대학생이다. 나는 그를 비하한 것인가? 글쎄다. 나는 노숙자처럼 보이는 사람에게 침을 뱉음으로써 노숙자들을 비하했지만, 그가 실제로 노숙자가 아니기 때문에 나는 내 앞의 실제의 사람을 비하하지 않았다. 나의 행위는 내가 실제로 침을 뱉은 사람을 비하하지 못했음에도 불구하고 노숙자들을 비하함으로 잘못되었다.

5 그것들의 존중을 표하는 수단으로서의 기능에서 나온 방식들의 도덕적 의미에 대한 흥미로운 논의를 보기 위해서는 Sarah Buss, "Appearing Respectful: The Moral Significance of Manners," *Ethics* 109(1999): 795-826을 보라.

6 Amnon Reichman, "Professional Status and the Freedom to Contract: Toward a Common Law Duty of Non-Discrimination," *Canadian Journal of Law and Jurisprudence 14*(2001): 79-132.

7 예를 들어 오스틴의 유명한 설명을 참고하라. J. L. Austin, *How to Do Things with Words*, 2nd ed., eds. J. O. Urmson and Marina Sbisà(Cambridge, Mass.: Harvard University Press, 1975).

8 약속의 발화의 행위에 대한 더 자세한 논의를 위해서 John R. Searle, *Speech Acts: An Essay in the Philosophy of Language*(London: Cambridge University Press, 1970), 54-71을 참고하라. 그것은 옳을 수 있다. 나는 이에 관해 어느 쪽으로도 여기에 관점을 나타내지 않는다. 같은 장에서 설은 몇몇의 발화적 행위들을 위해서 진실성은 문제가 되지 않는다고 말한다. "한 사람은 예를 들어 거짓으로 비탄에 잠기거나 세례를 줄 수 없지만, 거짓으로 말하거나 약속할 수 있다." 위의 책 65. 내가 제4장에서 주장하듯이, 사람은 거짓으로, 고로 의도적이지 않게 비하할 수 있으므로 비하하는 것은 비탄에 잠기거나 세례를 주는 것과 비슷하다.

9 여기서 나는 계약하는 것이 아니라 약속하는 것에 관해 이야기하고 있다. 단순히 약속이 아닌 계약을 하기 위해서는 일반적으로 더 많은 것들이 요구된다. 예를 들어 고려 사항과 같은 것들 말이다.

10 Glenn C. Loury, *The Anatomy of Racial Inequality*(Cambridge, Mass.: Harvard University Press, 2002), 58.

11 Plessy v. Ferguson, 163 U.S. 537, 551(1896)에서 과반수 판결에 대한 의견을 쓴 브라운 판사는 주간 철도 회사에 의해 백인과 "유색"인종 승객들의 자리를 분리할 것을 요구한 루이지애나 주법이 "열등의 징표"(이는 그의 말이다)를 가진 그 어떤 집단도 유린하지 않는다고 판정했다. 할런 판사는 반대 의견에서, 법의 "진짜 의미"는 "유색인종의 시민들이 너무나도 열등하고 타락하여 백인 시민들이 타고 있는 공공버스들에 앉는 것이 허용되지 않아야 한다"는 관행의 문화적 중요성에 관한 브라운의 글을 질책했다. 위의 책 560(Harlan, J., dissenting).

12 하지만 머리카락 길이 정책이 문제가 없지는 않다. 그러한 정책은 남자가 긴 헤어스타일을 가지는 것을 금한다. 이 정책은 사내다움의 개념을 강화하여 "진짜" 남자가 어떻게 생기고 행동하는지에 관한 개념에 들어맞지 않는 남자를 비하할 수 있다.

13 내가 이 정책이 타인을 비하할 가능성이 있다고 하는 것은 나는 오직 이 관행에 있어 나의 관점에서 최선의 해석만을 제공할 수 있기 때문이다. 이 책에서 나는 사람들 사이를 구별하는 정책들에 관하여 던질 알맞은 질문들을 찾은 것이지 이러한 정책들이 반드시 옳다는 것에 관한 나의 특정한 관점들이나 해석들을 내놓은 것이 아님을 말하고자 한다.

14 구별하는 관행들의 사회적 의미에 관한 의견 차이와 관련한 것에서, 나는 성별로 분리된 화장실이 성전환자나 모호한 성별을 가진 이들을 비하할 수 있는지의 여부를 다음

장에서 고려한다.

15 Post, "Prejudicial Appearances," 34(법원이 일반적으로 성별에 따라 구별된 프라이버시 고려 규정들처럼 모든 관행적인 실천들은 아니지만 공동 사회의 기준을 반영하는 복장 규정을 지지하는 것에 주목하고, 법원들은 왜 몇몇 관행적 실천들이 지지되어야 하고 다른 것들은 거절당해야 하는지에 관한 "근본적인 질문"을 절대로 직면하지 않는다는 것을 강조한다).

16 위의 책 36-37.

17 포스트의 답 또한 만족스럽지 않다. 그는 이 주장에 대한 법원의 거절이 적절하다고 하나, 왜 그러한지는 설명하지 않는다. 실제로 그의 설명은 규범적이기보다는 기술적이다. 이것(인종보다 성별에 기반한 페젤 같은 케이스의 법원의 가상 대답)은 반차별 법안이 성별보다 인종에서 그 작동 근거를 찾고 있기 때문이다. 위의 책 37.

18 Kimbrly A. Yuracko, "Sameness, Subordination, and Perfectionism: Toward a More Complete Theory of Employment Discrimination Law," *San Diego Law Review* 43(2006): 857-897.

19 위의 책 869.

20 Peter Westen, "The Empty Idea of Equality," *Harvard Law Review* 95(1982): 537-596.

21 Harry G. Frankfurt, Necessity, *Volition and Love*(New York: Cambridge University Press, 1999), 146-154에서 Harry G. Frankfurt, "Equality and Respect"를 참고하라.

22 위의 책 149.

23 위의 책 150.

24 위의 책 149. 그것은 "특정한 것들에 대한 모든 사람들의 권리는 사실상 같지만 그것은 평등이 중요하기 때문이 아니고" 오히려 그것은 "모든 사람들은 예를 들어 공통적인 인간애, 고통을 느낄 수 있는 능력, 윤리에 따라서 행동하는 사람들이 속하는 세계에서의 시민권, 또는 그 무엇이라도 질문이 초래하는 권리들에서의 특성들과 관련하여 같거나 어쩔 수 없이 같아야 한다." 조셉 라즈 또한 이 관점을 공유한다. Raz, *The Morality of Freedom*.

25 애리조나 대학의 철학과 부교수인 코니 로제티Connie Rosati가 이런 관점을 나에게 제시했다.

26 Avishai Margalit, *The Decent Society*, trans. Naomi Goldblum(Cambridge, Mass.: Harvard University Press, 1996), 125.

27 세라 버스는 매너는 도덕적으로 중요한데, 그것들의 기능은 사람들로 하여금 다른 이들의 동등한 존엄을 직접적으로 인식힐 수 있게 해주기 때문이라고 주장한다. Buss, "Appearing Respectful," 795.

28 Robert H. Frank, *Luxury Fever: Why Money Fails to Satisfy in an Era of Excess*(New York: Free Press, 1999). 프랭크는 사회적 지위가 비슷비슷한 사람들을 따라잡기 위한 욕구에 의해 지출이 증가하는 패턴을 기록한다.

29 프랭크는 아리스토텔레스 오나시스와 스타브로스 나이코스가 상대보다 더 큰 요트를 가지려고 노력한 이야기를 설명한다. 결과적으로 둘 다 그들이 원래 선택했을 것보다 훨씬 큰 요트를 가지게 되었고 그것들을 수용할 수 있는 항구들이 몇 개 없었기 때문에 그것들을 사용하기 힘들었다. Frank, *Luxury Fever*, 5-6, 9.

30 계약법은, 예를 들어 선물을 하기로 한 약속 같은 것은 강요하지 않는다.

31 Jean Hampton, "The Moral Education Theory of Punishment," *Philosophy and Public Affairs*, 13(1984): 208-238.

32 마이클 무어가 설명하는 것처럼, "응보주의는 우리가 범법자들을 오직 그들이 처벌받아야 마땅하기 때문에 처벌해야 한다는 관점이다." Michael Moore, *Placing Blame: A General Theory of the Criminal Law*(New York: Oxford University Press, 1997), 153.

33 위의 책 165.

34 George P. Fletcher, "Disenfranchisement as Punishment: Reflections on the Racial Uses of Infamia," *UCLA Law Review* 46(1999): 1895-1907.

35 몇몇 심리학자들과 육아 전문가들은 아이들을 처벌하는 것에 반대하는데, 그것은 비하를 일으키고 결과적으로 아이들의 도덕적 교육에 도움이 되지 않기 때문이라고 주장한다. 예를 들어 Alfie Kohn, *Unconditional Parenting: Moving from Rewards and Punishments to Love and Reason*(New York: Atria Books, 2005); Haim Ginott, *Teacher and Child*(New York: MacMillan, 1972)를 참고하라. 진 햄프턴은 반대의 관점을 취하면서, 범죄자들을 처벌하는 것은 아이들에게 벌을 주는 것이 그들에게 좋은 것과 같은 방식으로 그들에게 좋다는 것으로 정당화될 수 있다고 주장한다. Hampton, "Moral Education."

36 *Canadian Charter of Rights and Freedoms*, Part I of the Constitution Act, 1982, being Schedule B to the Canada Act 1982, ch. 11(UK).

37 캐나다 대법원의 평등 법학의 발전의 완벽한 분석을 위해 Denise G. Réaume, "Discrimination and Dignity," *Louisiana Law Review* 63(2003): 645-695.

38 [1995] 2 S.C.R. 513.

39 위의 책 36.

40 [1999] 1 S.C.R. 497.

41 위의 책 51.

42 Réaume, "Discrimination and Dignity," 673.

43 Gosselin v. Québec(Attorney-General),(2002) 4 S.C.R. 429.

44 이 분석은 미국의 평등보호원칙에 대한 기본권 주장을 뒷받침해줄 수 있을 것이다.

45 이는 그녀가 자원들의 기본적 수준을 제공하는 데 실패하는 것 자체는 복지혜택 수혜자들의 존엄에 상처를 입히는 것이라고 주장함에 따라 레오미에 의해 제공된 분석(주 37 참고)과 같지 않다.

46 Charles L. Black Jr., "The Lawfulness of the Segregation Decisions," *Yale Law Journal* 69(1960): 421-430.

47 위의 책 427.

48 위의 책.

49 로널드 드워킨은 The Regents of the University of California v. Bakke, 438 U.S. 265(1978)에서의 판결을 옹호하는 그의 1985년 글에서 유사한 관점을 채택한다. Dworkin, *A Matter of Principle*(Cambridge, Mass.: Harvard University Press, 1985), 293-303에서 Dworkin, "Bakke's Case: Are Quotas Unfair?"

50 Charles R. Lawrence, "The Id, the Ego, and Equal Protection: Reckoning with Unconscious Racism," *Stanford Law Review* 39(1987): 317-388.

51 로렌스는 사회적 의미 시험에 대한 그의 제안을 다음과 같은 방식으로 설명한다. "이 논문은 인종 기반 행동의 사법적 승인을 불러일으키는 새로운 실험을 제안한다. 그것은 무의식적인 인종차별과 인종적 의미를 가지고 있는 문화적 상징들의 존재 사이의 연결 관계를 받아들인다. 그것은 차별적인 행위라고 주장되는 것의 '문화적 의미'는 우리가 직접적으로 관찰할 수 없는 집단적 무의식을 위한 가장 최선의 대용물인 동시에 그것의 증거가 됨을 제의한다. 이 시험은 고로 정부의 행동이 문화가 인종적 의미를 부여하는 상징적 메시지를 전달하는지의 여부를 판단하기 위해 그것을 평가할 것이다. 문화가 이른바 차별적인 정부의 행위를 인종적인 측면에서 생각한다는 판결은 정부 행위자들의 믿음과 동기와 관련한 판결 또한 구성할 것이다." 위의 책 324쪽.

52 다른 차이점들 또한 있다. 그는 문화적 의미에 인종적인 색채가 들어 있는지에 초점을 맞춘다. 나는 그것이 비하하는지의 여부에 초점을 맞춘다. 나의 초점은 더 좁은 동시에 더 광범위하다. 그것이 더 좁은 이유는 나의 관점에서 의미가 인종적인 색채를 띠는 것은 문제가 되지 않고, 문제가 되는 것은 오직 비하하는 것들이기 때문이다. 그것이 더 광범위한 이유는 나의 관점에서 단지 인종을 기반으로 비하하는 것뿐만이 아니라 비하를 일으키는 모든 구별은 도덕적으로 문제가 있기 때문이다. 게다가 로렌스에게 있어 행위의 문화적 의미는 "인구의 상당한 부분이 정부의 행동을 인종적인 측면에서 생각하는지"의 여부를 살펴봄으로써 실증적으로 판단된다. 위의 책 356쪽. 나의 관점에서

법이나 정책의 문화적 의미는 해석적으로 판단된다.

53 Catharine A. MacKinnon, *Feminism Unmodified: Discourses on Life and Law*(Cambridge, Mass.: Harvard University Press, 1987), 42. 맥키넌은 다음과 같이 설명한다. 만일 성별이 단지 차이의 문제였다면, 성적 불평등은 단지 성차별주의, 잘못 판단된 구별, 그리고 개인들의 부정확한 범주화의 문제가 될 것이다. 이는 차별 접근법이 그것을 생각하는 방식이고 그러므로 민감해하는 부분이다. 그러나 만일 성별이 불평등을 우선적으로 하고 그 불평등을 제자리에 유지하기 위해 사회적으로 연관된 구별로서 구성되었다면, 성적 불평등 관련 문제들은 전혀 이론적이지 않고 결코 실수가 아닌 체계적인 지배와 남성 우월주의의 문제가 된다.

54 나는 부당한 차별에 관한 나의 관점의 영감을 포르노물에 관한 래 랭턴의 글(Rae Langton, "Speech Acts and Unspeakable Acts," Philosophy and Public Affairs 22[1993]: 293-330)과 편파적 발언에 관한 앤드류 올트먼의 글(Andrew Altman, "Liberalism and Campus Hate Speech: A Philosophical Examination," *Ethics* 103[1993]: 302-317)에서 얻었다. 랭턴과 올트먼 모두 포르노물이나 편파적 발언이 자유주의의 정치적 지역사회에서 합법적으로 금지될 수 있는 원인들을 알아보기 위해 편파적 발언들을 분석한다. 랭턴과 올트먼은 포르노물과 편파적 발언을 각각 살펴보며, 화법뿐만 아니라 법적 제재를 정당하게 만드는 발화행위들을 검토한다. 금지를 타당하게 만드는 화법과 발화행위들인 협박이나 희롱과 같이, 랭턴은 포르노물을 사람들을 경시하는 것으로 보고 올트먼은 몇몇 편파적 발언을 다른 이들을 도덕적 하급자로 대하는 것으로 본다. 랭턴과 올트먼 모두 포르노물이나 편파적 발언이 끼치는 해를 포르노물이나 편파적 발언의 잘못인 경시하는 것과 구별하는 데 조심스러워한다. 랭턴과 올트먼 모두에게 있어 포르노물과 편파적 발언을 잘못된 것으로 만드는 것은 그것들이 경시한다는 사실이다.

55 Kenneth L. Karst, *Belonging to America: Equal Citizenship and the Constitution*(New Haven, Conn.: Yale University Press, 1989), 3.

56 위의 책 4쪽.

57 Margalit, *Decent Society*, 1.

58 위의 책.

59 위의 책 85쪽.

60 위의 책 88쪽.

3장

1 이 예는 성전환자들이 자신의 생물학적 성과 일치하는 화장실을 사용하는 것을 거부하며 제기한 소송을 법원이 기각한 데 반대하며 제기한 유사한 유형의 문제를 설명한

다. 그러므로 현재까지 어떠한 법원도 연방 민권법 7조 또는 평등보호조항에 근거한 부당한 차별에 대한 종업원들의 주장을 인정하지 않았다. 예를 들어, Etsitty v. Utah Transit Authority 2005 WL 1505610(D. Utah 2005 WL 1505610); Johnson v. Fresh Mark, Inc., 337 F. Supp. 2d 996(N.D. Ohio 2003), aff'd by 98 Fed. App'x 461(6th Cir. May 18, 2004); Sturchio v. Ridge, 2005 WL 1502899(E.D. Wash.)를 참고하라.

2 Sephanie Saul, "Maker of Heart Drug Intended for Blacks Bases Price on Patients' Wealth," *New York Times*, July 8, 2005, C3. 비딜 예시는 도로시 로버츠Dorothy Roberts가 나에게 제안했다.

3 Rob Stein, "FDA Approves Controversial Heart Medication for Blacks," *Washington Post*, June 23, 2005, A15(블로크Bloche를 인용했다).

4 Carolyn Johnson, "Should Medicine Be Colorblind? Debate Erupts over Drug that Works for Blacks," *Boston Globe*, Aug. 24, 2004, C1(칸Kahn을 인용했다).

5 위의 책.

6 만일 그것이 지켜진다면 이는 그것의 효과겠지만, 우리는 그것이 지켜지거나 그것이 명령이었는지를 알 필요가 없다.

7 FDA는 원래 비딜이 인종과 관련하여 제시되지 않았을 때는 비딜에 대한 신약 신청 NDA를 거부했었는데, 이는 신약 신청이 기반으로 하는 자료가 이 치료법이 기존의 대안들보다 낫다는 결론을 지지하기에는 충분하지 않았기 때문이다. 신약 신청이 의존한 1980년대의 연구물은 FDA 승인을 염두에 두고 행해지지 않았으므로 FDA 승인이 요구하는 종류의 자료를 제공하는 데 그 목적이 있지 않았다. 오래된 자료의 재분석을 하며 오직 연구에 있는 아프리카계 미국인 환자들만을 검토한 것은 비딜의 이로움을 더 확연하게 보여줬다. 이를 토대로 비딜에 대한 새로운 특허가 허가되었고(아프리카계 미국인 환자들의 심부전증을 치료하기 위한 방법으로서), 새로운 연구가 행해졌으며(아프리카계 미국인 환자들에게 비딜이 상당한 혜택을 준다는 것을 통계적으로 보여주는), 궁극적으로 FDA 승인이 이루어졌다. 승인을 향한 과정은 비딜이 인종과 관계없이 모든 심부전증 환자들, 특히 대안적 치료법을 잘 견디지 못하는 이들에게 이로울 수 있고, 흑인 환자들에게 더 많이 이로운 것을 보여준 오래된 연구 결과는 단지 요행에 불과하다는 근거에서 비판받았다. FDA 승인을 염두에 두고 설계된 새로운 연구는 오직 아프리카계 미국인만을 실험했고 결과적으로 이 의약품에 대한 반응에 인종적 차이가 있는지의 여부에 관한 질문을 던지지 않는다. 비딜의 역사에 관한 설명을 위해서는 Jonathan Kahn, "How a Drug Becomes 'Ethnic': Law, Commerce, and the Production of Racial Categories in Medicine," *Yale Journal of Health Policy, Law and Ethics* 4(2004): 1-46을 참고하라.

8   비딜은 히드랄라진과 이소소르비드의 두 복제약품으로 이루어져 있기 때문에, 비딜의 경우에 심지어 이 양상은 보이는 것보다 훨씬 덜한 의미를 지닌다. 조녀선 칸은 다음과 같이 설명한다. "비딜은 편리함의 돌파구였다. … (왜냐하면) 의사는 오직 하나의 처방만을 쓰면 되고 환자는 열여섯 개의 알약(하루에 네 번 네 알씩) 대신에 총 여섯 개의 알약(하루에 세 번 두 알씩)만을 복용하면 되었기 때문이다." Kahn, "How a Drug Becomes 'Ethnic,'" 30.

9   제약업자들이 인가되지 않은 의약품의 사용을 광고하는 것은 금지되어 있다. 인가되지 않은 약품의 사용을 관리하는 규제의 설명은 Ralph F. Hall and Elizabeth S. Sobotka, "Inconsistent Government Policies: Why FDA Off-Label Regulation Cannot Survive First Amendment Review Under *Greater New Orleans*," *Food and Drug Law Journal* 62(2007): 1-48, 3-10을 참고하라.

10   한 연구가, 관찰된 인종적 차이의 환경적 원인들을 배제하려고 노력한 반면, 그 연구는 교육 수준과 재정적 곤경이라는 두 요소들로 제한되었다. Kahn, "How a Drug Becomes 'Ethnic,'" 18-19.

11   그것은 또한 도덕적으로 문제가 될 수 있는데, 그것이 좋지 않은 결과들로 이어지기 때문이다.

12   Glenn C. Loury, *The Anatomy of Racial Inequality*(Cambridge, Mass.: Harvard University Press, 2002), 70.

13   Kahn, "How a Drug Becomes 'Ethnic,'" 43.

14   사례들에 대해서는 American Medical Association, "Subject Selection for Clinical Trials," *Code of Medical Ethics*를 참고하라. Op. No. E-2.071, 1998 6월 발행; Council for International Organizations of Medical Science, "Equitable Distribution of Burdens and Benefits in the Selection of Groups of Subjects in Research," *International Ethical Guidelines for Biomedical Research Involving Human Subjects*, Guideline No. 12(2002), http://www.cioms.ch/frame_guidelines_nov_2002.htm에서 참고 가능: 그리고 Barbara A. Noah, "The Participation of Underrepresented Minorities in Clinical Research," *American Journal of Law and Medicine* 29(2003): 221-245.

15   법과 도덕의 객관성이 무엇을 요구하는지에 관한 관점들을 살펴보기 위해서는, Brian Leiter, ed., *Objectivity in Law and Morals*(New York: Cambridge University Press, 2001)를 참고하라.

16   Leiter, *Objectivity in Law and Morals*, 99-143, 111에 있는 Gerald J. Postema, "Objectivity Fit for Law".

17 위의 책 112.

18 Andrei Marmor, ed., *Law and Interpretation*: *Essays in Legal Philosophy*(New York: Oxford University Press, 1995)에 재판된 Jules L. Coleman · Brian Leiter, "Determinacy, Objectivity, and Authority," *University of Pennsylvania Law Reivew* 142(1993): 549-637.

19 Coleman · Leiter, "Determinacy, Objectivity, and Authority," 608(최소한의 객관성을 다음과 같은 방식으로 설명한다. "공동체의 대다수에게 옳아 보이는 것이 무엇이 옳은지를 결정"하므로 "개인들은 모든 것들의 척도가 아니지만 그들의 집단적이거나 수렴되는 관행들은 그러하다").

20 위의 책 608-609.

21 Leiter, *Objectivity in Law and Morals*, 66-98에 있는 Brian Leiter, "Objectivity, Morality, and Adjudication."

22 Plessy v. Ferguson, 163 U.S. 537, 551(1896).

23 위의 책 562(반대 의견 Harlan, J.).

24 Bradwell v. Illinois, 83 U.S. 130(1873) (여성이 변호사 업무를 하는 것을 금지함).

25 International Union v. Johnson Controls, Inc., 499 U.S. 187(1991) (가임연령의 여성들이 중금속에 노출되는 직위들을 갖지 못하도록 하는 고용주의 '태아보호정책'을 거부함).

26 세라 버스는 매너에 관한 유사한 개념을 가지고 있다. 그녀의 관점에 의하면, 매너의 요점은 다른 이들의 도덕적 가치를 직접적으로 인정하는 것이다. 그러므로 만일 매너 강령이 그렇게 하는 것에 실패한다면, 그것은 나쁘다고 비판받을 수 있다. "매너의 관점에 의하면, 우리는 매너 강령이 모든 사람들이 본질적으로 가치 있다는 것을 인정하는 데 실패하는 것에 대해 비판할 수 있다." Sarah Buss, "Appearing Respectful: the Moral Significance of Manners," *Ethics*, 109(1999): 795-826, 809.

27 Connie S. Rosati, "Some Puzzles about the Objectivity of Law," *Law and Philosophy* 23(2004): 273-323, 307-308(주석 생략).

28 Coleman · Leiter, "Determinacy, Objectivity, and Authority," 607("강력한 형이상학적 객관주의자에 따르면, 심지어 이상적인 형이상학적 조건들에서조차 세상의 실정이 어떠한지는 사람들이 그것에 대해 어떻게 이해하는지에 절대 의존하지 않는다").

29 코니 로재티는 콜먼과 라이터의 법에 있어서의 강력한 객관성 개념과 유사한 관점을 취한다. "체스와 같이 규칙에 따르는 다른 체계나 활동과 마찬가지로 법은 우리가 만드는 것이고, 법의 관행적인 기원들, 법적 사실들은 법이란 무엇인가와 관련한 우리의 믿음, 반난, 태도, 또는 반응과 완전히 독립적이라는 생각과 전혀 일치하지 않는다." Rosati, "Objectivity of Law," 303.

30 Coleman·Leiter, "Determinacy, Objectivity, and Authority," 620.

31 Philip Pettit, "Embracing Objectivity in Ethics," in Leiter, *Objectivity in Law and Morals*, 234-286, 244.

32 Coleman·Leiter, "Determinacy, Objectivity, and Authority," 630.

33 그녀는 또한 법관은 "모든 연관된 정보들"을 "충분히 알고 있어야 한다"는 기준에 도전장을 던진다. Coleman·Leiter, "Determinacy, Objectivity, and Authority," 630. 로재티는 어떻게 한 사람이 어떠한 정보가 관련이 있는지를 판단하는지에 관하여 아무도 충분히 설명하지 못했고, 이상적인 법관은 모든 관계된 정보를 가지고 있을 것이라는 생각은 비논리적이라고 생각한다. "Objectivity of Law," 318-319.

34 Coleman·Leiter, "Determinacy, Objectivity, and Authority," 630.

35 나는 이 '해결책'이 변변치는 않지만 라즈의 객관성의 개념으로 가는 '긴 경로'와 일치한다고 본다. Leiter, *Objectivity in Law and Morals*, 194-233에 있는 Joseph Raz, "Notes on Value and Objectivity"를 참고하라.

36 Ronald Dworkin, *A Matter of Principle*(Cambridge, Mass.: Harvard University Press, 1985)에 있는 Ronald Dworkin, "Bakke's Case: Are Quotas Unfair?," 293-303, 301.

37 고등교육에서의 차별철폐 조치에 반대하는 대표 원고들은 일반적으로 낮은 사회경제적 계급의 백인들이다. 예를 들어 Grutter v. Bollinger, 539 U.S. 306(2003)과 Gratz v. Bollinger, 539 U.S. 244(2003)를 참고하라. 이러한 선택들은 낮은 계급의 백인들의 주장들이 백인으로서의 백인 원고의 주장보다는 더 설득력을 지닌다는 미확정된 직관력에 의해 영향을 받았을 가능성이 있다. 하지만 차별철폐 조치 정책들이 사회경제적 지위를 기반으로 사람들 사이를 구별하지 않기 때문에(적어도 부정적인 의미에서는 아닌), 이것은 옹호하기 훨씬 더 어려운 주장이 될 것이다.

38 이 이의는 하버드대학교 출판부의 익명의 논평가로부터 제기되었다.

39 이 구절은 동 제목을 가진 로버트 휴즈의 책에서 나온다. Robert Hughes, *The Culture of Complaint: The Fraying of America*(New York: Oxford University Press, 1993).

40 Raz, "Notes," 226.

41 Thomas Nagel, *The View from Nowhere*(New York: Oxford University Press, 1986).

42 Postema, "Objectivity Fit for Law," 111-112.

43 한 사람이 의사결정자들에게 실제 기준과 거의 비슷한 시험을 따르도록 지시할 수 있다는 생각은 익숙하다. 예를 들어 합리적인 의사결정자는 명확한 구별 기준을 사용하는 것이 차량 관리부의 직원에게 책임감과 운전기술에 대한 기준들을 직접적으로 적용하

도록 하는 것보다 안전하게 운전할 수 있는 충분한 책임감과 운전기술이 있는 어린 운전자들의 집단을 더 잘 식별해줄 것이라는 생각을 토대로 운전할 수 있는 최소의 연령을 17살로 정할 수 있다.

4장

1 Azar Nafisi, *Reading Lolita in Tehran: A Memoir in Books*(New York: Random House, 2003).

2 사회적 책임을 위한 기업, http://www.bsr.org/Meta/About/index.cfm에서 참고 가능.

3 예를 들어 워싱턴의 많은 까다로운 사립학교들은 (다른 곳들과 마찬가지로) (WPPSI-Ⅲ으로 알려져 있는) 유아용 웩슬러 지능검사, 제3판을 사용한다.

4 존 롤스는 이 주장을 제기한다. John Rawls, *A Theory of Justice*, rev. ed.(Cambridge, Mass.: Harvard University Press, 1999), 104. 그러나 George Sher, "Effort, Ability and Personal Desert," *Philosophy and Public Affairs* 8(1979): 361-376을 참고하라(사람들은 그들의 성과들을 마땅히 이룰 만하지 않다는 주장은 그들이 선천적 능력을 마땅히 가질 만하지 않다는 전제로부터 오지 않는다고 주장한다).

5 Christopher McCrudden, "Merit Principles," *Oxford Journal of Legal Studies* 18(1998): 543-579, 545-546을 참고하라("'가치'의 개념과 '가치 원칙'에는 주로 서로 다른 곳을 향하고 종종 양립할 수 없는 공공정책 방향들의 다양한 대립되는 개념들이 있다는 점에서 이의가 제기되는 개념"이므로 "현재 가치 논거들을 사용하는 이들, 특히 그것들에 찬성하여 쓰는 사람들"은 "그런 논거들은 그것들의 유용성보다는 훨씬 더 많은 문제들을 가지고 있다고 결론지어야 하고, 가치를 논쟁의 토대로 사용하는 것을 멈추어야 한다").

6 위의 책 554.

7 Robert K. Fullinwider와 Judith Lichtenberg, *Leveling the Playing Field: Justice, Politics, and College Admissions*(Lanham, Md.: Rowman and Littlefield, 2004), 27.

8 McCrudden, "Merit Principles," 557-558. 그는 Richard H. Fallon, Jr., "To Each According to his Ability, From None According to His Race: The Concept of Merit in the Law of Antidiscrimination," *Boston University Law Review* 60(1980): 815-877, 826에 의존하며(그리고 인용하며) 가치에 관한 그의 두 번째 모형을 "일반적으로 중요하다고 생각되는 자질들을 소유하고 있고 특별한 기능을 수행함에 있어 유용하다고 입증될 상당한 가능성이 있는 것"이라고 정의한다.

9 맥크러든이 가치를 만들어낼 수 있는 특성들과 문제가 되는 직무에 대한 설명에 관하여 그의 가치 모형에서 두 번째 열쇠인, 그가 "보편적 '상식'가치"라고 이름붙인 것에 대해

서는 오로지 대략적인 묘사뿐이었다. McCrudden, "Merit Principles," 557.

10 히포크라테스 선서의 고전판에서는 "나는 환자의 이익을 위해 나의 능력과 판단에 의거하여 영양학상의 조치를 적용할 것이다: 나는 그들을 해로움과 부당함으로부터 지킬 것이다"라고 규정하고 있다. "Hippocratic Oath: Classical Version," *Nova Online*, http://www.pbs.org/wgbh/nova/doctors/oath_classical.html 1964년에 Tufts 대학교 의과대 학장 루이스 라사나에 의해 쓰여진 현대판에서는 "나는 환자의 이익을 위해, 과다처방과 치료법에 대한 허무주의의 이중함정을 피하면서, 필요한 모든 조치를 적용할 것이다"라고 규정하고 있다. Louis Lasagna, "Hippocratic Oath: Modern Version," http://www.pbs.org/wbgh/nova/doctors/oath_modern.html

11 위의 주소.

12 이것은 맥크러든의 견해이기도 하다. 크리스토퍼 맥크러든을 포괄적으로 참고.

13 로버트 노직은 노동자의 능력과 기술이 그의 것이기 때문에, 그가 사용하는 능력과 기술에 대해 돈을 받을 자격이 있다고 주장한다. Robert Nozick, *Anarchy, State and Utopia*(New York: Basic Books, 1974) 참고

14 Barbara Fried, "Wilt Chamberlain Revisited: Nozick's 'Justice in Transfer' and the Problem of Market-Based Distribution," *Philosophy and Public Affairs* 24(1995): 226-245를 예를 들어 참고. 프리드는 '이동하는 정의'의 원칙 월트 체임벌린이 어째서 팬들이 지불하기 원하는 돈을 가질 자격이 있는가를 정당화하는 데 작동하지 않는다고 설명한다. 그녀는 노직의 논거가 체임벌린이 그의 재능을 소유한다는 주장에 의존한다고 주장한다. 하지만 노직은 왜 체임벌린이 그의 재능의 희소가치까지 소유하는가에 대한 논거를 제공하지 못한다. 그런 논거 없이는 체임벌린이 그렇다는 것이 확실하지 않다. 체임벌린이 그의 재능의 희소가치를 소유하고 있지 않다면, 사회는 그의 가치에 대해 체임벌린이 임금을 받았을 때 그것을 징수할 수 있는 유치권을 가진다.

15 어떤 투자에 대한 "사회적 반납"의 개념은 덜한 오염, 노동자들을 위한 더 나은 작업 환경 등등 투자의 결과로 축적될 수 있는 비금전적 이익들을 말한다.

16 노먼 대니얼즈는 그런 논쟁의 영향과 한계를 탐구한다. Norman Daniels, "Merit and Meritocracy," *Philosophy and Public Affairs* 7(1978): 206-223.

17 대니얼즈가 설명하듯, 효율성은 다른 고려 사항들이 그것보다 우선시되지 않는다면 그 자체로 유익하다.

18 위의 책 209.

19 위의 책 210.

20 위의 책.

21 울프 부부는 유사하게 다음과 같은 가설을 통해 교육과 의료보험의 이익에 관한 우리

318

의 직관적인 개념에 도전한다. 그들은 독자에게 다른 세계를 상상하라고 요구하며, 응급실의 의료보험을 필요에 기반하여 이해하지 말고 그보다도 어떤 방식으로 보다 우리의 건강을 더 낫게 만들 수 있는지를 상기한다. 마찬가지로 필요에 기반해서가 아니라 제한된 장소를 어떻게 엘리트 연구기관을 위해 할양할 건지에 관해서도 어떤 사회인지를 묻는다. 대학의 맥락에서, 위와 같은 특정한 상상의 사회에 대한 주장은, 어느 학교를 가든지 학생들이 자신의 삶에서 성공하는 것이 목표가 아니라 필요한 최고의 교육을 받아야만 한다는 주장의 맥락에서 이치에 합당하다. Robert Paul Wolff · Tobias Barrington Wolff, "The Pimple on Adonis's Nose: A Dialogue on the Concept of Merit in the Affirmative Action Debate," *Hastings Law Journal* 56(2005):379-440을 참고하라.

22 '가치'를 문장 안에 위치시킨 까닭은 이 논의에서 가치가 의미하는 것이 사회 전체적 생산성의 증대라는 특성이기 때문이다. 가치는 그 자체로 논쟁적인 개념이다.

23 어린이들을 높은 아이큐에 따라 선별하는 문제는 사회 전체적인 생산성의 맥락에서 생산성을 하락시키는 부정적인 결과를 낳을 가능성이 큰 일이다. 만약 그러하다면 거시 생산성 원리는 테스트를 금지한다. 그러나 사실이 그렇게 드러난다고 하여서 반드시 그렇게 금지해야만 하는 것은 아니다. 저소득층은 어린이에게 높은 성취를 이루게끔 하려는 동기를 가지고 있으며, 생산성을 향상시키는 것이 개개인에게 잘 적용된다면 행복을 증가시킬 수 있다. 여기서 가장 중요한 점은 어린이를 위한 교육적 선택을 할 때 우리는 반드시 어떤 것이 그들의 행복을 발달시키기 위해 가장 좋은지 고려해야 한다는 것이며, 생산성의 면뿐만 아니라 감정적인 영역이 그것이다.

24 Rawls, *Theory of Justice*, 310-315.

25 위의 책.

26 예를 들어 다음을 보라. Sher, "Personal Desert" 361-376.

27 Fired, "Wilt Chamberlain Revisited," 228. 그녀의 주장이 사람들은 자신의 재능에 대하여 보상을 받도록 되어 있다는 명제에 대한 해답일지라도, 이는 보상에 관한 명제에 의하여 대답될 수도 있다. 명시하자면, 사람들이 자신의 재능을 활용하여 이익을 보아야만 했다는 주장을 강력하게 옹호했던 노직조차도 그들의 재능이 보답을 받아야만 마땅하다고 생각하지는 않았다. 다음을 보라. Nozick, *Anarchy, State and Utopia*, 159.

28 Joan Williams, *Unbending Gender: Why Family and Work Conflict and What to Do bout It*(New York: Oxford University Press, 2000).

29 비슷한 주장이 대법원 판결을 옹호하기 위해서 쓰였는데, Supreme Court's decision in Roberts v. United States Jaycees, 468 U.S. 609(1983). Jaycees의 재판에서 사회

적 단체는 여성을 일반회원으로 받는 것을 금지해서는 안 된다고 판결했다.

5장

1 이와 같은 해석은 린다 허시먼의 도발적인 에세이로 나중에 *American Prospect*에 실렸다. 여성들이 집에서 자녀를 돌보는 문제 때문에 직장을 잃어서는 안 된다는 주장을 다룬다. 다음을 참조. Linda Hirshman, "Homeward Bound," *American Prospect*, Dec. 2005, 20, available at http://www.prospect.org/cs/articles?article=-homeward_bound

2 위의 책.

3 Lawline v. American Bar Ass'n, 956 F.2d 1378, 1385(7th cir. 1992) ("법적 서비스가 필요한 사람이 필요한 만큼의 공공성을 받지 못하는 것에 반대하는 법률로… 공적 사회는 법조인들을 통해서 그런 법을 실천해야 할 필수적인 책임이 있다.") Sussman v. Grado, 746 N.Y.S.2d 548, 552(N. Y. Dist. Ct. 2002) (법조인의 지침과 그들의 전문적인 직원들이 뉴욕시의 승인을 못 받았거나 시험을 통과하지 못한 변호사 보조인보다 더 적합하다고 본다).

4 더욱 정교하게 개선된 특정한 분류화의 본성에 관한 문제는 이어지는 다음 장에서 다루고 있다.

5 '합리성 심사rationality review'에서 고용에 있어서 공평한 제공 방법에 관해 다룬 부분에서 규정된 요구는 합리성 이상이다. rationality review with bit라는 용어로도 표현되는데, 이는 쉽게 지나칠 수 있으나 어떤 종류의 분류화는 규칙에서 어긋나기도 한다. 원칙대로 규칙에서 어긋난 것은, 특성에 기반한 분류화는 목표와 표적에 긍정적으로 연관되지 않는다고 볼 수 있다.

6 예를 들어 Nguyen v. INS, 533 U.S. 53, 77(2001) 판례를 해석하면 다음과 같다. "과장된 감시와 지역에 기반한 재검토의 가장 중요한 차이점은 '고용되었다는 것과 끝났다는 것의 차이'를 적합하게 만드는 것에 있다. 과장된 감시에서 차별의 뜻은 정부의 이익에 실제적이고 가장 중요한, 보이지 않는 부분과 연결되어 있다. 지역적 감시에서는 모든 수단에서 합법적으로 '지역적으로 연관'되었다는 뜻을 가진다.

7 다음을 볼 것. Joseph Tussman·Jacobus tenBroek, "The Equal Protection of the Laws," *California Law Review* 37(1949): 341-381. 투스만과 텐브로익은 여러 해에 걸쳐서 평등보호의 지배적인 개념을 분석했다. 이 글은 인용 횟수 상위 20위 안에 들어가는 논문이다. Fred R. Shapiro, "The Most-Cited Law Review Articles Revisited," *Chiacago-Kent Law Review* 71(1996): 751-779, 767을 볼 것. 그러나 다음 논문에서는 투스만과 텐브로익을 인용한 샤피로의 대안적인 방법을 비판한다. James E. Krier and Stewart J. Schwab, "*The Cathedral* at Twenty-Five: Citations and Impres-

sons," *Yale Law Journal* 106(1997): 2121-2147, 2139. 투스만과 텐브로익이 위의 본문에서 차별퍼즐이라고 부른 문제를 분석하고 있는데, 그 해답으로 "책임 있는 분류화"의 개념을 제시했다. Tussman·tenBroek, "Equal Protection," 344. 책임 있는 분류화란 대리적 특성이 표적 특성과 긍정적으로 연관되어 있다는 종류의 개념이다.

8 다음을 볼 것. Deborah Hellman, "Waht Makes Genetic Discrimination Exceptional?" *American Journal of Law and Medicine* 29(2003): 77-116; Henry T. Greely, "Genotype Discrimination: The Complex Case for some Legislative Protection," *University of Pennsylvania Law Review* 149(2001): 1483-1505.

9 다음을 볼 것. Frederick Schauer, *Profiles, Probabilities and Stereotypes*(Cambridge, Mass.: Harvard University Press, 2003), 일반화에 의하여 발생한 도덕적 주제를 논의하고 있다. 샤우어는 일반화가 지역화만큼 차별에서 작동하는 것을 다음 글에서 다루고 있다. 일반화의 "bulldogs have bad hips"는 실체하며, "dog's hip problem"이 계속 존재할 가능성이 있는 한, 그리고 불독이 다른 개보다 클 가능성이 있다 하여도, 그 사실은 개를 어떻게 먹여서 키우는지에 관해 어떤 정보도 주지 못한다." 위의 책 11.

10 다음 예시를 볼 것. City of Cleburne v. Cleburne Living Center, 473 U.S. 432, 440(1985) (White, J., for the Court) (특정한 계층이 다른 계층에 비해서 덜 가치 있거나 대우받아서는 안 된다는 관점으로, 인종, 신분, 그리고 국적과 같은 특성들은 편견과 혐오의 반영이라는 점에서 어느 법률이 가져올 합법적 상태의 이익과 연관 지어져 있다고 설명한다).

11 미 국무부 의료 서비스에서, "Long Term Poverty," *Indicators of Welfare Dependence: Annual Report to Congress* 2003(2003), iii-14, Tbl. Econ6, available at http://aspe.hhs.gov/HSP/indictors03/ch3.htm#econ6(흑인 어린이들이 더 긴 기간 동안 빈곤을 겪고 있음을 드러내는 것: 예를 들어 1967년에는 흑인 자녀들이 비흑인 자녀보다 10년 이상 빈곤할 확률이 30배 높다.

12 Jonathan Kozol, *The Shame of the Nation*(New York: Crown Publishers, 2005),(미국의 시내 학교들에서 인종적 분리 경향을 묘사).

13 미 국무부 의료 서비스에서, *Indicators of Welfare Dependence: Annual Report to Congress* 2006(2006), iii-32, Fig. WORK7, available at http://www.ojp.usdoj. gov/bjs/pub/pdf/p05(흑인 성인들이 평균 인구의 구성원들보다 장애를 가질 확률이 30% 더 많은 것을 보여주는 것).

14 Paige M. Harrison and Allen J. Beck, "Prisoners in 2005," *Bureau of Justice Statistics Bulletin*, Nov. 2006, 1, available at http://www.ojp.usdoj.gov/bjs/pub/pdf/p05(전체 흑인 남성 인구 중 약 8.1%가 주립이나 연방 교도소 안에 있는데, 같은 나이대의 히스패닉계는 2.6%, 백인은 1.1%가 있는 것과 비교된다) 인종과 형사사법 간의 포괄적인 설

명을 위해서는 Randall Kennedy의 *Race, Crime and the Law*(New York: Pantheon Books, 1997)를 보라.

15 다음을 볼 것. Joan Williams, *Unbending Gender: Why Family and Work Conflict and What to Do about it*(New York: Oxford University Press, 2000). 윌리엄스는 노동환경은 구조적으로 노동자에게 거의 의무가 없는데, 특히 아동 또는 노인 복지에서 그러하며, 이는 구조적으로 노동환경이 노동자 특히 여성들에게 마땅히 해야 할 중요한 복지 기능을 하지 않는 것이라고 주장한다.

16 411 U.S. 677(1973).

17 위의 책 681-682, 689-690.

18 위의 책 689 n. 23.

19 Catharine A. MacKinnon, *Sexual Harassment of Working Women: A case of Sex Discrimination*(New Haven: Yale University Press, 1979), 107-116(discussing Reed v. Reed, 404 U.S. 71 [1971]).

20 위의 책 108.

21 Samuel R. Bagenstos, " 'rational Discrimination,' Accommodation, and the Politics of(disability) Civil Rights," *Virginia Law Review* 89(2003): 825-923.

22 위의 책 849.

23 이와 같은 관찰에서, 배겐스토스는 차별금지와 조절이 표준을 요구한다고 주장한다. 조절을 해야 하는 고용주와, 돈을 절약해서 목표를 얻어내야 하는 사람과 사회적 공평성의 양쪽 모두를 요구한다.

24 위의 책 878.

25 위의 책 833-834.

26 마크 켈먼Mark Kelman을 볼 것. "Market Discrimination and Groups," *Stanford Law Review* 53(2001): 833-896(주로 차별금지 법안이 고용주가 고용을 합리적으로 선택해야 한다는 점에 대해서 논의했다).

27 샤우어를 볼 것. Profiles, 55-78(일반화와 관련하여 드러나고 드러나지 않는 피할 수 없는 쟁점을 다뤘다).

28 많은 대학들이 졸업을 위해서 수영 자격을 요구하고 있으며, 다트머스 대학도 한 예다. 더글러스 벨킨Douglas Belkin을 볼 것. "Time to Sink or Graduate," *Boston Globe*, May 8, 2006, A 1.

29 Schauer, Profiles, 66.

30 물론 이런 방법은 응시자가 채무에 의한 부담을 감수해야 한다는 대학의 관점에서 볼 때는 효과적이다. 대학은 그 비용이 정확하게 증가할 수 없다는 점에서 가치가 없다고

판단할 수도 있다. 대학 당국이 잠재적인 학생들의 테스트가 필요하다는 것과 관련성이 있다는 점을 감수할 근거는 없다.

31 나는 이런 일이 에든버러 대학에서 실제로 일어났다고 믿는다.

32 동일성과 차이에 관한 페미니스트 문헌상 논쟁에 관련된 좋은 기술은 성의 불평등을 근 절하려는 시각과도 연관되어 있다. 다음을 볼 것. Marth Albertson Fineman, "Femi- nist Legal Theory," *American University Journal of Gender, Social Policy and the Law* 13(2005): 13-23, 15-19.

33 The Family and Medical Leave Act(FMLA), 29 USC. §§ 2601-2654(2000) 중간 또는 대형 작업장의 고용주들이 아이를 출산하거나 입양한 후 또는 아픈 친척을 돌보기 위 해 12시간의 무급 조퇴를 허용하는 것을 요구하는데, 이는 모든 사람에게 적용되는 정 책의 한 예다. 그러나 이것은 남성보다 여성이 더 많이 쓰도록 받아들여지고 있으며 여 성의 불이익이 남성보다 훨씬 크기 때문이다. 특정한 노동자에게 특정한 방안을 구하는 대안이 생기지 않는 한, 이 명제의 선택에는 격변적이고 특이한 결과를 가져온다.

34 분명히 학생들은 수영 수업을 스스로 선택할 수 있다. 그러나 남아 있는 문제는 누가 수 영 공포증이 있는지이며, 수영을 하지 않는다는 신념이 있는 사람도 있을 것이고, 수영 의 배워야 할 중요성을 이해하지 못한 사람도 있고, 그 외에도 많은 사람들이 타의로 수 영 수업을 신청했을 것이다.

35 Schauer, *Profiles*, 200.

36 위의 책 199-223(Chapter 8: "Two Cheers for Procrustes"). 이것은 또한 평등은 공허한 관념이라는 피터 웨스텐의 도발적인 원리에 대한 여러 비평가들의 주장이다. Kenneth W. Simons, "The Logic of Egalitarian Norms," *Boston University Law Review* 80(2000): 693-771(평등에 명제에 관한 논평으로, 만약 A 가 x라고 이름붙었을 때, A와 B의 차 이에 관한 것이다) 시몬스의 논문은 다음에 관한 수많은 응답 중 하나다. Peter Westen' s "The Empty Idea of Equality," Harvard Law Review 95(1982): 537-596.(argu- ing that the idea of equality expressed by the commitment to treat "like cases alike" is empty).

37 알려졌다시피 이런 경향은 견고한 편향이다. 다음을 볼 것. Raymond S. Nickerson, "Confirmation Bias: A Ubiquitous Phenomenon in Many Guises," *Review of General Psychology* 2(1998): 175-220. See also Mark Schaller, "Social Ctegoriza- tion and the Formation of Group Stereotypes: Further Eveidence for biased Information Processing in the Perception of Group-Behavior Correlations," *European Journal of Social Psychology* 21(1991):25-35

38 533 U.S. 53(2001).

39 법률은 어린이가 반드시 법적으로 동등한 권리를 제공함을 보여야 하며, 친권자의 의무
    또는 법원의 친권 명령에 의하여 그러하다. 18. 533 U.S. at 62.

40 위의 책 68, 73.

41 위의 책 89.

42 위의 책 90.

43 위의 책.

44 위의 책 94.

45 보험이 가정 내에서 누군가에게 강한 책임을 지우는 희생자를 낳는 것에 관한 도덕
    적 허용성의 책임 여부 또는 거부에 관한 나의 상세한 분석에 관해서는, 다음 글을 볼
    것. "Is Acturially Fair Insurance Pricing Actually Fair? A Cse Study in Insuring
    Bttered Women," *Harvard Civil Rights-Civil Liberties Law Review* 32(1997):
    355-411.

46 윌리엄 버로스, *Naked Lunch*, 다음 주소에서 볼 수 있다. http://www.brainyquote.
    com/quotes/authors/w/william_s_burroughs.html

6장

1   Dukes v. Wal-Mart Stores, Inc., 222 F.R.D. 137(N.D. Cal. 2004) (월마트 여성 직원들
    의 증언으로, 사회학자 윌리엄 비얼비William T. Bielby가 증거를 제시한 연구에 기반을 두었
    다. 무의식적 편향이 명백한 규정이나 제한적인 방법론 없이도 의사결정에서 거대한 역
    할을 하고 있다는 것).

2   413 U.S. 528, 534(1973).

3   G. E. M. Anscombe, Intention, 2nd ed.(Ithac, N.Y.: Cornell University Press, 1969), 1.

4   예시를 위하여 다음을 볼 것. Steven Sverdik, "Motive and Rightness," *Ethics*
    106(1996): 327-349, 335(동기가 능동적이며, 욕구적인 면에 속해 있는지를 인과적으로 설명
    하려 한 것에 대한 논쟁을 다룸).

5   Anscombe, *Intention*, 18.

6   Oliver Wendell Holmes, Jr., The Common Law(Boston: Little, Brown, and Com-
    pany, 1963), 7. Frederick Schauer에 따르면, 홈즈는 개를 과대평가했다. 다음 글을 볼
    것. Frederick Schauer, "Intentions, Conventions and the First Amendment: The
    Case of Cross-Burning," *Supreme Court Review*(2003): 197-230, 197 "심지어 개
    조차도 걷어차인 것과 비틀거리다가 넘어진 것을 안다는 홈즈 판사의 주장은 그의 개과
    동물에 대한 제한된 지식만을 강조할 뿐이다"라는 주장이다.

7   다음 예시를 볼 것. Richard H. Fallon, Jr., Implementing the Constitution(Cam-

bridge, Mass.: Harvard University Press, 2001), 93(헬름스의 아포리즘은 사실상 "우리는 종종 의도가 무엇이었는지를 이해하지 못하면 행위에 대해서 파악하지 못한다"라는 묘사였다) 그러나 다음 글을 볼 것. Schauer, "intentions," 197(홈즈의 주장을 좀 더 명확하게 이해하면 사실 다음과 같다. "법적 일반성만이 무엇이 실제로 일어났고 무엇을 의도했는지를 구별하게 하는 가장 중요한 형태다").

8 린다 해밀턴 크리거는 합법적 관객에 대한 이야기를 요약하고 이것이 차별금지법에서 중요하다고 설명한다. Linda Hamilton Kreiger, "The Content of Our Ctegories : A Cognitive Bias Approach to Discrimination and Equal Employment Opportunity," *Stanford Law Review* 47(1995): 1161-1248.

9 위의 책 1239-1240.

10 Gregory Mitchell and Philip E. Tetlock, "Antidiscrimination Law and the Perils of Mindreading," *Ohio State Law Journal* 67(2006): 1023-1121. 미첼과 테틀록은 무의식적 편향이 저자의 간주만큼 의미 있지 않으며 특히 그들의 믿음에 대한 인문학적 보증이 충분하지 않다고 말한다. 다시 말해서 그들은 사람들이 쉽고 빠르게 백인을 긍정적 특성과 연결시키고 흑인을 부정적 특성과 무의식적으로 연결시키는 것이 사람들이 흑인에 대해 부정적 태도를 갖고 있음을 드러내지 않는다고 주장한다. 뿐만 아니라 최소한 그 결과들은 설문조사의 조건에 대한 불안과 백인, 흑인 집단이 다르다는 통계적 근거가 부족하다고 본다. 즉, 인문학적인 결론을 내린 근거는 정당하지 못하며, 실험적 환경에서 나타나는 의미와 현실의 상황에서 사람들이 흑인과 백인을 대하는 방식이 다르다는 것이다. 미첼과 테틀록은 젠더의 층위에서도 마찬가지 답변을 한 바 있다. Samuel R. Bagenstos, "Implicit Bias, 'science,' and Antidiscrimination Law," Washington U. School of Law Working Paper No. 07-04-01, available at http://papers.sssrn.com/sol13/papers.cfm?abstract_id=970526. 배겐스토스는 미첼과 테틀록이 과학적 차원에서 규명하려 한 것이 실패하지는 않았다고 옳게 지적했으나, 부당한 차별이 무엇을 내포했는지에 관한 명제를 이해하는 데 실패했다고 말한다. 예를 들어 미첼과 테틀록은 관찰적 차이에 의한 이유가 편견보다는 낯선 사람과 낯선 인종에 대해 작동했을 거라고 보았다. 배겐스토스는 이에 동의하지 않는다. 배겐스토스는 원인이 무엇이든 간에, 누군가를 대하는 방식이 다르다는 것은 논란을 일으키는 이유라고 주장한다.

11 *Webster's Third New International Dictionary*(Springfield, Mass.: G. and C. Meriam Company, 1981), 1240.

12 Larry Alexander, "Rules, Rights, Options, and Time," *Legal Theory* 6(2000: 391-404.

13 알렉산더는 매튜 애들러의 구성적 정의에 대한 개념을 그의 "rights against rules" 라는 주장으로 도입했다. 다음을 볼 것. Matthew D. Adler, "Rights Against Rules: The Moral Structure of American Constitutional Law," *Michigan Law Review* 97(1998): 1-173.

14 나는 알렉산더와 애들러의 개념을 옳다고 여겨서 도입하려는 것이 아니다. 알렉산더가 지적한 많은 사람들을 배제할 때 구성적으로 허용할 수 있는 규칙들이 반드시 존재한 다는 점에서는 동의한다. 그러나 구성적 정의에 대해서는 아니다. 종종 discrimination conundrum 이라는 다른 용어로 표현하기도 하는 이 사실은 투스먼과 텐브로익이 그 들의 고전적 저작에서 최초로 다룬 바 있다. "The Equal Protection of the Laws," *California Law Review* 37(1949): 341-381. 혼란스럽고 세속적인 과정에서 법률, 정 치는 반드시 사람들을 차별하는 것을 행할 수밖에 없다.

15 Alexander, "Rules," 400.

16 위의 책.

17 위의 책(구성적 부분성과 허용성을 치환하여, 법원은 반드시 동기를 중요한 법적 요소로 대해야 한다는 주장). 그리고 위의 책 400-401(법적인 근거로 작동하는 물질이며, 구성적으로 금기인 것에 반대되는 구성적 선택성에 관한 것).

18 위의 책 400.

19 다음 예시를 볼 것. Mitchell N. Berman, "Constitutional Decision Rules," *Virginia Law Review* 90(2004): 1-168(distinguishing "operative propositions," which elucidate constitutional meaning, from "decision rules," which allow courts to apply that mean- ing).

20 논의를 명확히 하기 위해서, 알렉산더의 실제 규칙이라는 용어와 본문에서 인용한 구절 의 관계를 설명하려 한다. X라는 특성에 따라 분류하는 것은 부당한 차별이다. 이때 알 렉산더는 실제 규칙이 무엇인지 알기 위해서 X에 관한 질문을 던진다. 다른 말로, 그는 X에 기반을 둔 차별이 무엇인지를 차별에 대한 감각으로 관심이 있었던 것이지만, 대 신에 그는 어떤 분류화가 만들어진 아래에서 X라는 특성이 무엇인지를 질문했다. 실제 규칙을 정의하자면 분류를 하는 규칙에 기반을 둔 X라는 특성이 무엇이냐는 것이다.

21 요소가 다른 효과라는 용어는 헌법에서 보장되는 평등보호를 위반하는 경우가 발생했 을 때 어떤 테스트가 가능한지에 관한 뜻이다. 대법원은 인종적 소수자와 같은 헌법적 으로 보호받는 집단이 헌법을 위반하는 정책을 확립하는 데 충분한 자격이 있다는 제기 를 기각했다. Washington v. Davis, 426 U.S. 229(1976)를 보라.

22 대법원의 판례는 다른 요소에 의한 효과의 사례에서 효과는 그 자체로 의도를 확립하기 에 충분치 않다고 제시하고 있으며, 불명확하고 이론적 선에 머무르더라도, 아닐 이유

는 없다. 나의 관점에서는 요소가 다른 효과 그 자체만으로도 법적인 대상적 지위가 있으나, 워싱턴Washington v. Davis 사건과 같은 이전의 판례에서는 다른 방향으로 이끌 수 있는 추가적인 더 중요하고 객관적인 증거가 있다고 여겨진다. 예를 들면 경찰에게 능력 개발을 위한 시험을 도입하자는 것은 좋은 근거에 의한 것이며 객관적으로 법적 의미와도 관련이 있다. 여기에서는 경찰에 능력 검증을 도입한 실제 동기가 위의 근거에 의한 것이라는 의미는 아니다.

23 Larry Alexander · Kevin Cole, "Discrimination by Proxy," *Constitutional Commentary* 14(1997): 453-463.

24 이것은 알렉산더와 콜이 서술한 'School C'이다. 다음을 참고할 것. Alexander and Cole, "Discrimination," 454.

25 위의 사례를 다른 요소에 의한 효과의 중심이라고 생각하는 가장 큰 이유로, 알렉산더는 이 두 사례에 대하여 혼란스럽고 난처한 종류의 개념적 퍼즐이라고 지적했기 때문이다.

26 Alexander, "Rules," 401, note 33.

27 하버드 대학교 로렌스 서머스 총장은 과학 교수가 종신권을 받는 문제에 관하여 설명하면서 이에 대한 첫 근거를 제공했다. National Bureau of Economic Research(NBER) Conference on Diversifying the Science and Engineering Workforce에서 많은 논쟁이 있음을 주목했고, 이 논쟁은 남성과 여성의 태생적 차이라는 두 번째 근거를 제공했다. 다음을 볼 것. Lawrence H. Summers, Remarks at NBER Conference on Diversifying the Science and Engineering Workforce, Jan. 14, 2005, available at www.president.harvard.edu/speeches/2005/nber.html

28 다음 사례를 참조할 것. Warren Quinn, *Morality and Action*(New York: Cambridge University Press, 1993), 177.

29 Judith Jarvis Thomson, "Physician-Assisted Suicide: Two Moral Arguments," *Ethics* 109(1999): 497-518, 510

30 521 U.S. 793, 802-809(1997)

31 위의 책 802(행위자의 의도 또는 목적으로 다른 두 행위를 서로 구별하는 것은 같은 어쩌면 같은 결과를 가져올 수 있다고 주장했다).

32 위의 책 802-803(citing Personnel Administrator v. Feeney, 442 U.S. 256, 279(1979) (매사추세츠 주법에서 퇴역군인을 공공 서비스 직종으로의 우대하는 것에 관하여) 퇴역군인은 대체로 남성들이었기 때문에 이 법률은 공격받았으며, 위법한 성차별로 판결되었다. 스튜어트 판사는 "차별적 목표이긴 하나, 위반하려는 의도보다도 결과적으로는 보상하려는 의도를 더 많이 내포하고 있다. 이는 결정권자가 특정한 집단에 영향을 주는 행동을 '함

에도 불구하고' 어떤 영향이 집단에게 가해질지의 정당성을 고려해야 하는 것이 아니라, '그렇기 때문에' 해야 한다는 뜻을 내포하고 있다.

33 521 U.S. at 807, note 11.

34 이와 같은 반대는 제임스 레이첼스James Rachels, 조너선 베넷Jonathan Bennett에서 볼 수 있으며 특히 가장 강력한 것은 주디스 톰슨Judith Jarvis Thomson에 의한 것이다. 다음을 참조할 것. James Rachel, "More Impertinet Distinctions and a Defense of Active Euthanasia," reprinted in *Killing and Letting Die*, 2nd ed., eds. B. Steinbock and A. Norcross(New York: Fordham University Press, 1994), 139-154(original copyright 1978); Jonathan Bennett, "Morality and Consequences," *The Tanner Lectures on Human Values* II(Salt Lake City: University of Utah Press, 1981), 46-116; Judith Jrvis Thomson, "Self-Defense," *Philosophy and Public Affairs* 20(1991): 283-310. 또 다른 주의 깊은 시각의 논의로는 다음이 있다. Alec Walen, "Intention and Permissibility: Learning from the Failure of the DDE," Draft on file with author.

35 T.M. Scanlon, "Intention and Permissibility," *Aristotelian Society Supplementary Volume* 74(2000): 311(강조는 인용자).

36 위의 책.

37 이것은 스캔런의 고용 결정을 부당하게 만드는 것은 바로 특정한 구직자가 고용되어야 한다는 것이라는 주장과 더욱 가깝고 유사한 점을 보일 수도 있다. 그러나 그것은 실수다. 직업 또는 학교라는 장소의 맥락에서는, 특수한 지원자가 그 자리를 차지하는 사례가 아니다. 고용주 또는 학교 당국은 그가 원하는 지원자가 누구든 선택할 수 있다. 즉, 법적으로 옳은 만큼 도덕적으로 옳은지는, 고용주 또는 학교 당국이 어떤 맥락 또는 어떤 방법으로 어떤 특정에 기반을 두고 결정을 내리는지에 달려 있다.

38 Sverdik, "Motives," 341-349.

39 다른 저작에서 어떤 법은 표적을 사용하고 어떤 법은 그렇지 않은지, 두 가지 형태의 차별적 형태를 묘사하면서, 나는 지금까지 사용한 대용물proxy, 표적target, 동기motive라는 용어를 좀 더 명확하게 설명했다. Deborah Hellman, "Two Types of Discrimination: The Familiar and the Forgotten," *California Law Review* 86(1998): 315-361.

40 목표가 지향하는 바에 대한 의미는 또 다른 결과를 향하는 것과 비슷하다. 다음을 참고할 것. Mitchell N. Berman, "Coercion without Baselines: Unconstitutional Conditions in Three Dimensions," *Georgetown Law Journal* 90(2001): 1-112, 24(이런 관계를 "품고 있는 목적"이라 묘사했고, 나쁜 목적이 문제가 된다는 관점에 동의했다. "상상 속의

나쁜 목적이 내포된 의도 어딘가에 자리 잡고 있다고 하여도, 목적은 행위를 고무하며 이와 비슷한 효과로, 위반될 수 있는 헌법들이 모여서 낮익은 존중을 구성한다).

41 표적에 집중하면, 위의 연구는 이전 장에서 논의했던 연구와 매우 가까워 보인다. 위에서 우리는 어느 행위자가 선한 특성을 인종, 성별 등과 같이 의심스러운 분류화에 표적을 두었을 때 문제가 되는 것을 분석했다. 그것은 우리가 간주하는 것이, 행위자가 행동하려는 목표로 두고자 하는 바이며, 우리가 질문해야 하는 것은 의도는 반드시 합법적이어야 한다는 것이다. 이 연구는, 선한 특성으로 의심스러운 계층을 표적으로 했는지를 알기 위해서 반드시 의도를 검증해야 한다는 연구와는 별개이다.

42 Alexander and Cole, "Discrimination," 453(차별금지 원리를 다음과 같이 정의한다. "정부는 인종적 분류화를 사용해서는 안 되며, 인종이 다른 특성에 비해 가장 비용 대비 효과적인 대리물일지라도 그러하며, 비용 효과적인 대리물이 극단적으로 필요할 경우는 예외로 한다).

43 위의 책 455.

44 주디스 톰슨은 다음과 같이 믿는데, 많은 DDE의 사례에서 우리는 종종 행위자의 판단과 행위의 판단을 혼동한다는 것이다. 이와 같은 구별은 위의 사례와 연관이 있을 수 있다. 우리는 누군가가 편법 등으로 법적 금기를 회피하려 할 때, 행위가 도덕적으로 허용할 수 있느냐 없느냐와 관계없이 그를 나쁜 사람으로 간주한다. 톰슨이 지적한 대로, "이 사실에는 심각한 오류가 있는데, 어떤 사람이 도덕적으로 허용될 수 있는 행동을 하는지의 여부가 곧바로 그 사람이 나쁜 사람으로 보일 것이라는 질문과 연결되는 것은 아니다." Thomson, "Physician-Assisted Suicide," 517. 팀 스캔런은 비슷한 관점을 승인했다. Scanlon, "intention," 301-317, 306(그는 톰슨에 동의하며, 이와 같은 오류는 행위를 부당하게 만드는 것과 그렇게 묘사하는 것 사이의 형태에 관한 오류를 내포할 우려가 있다고 말한다).

45 다음 예시를 볼 것. Owen M. Fiss, "Groups and the Equal Protection Clause," *Philosophy and Public Affairs* 5(1976): 107-177; Cass R. Sunstein, "The Anti-Caste Principle," Michigan Law Review 92(1994): 2410-2455.

46 저스티스 토머스Justice Thomas 판사는 다음과 같이 자신의 의견을 주장했다. "헌법은 인종에 기반한 구별을 금지한다. … 왜냐하면 언제나 정부가 시민들은 인종에 기반하여 대하고 인종에 연관된 부담을 지우거나 특혜를 주는 것은 우리 모두를 모욕하기 때문이다. 헤아릴 수 없을 만큼 인간의 고통을 치르고 그 대가로 얻어낸 평등보호 원리는 그런 분류화가 궁극적으로 우리 조국과 우리 개인, 자신에게 파괴적인 영향을 끼칠 것임을 반영한다." 539 U.S. at 353-354(Adarand Constructors, Inc. V. Pena, 515 U.S. 200, 240).

47 413 U.S. 528, 534(1973) 연방 식량구호 프로그램은 세대의 "연관된 사람들"의 수를 제한하여 식량구호를 제한하는 법령을 세웠는데,(이 프로그램의 영향 상태를 개선하고 저

소득 세대를 식량으로 지원한다는 목표와 무관하며) 히피 공동체의 유지와 생성에 식량 구호 법령이 기여한 역사가 있었기 때문이다.

48 517 U.S. 620(1996).

49 위의 책 634.

50 Richard J. Arneson, "What Is Wrongful Discrimination?" *San Diego Law Review* 43(2006): 775-808, 779.

51 위의 사례는 우리에게 부당한 차별이 일어나려 할 때 무엇을 말해야 하는지를 질문한다. 이와 같은 관점에 나는 완전히 동의하기 어렵다. 그렇지만 나는 민법에서는 이런 시도가 더욱 적음을 강조하고 형법은 그런 시도에 대해 더욱 잘 직감했듯이, 도덕적으로 비난할 만하더라도, 그가 실제로 무엇을 했느냐는 연관 없이는 허용할 수 없는 행동이 아니라고 믿는다.

52 아네슨은 비슷한 시각을 도입한다. 주디스 톰슨의 의도는 행동의 도덕적 허용성에서 중요한 문제라는 시각과 같은 비판에 응답하면서 아네슨은 가끔 다음과 같은 사례가 나타나는 걸 제시하는데, 의도의 연관성을 묘사하지 않으면 허용할 수 있을 때(그의 용어로는 'thinly')와 의도의 연관성을 묘사하면 허용할 수 없는 경우이다. 그의 남동생과 아이스크림을 나누자는 제안을 악의적으로 거절했을 때를 생각해보면, "이것은 일종의 'thinly' 사례로 볼 수 있다. 위의 행위는 의도 없이 묘사될 때는 도덕적으로 허용할 수 있지만, 모욕과 악의적인 면을 생각해 볼 때는 그렇지 않으며, 위의 두 행위가 결합했을 때는 허용할 수 없는 것이 된다." 위의 책 782. 아네슨은 이 설명에 대하여, 위의 사례에서 부당한 차별을 잘못되게 하는 것은 행위자가 선택을 하는 기준에 관해서다. 그는 위와 같은 사례가 문제를 더 난해하게 한다고 생각하는데, 왜냐하면 지원자 중에서 직업에 대한 고용형태 등을 상세히 질문할 수 있는 사람은 없기 때문이다. 그렇기 때문에 그는 이와 같은 대안적 설명을 필요로 한다고 생각했다. 그러나 많은 사례처럼 지원자가 그의 인종 때문에 거부할 경우에는, 위반할 권리가 있으며 따라서 사실상 어떤 지원자도 적합한 권리가 없다. 어느 특성이 해를 끼칠 때에는 지원자는 이를 거부하지 않을 권리가 있다. 특히 인종에 기반한 고용의 많은 사례들은 이 책의 1장에서 설명했다.

53 Alec Walen, "The Doctrine of Illicit Intentions," *Philosophy and Public Affairs* 34(2006): 39-67, 60. 월렌은 생각하기를, 구속된 폭탄 테러범이 정당한 표적을 폭파했으나, 만약 기회가 주어졌다면 정당하지 않은 표적도 공격했을 경우에, 그는 허용할 수 없는 행동을 한 것으로 월렌은 정당하지 못한 의도에 의해서 허용할 수 없는 형태와 행동이 일어난다고 믿었기 때문이다.

54 The Civil Rights Act of 1991은 고용주의 합법적 필요를 충족하는 덜 차별하면서도 가능한 다른 대안이라는 주제와 관련이 있다. 42 U.S.C. §2000e-2(k) (2000)을 참고할

것. 마이클 셀미는 최근의 저작에서 의도라는 개념을 확장시켜서 이와 같은 사례를 다룰 수 있다고 주장했다. Michael Selmi, "Was the Disparate Impact Theory a Mistake?" *UCLA Law Review* 53(2006): 701-82 at 762. Perhps it could, but it would be misguided in my view.

55 Arneson, "Wrongful Discrimination," 782.

56 Holmes, *Common Law*, 33.

결론

1 흔히 이야기하는 대로 누구나 같은 몫의 무언가를 가지고 태어났다는 것과는 별개이다.

2 여기에는 맹목적인 운과 선택적 운을 구별해야 한다. 맹목적 운은 단순하고 평범하며, 그중에서 좋은 운으로는 유복한 가정에서 태어났거나 많은 재능과 훌륭한 외모가 있을 수 있으며, 나쁜 운으로는 건강이 좋지 않고, 가난한 가정에서 태어났거나, 적은 재능과 시장에서 통하지 않는 가치를 갖고 태어나는 것 등을 들 수 있다. 대조적으로 선택적 운이란, 누군가의 선택에 의하여 성공하거나 가난해지는 것이다. 누군가가 보험을 구입하지 않기를 선택했는데, 만약 병에 걸리지 않았다면 이 또한 좋은 선택적 운이다. 평등주의자가 원하는 평등은 맹목적 운에 의한 것이며, 선택적 운은 누구나 자유롭게 택할 수 있는 것이다.

3 Jonathan Wolff, "Fairness, Respect, and the Egalitarian Ehos," *Philosophy and Public Affairs* 27(1998): 97-122. Timothy Hinton, "Must Egalitarians Choose between Fairness and Respect?" *Philosophy and Public Affairs* 30(2001): 72-87(해를 끼치는지 여부는 필요 없다는 논변이다).

4 Elizabeth S. Anderson, "What Is the Point of Equality?" *Ethics* 109(1999): 287-337.

5 위의 책 305-307(위와 같은 평등주의자의 관점이 불우한 사람을 모욕하는지, 그리고 공식적으로 확인된 사적 오만을 키우는지에 관한 논쟁이다).

6 Samuel Scheffler, "What Is Egalitarianism?" *Philosophy and Public Affairs* 31(2003): 5-39, 21.

Acknowledgments

감사의 말

이 책이야말로 결과물이다. 이러한 나의 노력을 지지해준, 내가 2004~05년에 연구원으로 있던 하버드 대학교의 에드먼드 사프라Edmund J. Safra 윤리재단센터와 2005~06년에 연구원으로 있던 스미소니언 학술기관의 우드로 윌슨 국제학술센터에 감사드린다. 두 기관의 지원에 매우 커다란 빚을 지게 되었다. 더불어 내가 2년 동안 떠나 있을 수 있게 허락해주고, 그 기간 동안 나의 일을 끊임없이 지지·격려해주었던 나의 모교 메릴랜드 대학교 법대에 감사를 드리고 싶다.

이 프로젝트를 진행하는 동안 많은 이들의 도움을 받았다. 프레드릭 샤우어는 내 생각들이 하나의 책이 될 수 있을 거라고 제안한 첫 번째 사람이다. 더 나아가 샤우어는 원고 대부분을 읽고 매우 유용한 지적을 해주었다. 내 대학 시절부터 지적 스승이었던 데이비드 루반David Luban 또한 이 책의 일부를 읽어주었다. 아서 애플봄Arthur Applbaum, 새러 밥Sarah Babb, 새뮤얼 배겐스토스Samuel Bagenstos, 미첼 버먼Mitchell Berman, 리처드 볼트Richard Boldt, 데이비드 이넉David Enoch, 리처드 펠런Richard Fallon, 짐 플레밍Jim Flemming, 헤더 거킨Heather Gerkin, 더그

맥클린Doug Maclean, 짐 라젠버거Jim Rasenberger, 코니 로재티Connie Rosati, 마이크 시드먼Mike Seidman, 시나 시프린Seana Shiffrin, 재나 싱어Jana Singer, 로버트 와크브로이트Robert Wachbroit, 데이비드 와서맨David Wasserman, 앨런 워스하이머Alan Wertheimer, 수전 울프Susan Wolf, 그레그 영Greg Young, 그리고 윤리센터와 윌슨센터의 다른 연구원들 또한 이 원고의 일부를 읽어가면서 상당히 유용한 비판과 논평을 전해주었다.

한편 나는 이 프로젝트를 진행하며 무척이나 유능한 연구 보조자들의 도움을 받는 행운도 누렸다. 메릴랜드 대학교 법대 도서관의 수전 맥카티와 펜실베이니아 대학교 법대 도서관의 론 데이는 출판을 위한 원고를 준비하는 데 큰 도움을 주었다. 더불어 메간 모런-게이츠, 제이슨 파틸, 그리고 리처드 엘킨드 또한 매우 유용한 도움을 주었다.

마지막으로, 분석법철학회를 포함해서 UCLA의 법이론 워크숍, 오리건 대학교, 아메리칸 대학교, 다트머스 대학교 그리고 물론, 나의 모교인 메릴랜드 대학교의 법대와 철학 및 공공정책 협회 등의 워크숍과 학회에서 이 원고의 개별 장들을 발표했다. 각각의 모임에서 매우 유용한 논의를 들을 수 있었다.

친구들과 동료들이 내 책에 모두 동의하는 것은 아니었다. 그리고 나는 그들의 우려에 대답을 하기 위해 노력했다. 이 과정에서 발생한 모든 오류나 부적절한 것들은 온전히 나의 몫이다.